学校カウンセリング入門 第3版

友久久雄――編著

ミネルヴァ書房

はしがき

不登校・いじめ・非行など学齢期にある子どもの行動が、学校の問題としてのみでなく、広く社会現象としてとらえられるようになってから久しい感がある。特にこれらの問題に対して、教育的かかわりのみでなく、カウンセリング的かかわりの重要性がさけばれ、学校におけるカウンセリングの必要性が強調されてきた。

京都教育大学においても、平成八年度から学校の教職員のみならず広く子どもの保護者や一般市民を対象に、公開講座の一環として「学校カウンセリング」を開講してきた。そのねらいは、カウンセリングの理論や技法、またその実際問題を学習することを通して、現在の子どもたちの心のありようの理解を深め、少しでも問題行動を軽減させることにある。

講師は、京都教育大学の教官四名と学外からお招きした三名の先生方であるが、それぞれ教育・心理・医学の立場から、学校・大学、教育センター、病院その他関連機関の臨床現場で、実際にカウンセリングを担当されている先生方である。

はじめは、本講座に対する不安も多少あったが、熱心な受講生に支えられ、京都府リカレント学習講座にも登録されるようになった。この間、受講生の感想として、カウンセリングの知識や実際の問題はいろいろ学び理解も深まったが、講義のためのテキストをぜひ作ってほしいという要望が強くなってきた。

そこで、それぞれの担当者が、本講座の内容をまとめ、テキストとして編集することになり、本書が刊行される運びとなった。それゆえ本書は、一人の筆者が全章を通して書いたものでなく、各章の関連性や用語の厳密な意味での一貫性に欠けるという難点もあるが、別の観点からみれば、それぞれの先生の特色があり、一方向のみからの子ども理解ではなく、各方向の視点から理解が深まるという大きなメリットがあると思う。

私たちが、子どもの問題行動を理解しようとする時、それぞれの行動を分析的に検討するとともに、子どもを総体として把握することが重要である。このような意味においても、本書は、子どもの心を理解しカウンセリングにたずさわろうとする人々にとって最適の書であると思う。

特に学校においても、子どもの問題行動への対応を教師のみにまかせておくという時代は去り、スクールカウンセラーなど、これまで学校が経験したことのない新しい分野の人々との協力が必要不可欠となってきた。そのため、学校の先生においても、従来の教育的アプローチからの子ども指導だけでなく、カウンセリング的アプローチからの子ども理解が求められる。このことは、かならずしも先生のみでなく、子どもにたずさわる者すべてにいえることである。

本書は、今、すでに子どもにかかわり、子ども理解をより深めようとする人々だけでなく、将来なんらかの形で子どもの成長発達にかかわろうとする人々を対象に、学校カウンセリングを理解し実践するために書かれたものである。そのため、まず「I　カウンセリングの基礎」においては、カウンセリングとはどのようなものであるかと、学校カウンセリングにおいて時として見逃されがちになる子どもの発達課題について触れ、「II　学校カウンセリングの実際」においては、教師とカウンセリング、学校カウンセリングの実際、学校カウンセリングの効用と限界について、実際の学校現場におけるカウンセリングのあり方という視点から検討を加え、「III　学校不適応の理論と実際」においては、具体的に、不登校、いじめ、非行、摂食障害など、学校における今日的課題について述べていただいた。

本書が、教育にたずさわる人々だけでなく、広く一般の人々にも読まれ、子どもの心を理解し、一人でも多くの子どもの心が開かれ、二一世紀の子どもの未来が明るいものとなるよう願って、本書を世に送ります。

一九九九年　秋

編著者

もくじ

Ⅲ　学校不適応の理論と実際

I

カウンセリングの基礎

第1章　カウンセリングとは

第1節　カウンセリングの歴史

1　広義のカウンセリング

カウンセリングという言葉は、二〇世紀中頃になり使われるようになったが、もともとその概念は、広い意味では、人が日常生活を営む上で生じる悩みに対して相談や指導をするということであった。それゆえ、古くは西洋において、牧師（パストァー）などが、人々の信仰上の悩みだけでなく、家庭や日常生活での悩みを聞いたり相談したりすることを意味し、それがカウンセリングの原点であった。それゆえ、今でも僧侶が行うカウンセリングをパストラル・カウンセリング（僧侶カウンセリング）ともいう。

人々の悩みを聞いたり相談を受けたりする人は、牧師以外にも多くあったはずなのに、なぜ、牧師との相談がカウンセリングの原点とされるかというと、牧師は単に人の悩みを表面的に解決するだけではなく、その人の内面に深く立ち入り、自己を深く見つめさせることにより、その人本来の自己を見つけだす手助けをするからである。

同じようなことは、わが国でも宗教が庶民のものとなった鎌倉時代からあったと考えられる。またもっと広い意味では、僧侶だけでなく、庄屋や名主を中心に農民がいろいろな悩みを相談したり、講を中心に人々が集い、そこでの話し合いなども、広い意味ではカウンセリングと考えられる。しかし、それがカウンセリングであり単なる相談や話し合いと異なるためには、世渡りの方法すなわち処世術を相談することではなく、自己の洞察を深め人格の統合をめざしたものであるということが必要であろう。

しかしいずれにしろ、広い意味でのカウンセリングは、学術的な理論による裏付けがなく、相談を受ける個人の資質や経験に負うところが大であった。このような意味では、カウンセリングは専門的知識がなくても、その人に素質があり、人生経験が豊富であれば、誰にでもできると考えられるかもしれない。

2　狭義のカウンセリング

これに対し、近代に入り社会の構造が複雑化するにしたがい、人々の悩みも多岐にわたり、その相談内容も多様化し、単なる素質や経験だけでは対応できないようになってきた。そのため、一定の知識や技術が要求されるようになり、今日一般に使われるカウンセリングという概念ができあがり発展してきた。

カウンセリングという用語がはじめて使用されたのは、一九〇八年、アメリカのボストンにあった職業指導所においてであり、職業指導に関するカウンセラー養成に使用されたのが始まりであった。当初それは、青年の職業選択を援助するという意味であった。その後、職業指導・精神衛生・心理測定などの意味が包括され、カウンセル（counsel）という用語が、一九三〇年、ウィリアムソン（Williamson, E.）の著書『学生相談をどう行うか（*How to Counsel Students*）』に使用された。この時のカウンセルの意味は、学生相談という意味で使用され、その内容は、相談や指導・助言をするという意味であった。

しかし何といっても，カウンセリング（Counseling）という用語が一般的に使われるようになったのは，一九四二年にロジャース（Rogers, C.）の著書『カウンセリングと心理療法（*Counseling and Psychotherapy*）』が出版され，注目されるようになってからである。この著書の特徴は，カウンセリングという用語を一般的にしただけでなく，それまで相談や助言というニュアンスが強かったカウンセリングという用語に，治療（therapy）的な意味を付加させたことにある。

というのは，それまでのカウンセリングという用語は，相談や指導という概念が強かったため，心理的な問題をもたない人すなわち心理的には健康な人が対象であり，心理的に問題をもつ人に対してはカウンセリングではなく心理療法（サイコセラピー）がよいと考えられていたからである。なぜならば，前述したように，最初カウンセリングというのは，人が生活を営む際，日常的にぶつかる問題，たとえば，就職に対する職業指導などがその対象と考えられていたからである。それに対してロジャースは，この著書において，心理的に問題はないと思って相談や指導をしていても，その背景には心理的葛藤がある場合があり，そのような場合にもカウンセリングは有効であることを示し，カウンセリングと心理療法の壁は取り除かれるべきであると主張した。

そして彼は，それまで患者と呼ばれていたカウンセリングの対象者を，クライエント（来談者：カウンセリングを受ける人）と呼び，医師と患者関係のような縦関係ではなく，クライエントとカウンセラー（カウンセリングをする人）は対等の横関係であると考え，クライエントが自発的に自分で意思決定ができるようにするのが，カウンセリングの目標であると主張した。

このような意味で，それまでカウンセラー中心療法と呼ばれていた方法，すなわち患者に質問やテストを行い診断をした結果，カウンセラーが患者に何をすべきかを指示する方法（指示的療法）は，患者の自主性を奪い，彼らをカウンセラーに依存させ，患者のもつ問題解決能力を消失させてしまうと考えた。それゆえ，患者の自主性や自発性を養い、問題解決能力を獲得させるためには、指示的療法ではなく、逆の非指示的療法が有効であると考えた。そして、治療者から指示される立場である患者という言葉を廃し、代わりに、自ら自発的に来談しカウンセラーと対等の関係を保ち、かつ問題解決能力を獲得維持し、自分で意思決定ができるようになる人という意味でクライエントという用語を採用した。

この非指示的療法、すなわち、カウンセラーがクライエントに彼らの考えや行動を指示するのではなく、クライエント自らが、自分で意思決定し問題解決がはかれる能力を養うようにするための療法は、彼の次の著書（1951）では『クライエント中心療法（*Client-Centered Therapy*）』と呼ばれるようになった。

このようにして、カウンセリングは、ロジャースの考え方を中心として広く、多くの人々に受け入れられるようになり現在に至っている。

第2節　カウンセリングの種類

カウンセリングという概念は、前述したように、なにも専門家でなければならないということではなく、広く日常生活において誰でもできるといえないこともない。

事実、専門家でない者が、日常生活において悩みの相談にのる場合もカウンセリングと呼ぶ場合がある。たとえば、カウンセリングの原点で述べたように、僧侶などが信者や檀家の悩みごとの相談にのる場合を、パストラル・カウンセリング（Pastoral Counseling）と呼ぶ。

また、もともとカウンセリングという用語が始まったとされる職業指導とか就職のための指導、今ではこれらはガイダンスと呼ばれる場合が多いが、このような指導については、キャリア・カウンセリング（Career Counseling）

と呼ばれる。この時のキャリアというのは、職業という意味である。

その他、電話相談とかあるいは医者以外の医療関係者、たとえば看護師や医療関係の技術者などが、それぞれの分野で相談にのる場合を、パラ・カウンセリング（Para Counseling）という。このパラとは、周辺とか近接領域とかいう意味であり、カウンセリングの専門家ではないが、その関係者が行うカウンセリングという意味である。

同僚とか友達とかが、同じ仲間の相談にのることを、ピアー・カウンセリング（Peer Counseling）という。このピアーとは、同僚とか仲間とかいう意味だが、友達同士でいろいろ話し合い、問題解決をはかることは、青年期の若者においては特に重要なことであり、人格の統合をはかるという意味においては、このピアー・カウンセリングは、カウンセリングそのものであるといってもよい。

また、先輩と後輩、上司と部下など、いわゆる縦関係において、指導や相談が行われることがある。このように、先輩や上司の人生経験を加味した深い人間観に基づいた指導や助言のことをライン・カウンセリング（Line Counseling）という。このラインというのは、先輩から後輩へ、上司から部下へという一連の流れ、すなわち縦線という意味である。

このように、カウンセリングの専門家でない者でも、その本質的な意味で、その人の人格を統合するための相談や助言であれば、すべてカウンセリングであるといえる。しかし、心理的にもともと健康な人が、一時的に悩んだり不安になった場合は、専門家でない者のカウンセリングでも充分効果は上がるかもしれないが、心理的に深い悩みをもつ人の場合は、専門家によるカウンセリングやサイコセラピー（精神分析あるいは心理療法）が必要となる。

第3節　カウンセリングの対象

カウンセリングの必要な人は、なんらかのことで心理的に悩みをもつ人ということができる。そして、この悩みに応えること、すなわち、相談にのることがカウンセリングであり、具体的には、その悩みを聴き、どう対応するかを考え、最終的にはその悩みを解消するように働きかけることである。

この悩みを解消するためには、まず悩みの内容をよく知ること、次いでその悩みの生じた原因を明らかにすること、そしてその原因を取り除くこと（対応）が必要不可欠である。

そこでここでは、悩みの内容、原因、対応について考えてみたい。

1　カウンセリングにおける悩み

人の悩みは、社会構造が複雑になればなるほど、その内容も複雑多岐となり、それを分類する方法もいろいろな視点から可能となる。そこでここでは、カウンセリングという視点から人の悩みの内容を分類してみたい。ここで、カウンセリングの視点からといったのは、カウンセリングを実施する場合、その悩みの内容によって、カウンセリングの方法が異なるため、内容の分類は、カウンセリングの方法の分類をも意味する。

このカウンセリングの方法のための分類では、悩みの内容は大きく分けて次の三つになる。

A　人生において誰しもがもつ悩み

人が生まれ、成長し、大人となる過程においては、誰しもいろいろ解決しなければならない問題にぶつかる。

たとえば、進学や就職（進路）、恋愛、結婚・出産・育児その他いろいろな人生の節目節目があり、それぞれに悩みが生じる。このような問題に対して、本人の意識として、ほとんど悩みをもたない場合もあるが、時には、重大な問題となり強い悩みをもつ場合がある。

このような場合、原則としては広い意味でのカウンセリング、すなわち進路などの悩みに対してはキャリア・カウンセリング、恋愛や結婚の悩みについてはピアー・カウンセリングが、出産や育児についてはパラ・カウンセリングが必要となる。

しかし、その背景に強い心理的葛藤や成熟不全がある場合は、狭義のカウンセリングすなわち専門家によるカウンセリングが必要となる。

B　誰もがもつ可能性のある悩み

すべての人がもつとは限らないが、多くの人がもつ悩みで、今、そのことに悩んでいないとしても、そのような状況になれば、誰しもがもつであろう悩み、たとえば親子関係などの悩みがこれである。特に人と人との関係において、うまくいっている場合は悩みとならないが、状況が変わればすぐに悩みとなることは人生に多くある。また、青年期における人間の生き方についての悩みなどもこれにあたる。その他、学校に行きたい気持ちは強いが、友人関係のもつれなどから登校できない悩みなどもこれに分類される。

このような場合は、悩みの程度に応じてカウンセリングのあり方も変わってくる。すなわち、悩みが軽く誰でもが悩む程度のことであれば、広い意味でのカウンセリングでよいかもしれないが、悩みが強く深刻であれば、専門家によるカウンセリングが必要となる。

C　神経症（ノイローゼ）による悩み

いわゆる神経症といわれる症状（不安、無力感、強迫感など）による悩みであるが、これは症状が先か、悩みが先かという問題は別にして、本人が自分の症状に対して強い悩みをもつということに特徴がある。

そして、それが神経症であるかどうかの判断基準は、その症状や悩みのために、本人の日常生活に支障が起きているかどうかである。それゆえ第三者である周囲の者からみれば、そのような悩みは誰もがもつものでささいなことであると思っても、本人がそのことに強く悩み日常生活がうまく送れないと感じていれば、神経症と診断される。また逆に、周囲からみれば、その症状がかなり強く、おそらく本人の悩みは深刻であろうと思われても、本人自身がそのことにあまり悩まず、かつ日常生活にも差障りがなければ、神経症とは診断されない。

それゆえ、神経症であるかどうかは、本人自身の「悩み」がどの程度かということが大きな基準である。神経症と診断するためには、先述のように本人自身が悩んでいるかどうかが大切な基準だが、もう一つ大きな基準がある。それは「病識」といって、自分自身が病気であるという認識があるかどうかである。この病識は、英語でいえば insight into disease であるが、病気に対する洞察力があるかどうかという問題である。

たとえば、いくら本人が悩んでいても、その原因は自分以外の人のせいであり、そのために悩んではいるが、自分は決して病気ではない、と本人が思っている場合は、神経症とは診断されない。彼が神経症と診断されるためには、自分の悩みの原因は、他者にあるのではなく自分自身にあるという、深く自分を見つめる力（洞察力）が存在することが必要である。直接これが原因だということはわからなくても、今悩んでいる内容やその原因は自分自身の問題であり、決して他人のせいではないという洞察力をもち、またこのためより悩みが深くなるというのが神経症の神経症たる所以である。

程度の違いにより、悩みや病識の強い弱いはあるが、いずれにしろ自分自身の問題として症状や悩みを受け止めているところが、その特徴である。

それゆえ、彼らは周囲の者に、自分への接し方を変えてほしいとか、自分を優しく慰めてほしいなどの要求は少ない。むしろ周囲の者へは、いろいろ気をつかわせて申し訳ないと思い、自分でなんとかしなければならないと思っている場合が多い。しかも、その原因は自分自身にあるとは思うのだが、なにが原因であるかは自分でもはっきりわからないし、どうにかしたいと思う気持ちは強いのだが、どうすればよいかも自分ではわからないという悩みがある。だから、この気持ちが強ければ強いほど、不安や悩みはより強くなり、この不安や悩みが強くなればなるほど、人と同じ行動（協力体制）がとれなくなり、人と同じ行動がとれないことがまた自責感や罪悪感を強くし、このことがまた彼らの行動を抑制し、悩みを強くする。

このように彼らは、自分の神経症状に対して強い悩みをもち、原因は自分自身にあると思うがはっきりとした原因は自分でもわからず、なんとかしたいと思うがどうにもならない状態にあり、これを解決するため専門家に助けを求めるのである。この治療への動機づけがカウンセリングには必要条件となる。

それゆえ、悩みや病識（病気への洞察力）をもたないとされる精神病（統合失調症や躁うつ病）には、カウンセリングよりも向精神病薬（メジャートランキライザー）が使用されるが、神経症には、カウンセリングを含む精神分析や精神療法が主な治療法であり、安定剤（トランキライザー）などの薬物はあくまでも副次的なものである。

神経症に対するカウンセリングは、後述するような治療的カウンセリング、特に精神分析的カウンセリングがその中心である。というのは、神経症患者が、症状の原因は自分にあると思いながらも、はっきりした原因がわからないのは、その原因が無意識にあるとするからである。神経症患者が、自分で思い出したり、考えたり、決定したりすることは、すべて意識の中で行われていることである。それゆえ、自分に原因があると思いながらも、はっきりとした原因がわからないのは、自分の無意識の中に原因があるからで、この無意識を意識化しない限り、自分ではその原因はわからない。意識では自分の中になにかがあるとは思うけれども、その原因が無意識にある限り自分では、それがなにであるかをはっきりすることができない。それゆえ、自分の悩みの原因が他人にあるとは思わないで、自分に原因があるとなんとなく感じるのだが、それが意識化されていない、すなわち無意識である限り自分の意識ではわからない。

精神分析的カウンセリングは、精神分析的な技法により、この無意識を意識化することでその原因を明らかにし、神経症状を取り除くことが目標である。神経症状を有する患者は、なぜそのような症状が出るのか、その原因が無意識にある限り自分ではわからない。それゆえ、無意識を明らかにして意識化することで、無意識の中に隠されていた原因がはっきりするのである。そして、それが意識に移し変えられることで、自分で症状をコントロールできるようになる。

われわれは、自分にとって嫌なことであっても、それが意識されている限り、嫌だけれどもしなくてはならないのか、しなくてもよいかの判断が可能である。そして、しなくてはならない時は嫌だけれどもする、と自分の行動を意識でコントロールできる。しかし、その原因が無意識の中に隠されていては、意識ではしなければならないと思っても、無意識がそれをさせない。それゆえ、しなくてはならないと思うのにできないということが起こる。このことがまた本人の悩みを強くする。

そしてこの状態が、心理的不安や無力感、強迫感などの心理的葛藤を強くすることになり、神経症状をより顕在化させる。

このような状態に対しては、専門的なカウセリングが必要であり、具体的には夢分析や自由連想法で無意識を明らかにすることにより、その原因を明らかにし、症状や悩みを解決するということになる。

しかし、これは、自己（自我）が完成されている大人、というより自我がこれ以上発達しない成人の場合だと思ってほしい。これに対して、自我がいまだ発達途上にある子どもの場合は、カウンセリングの方法は当然異なる。

それでは、自我の発達途上にある児童・生徒に対するカウンセリングとはどのようなものかというと、それは発達援助的カウンセリングということになる。

この主として大人に対して行われる精神分析的カウンセリングと、子ども（児童・生徒）に対して行われる発達援助的カウンセリングについて説明するため、これからその基礎となる心のしくみについて考えてみたいと思う。

2　心のしくみ

A　構造論的考え方

私たちが、自分で自分の行動を決定し、それを実行に移す時、心の中にはどのような動きがあるのだろうか。たとえば、大学生が授業に出席するかしないかを決定する時の場合を考えてみよう。

彼の心の中には、自分は大学生だから授業に出席しなければならないという気持ちがある。しかしもう一つの心には、今日はこんなに寒い日だから、わざわざ大学に行かなくても、家で暖かくして寝ていたいという気持ちもある。そこで彼は、この二つの気持ちの中で、どちらか一方、すなわち寒いけれどもがんばって大学に行こうと決心するか、暖かい家にいて授業を欠席するかを決定しなければならない。

このように、私たちの心の中には三重の構造すなわち、本来あるべき自分の姿（大学へ行こうとする心）すなわち理想の姿を求める心と、それとまったく逆の自分の楽な姿（授業を欠席しようとする心）すなわち快楽を求める心と、そのどちらかを選び、自分の行動を決定しなければならない心とがある。

有名なフロイド（Freud, S.）は、この理想の姿を求める心を超自我（super ego）、快楽を求める心をイド（id）、自分の行動を決定する心を自我（ego）と名付けた。これを図で示せば図1のようになる。

【快楽を追求するイド（id）*】

この快楽を追求する心（イド）は、私たちには生まれた時にすでに備わっている。赤ちゃんが、生まれた時に泣くのも、母親のおっぱいを求めるのも、この快楽を追求する心があるからである。すなわち、このイドは生まれな

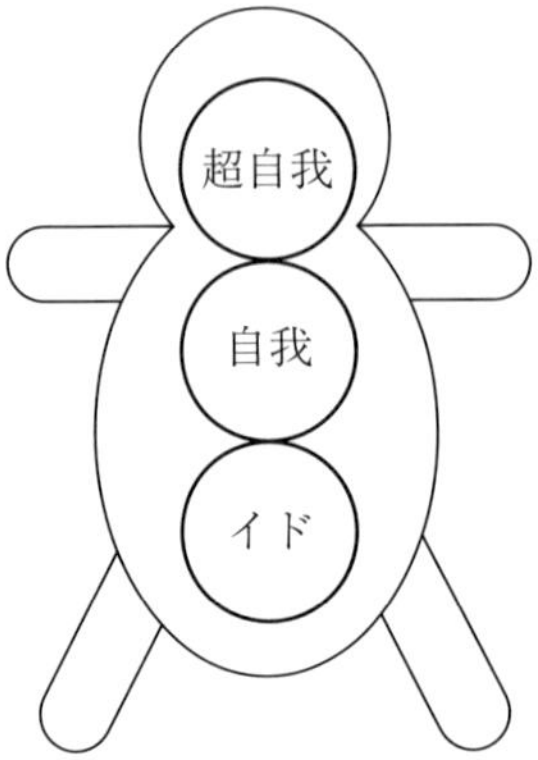

図1　心の中の三重構造
私たちの心は，三重（超自我・自我・イド）の構造により成り立っている。

がらに備わっている本能だといってもよい。本能が生物的なものだと考える人は、その本能を働かす心理的なものがイドで、イドは本能が活動するエネルギー源だと考えればよい。そして、イドは本能が快楽を求め本能欲求を満足させようとする時に働き、その本能にエネルギーを注入する。

このイドは自分のエネルギー（これをフロイドは、リビドーと名付けた）を放出することが満足につながるため、エネルギーが放出されるのであれば、時と所・相手を選ばず放出しようとする。すなわち、最初は主に本能欲求を満足させることで、自分のエネルギーを放出しているが、成長するとともに、本能欲求以外でも快楽が得られることに対してはなにに対しても、自分のエネルギーを放出しようとする。

このように、イドは、快楽を追求することであればなににでも無差別にエネルギーを放出する。それゆえ、イドは、快楽を求めること以外には価値基準をもたない。

すなわち、善悪を知らず、道徳を知らず、相手のことを考えない自己中心的なものである。そして、その原則は自分の快楽のみを追求するので、「快楽原則」と呼ばれる。

＊フロイドは、ドイツ語のエス（es）という言葉を使ったが、この es は無人称代名詞であり、英語では it，ラテン語では id に対応する。

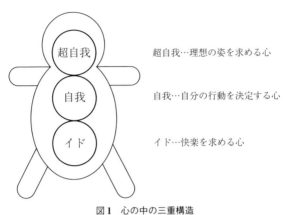

乳児期

赤ちゃんが生まれてから、歩くようになり言葉をしゃべるようになるまで、すなわち満一歳頃までを乳児期という。この間の乳児の心は、すべてイドによって満たされている。赤ちゃんはいわゆる「イド人間」なのである。そして、多くの場合、この本能欲求は無条件で満足させられる。

どういうことかというと、母親や周囲の大人は、赤ちゃんの欲求に対して条件をつけないでそれを満足させる。たとえば、赤ちゃんがお腹がすいて泣いた場合、お昼まで待ちなさいとか、お客さんが帰るまで待ちなさいなどの条件は一切つけない。赤ちゃんが泣けば、母親はすべてのことを中断して、無条件で赤ちゃんの欲求に応じる。それゆえ、このことをオムニポテンツすなわち全能といい、赤ちゃんは自分の泣き声一つで、彼の全世界を自分の欲求どおりに動かすことができる。このようなことが可能なのは、赤ちゃんがイド人間だからである。

しかし、このような状態はいつまでも続かない。

幼児期

赤ちゃんは、満一歳が過ぎる頃になると、自力歩行が可能となり言語を獲得し、自分の意思が表現できるようになる。この自立歩行と言語獲得が、社会参加を可能にする。すなわち、動物がその種の社会に参加するためには、その種のもつ共通の移動手段とコミュニケーション手段を獲得しなければならない。

それゆえ、二足歩行と言語獲得がなされ、社会参加が可能となれば、赤ちゃんは乳児期を終えて幼児期に入ったことになる。この幼児期のもっとも重要な課題は、人間として社会参加の基礎を学ぶということである。

この「学ぶ」ということは、今までのように、もともと生来的にもっていた本能すなわちイドでもって行動するということではない。学ぶということは、外界からの刺激を受けて、新しい能力を獲得するということであり、学習ともいわれる。これに対し、もともと生来的にもっている能力が成長につれて開発される場合は成熟という。子どもの発達において、成熟が中心である乳児期は、子どもは外界を知覚する必要がない。しかし、幼児期になり学習が必要になってくると外界を如何に知覚するかが重要な課題となる。

そして、幼児はこの外界を知覚することから、イドの欲求を満足させるためには自分がどう行動すればよいかを学ぶ。というのは、子どもは乳児期において、イドの欲求は常に無条件で満足されたのであるが、幼児期になるとイドの欲求は無条件では満足されなくなるからである。乳児期には、すべての欲求を満足させていてくれた大人（母）が、幼児期になると禁止や制限を加えるようになる。たとえば、今まではいつでもミルクを与えてくれていた母親が、子どもが自分で冷蔵庫を開けられるようになると、勝手に冷蔵庫を開けてミルクを飲んではいけませんと禁止する。自分でどこかに行こうとすると、危険だから行ってはいけませんと制限を加える。それでも、イドの欲求を満足させようと無理に冷蔵庫を開けようとすると、禁止され制限される。

このように、外界を考慮せず、盲目的にイドの欲求を満足させようとすると、外界からの強い圧力で制限や禁止が加えられ、自分自身が不利益になる。場合によってはイドの欲求を満足させるのではなく抑え込んだ方が、自分にとって有利な場合がある。

それ故常に自分に有利にするためには、外界を考慮し、イドの欲求を満足させた方がよいか抑制した方がよいかを考えなければならない。この自分の行動を、どうすればよいかを判断し決定するのが自我である。

【行動を決定する自我（ego）】

自我は、このように内からのイドの欲求と外界の環境をしっかり把握した上で、自分の行動を決定するという役割を担っている。もちろんそのためには、イドのように、価値基準をもたず、善悪を知らず、道徳を知らず、相手のことを考えず、快楽原則で行動するということは自分にとって不利益である。自我は、イドと現実との間の仲をとりもつために外界を知覚し、イドの欲求が満足させられるためには今どう行動すればよいかを考える。自我は、危険な外界からイドを守りながら、少しでもその欲求の多くを満足させるために、イドから新しく生まれた心の外界知覚体なのである。

それゆえ、自我はイドの一部ということができる。それ故、自我はあくまでも、イドのためのものであり、イドのために外界との間をとりもつ働きをする。たとえば、クッキーが食べたいと思った時、イドはただちにその欲求が満足されることを望むが、自我は外界を知覚するとともに、これまでの経験とを照らし合わせ、今食べた方がよいか待った方がよいか、お母さんに食べたいと伝えその反応をみた方がよいかなど、現実を吟味し自分の行動を決定する。しかし自我は、あくまでもイドの味方であるから、その根底にはクッキーを食べたいというイドの欲求を満足させようとする力が強く働いている。それは、自我のエネルギー源はイドにあるからで、自我はイドからの欲求がなければ活動することができないからでもある。

自我は、イドが快楽原則で働いているのに対し、現実を吟味しいかにうまく現実に適応するかという原則で働いているので、「現実原則」と呼ぶ。そして最初は、イドから派生し、イドからエネルギーをもらい、イドのために働いているが、徐々に現実の外界を知覚し、それを記憶痕跡として自我の中に残しておくようになると、イドの一部であった自我はイドから独立するようになる。すなわち、外界知覚の記憶痕跡を自我の中に蓄積することにより、その記憶でもってイドの欲求をスクリーニング（審査）するようになる。具体的には、自我がイドの一部であった時は、自我は原則としてイドの欲求を満足させるよう働いていたが、自我がイドから独立するようになると、外界知覚の記憶のスクリーン（外界知覚記憶スクリーン）を通してイドの欲求も審査するようになる。

これを別の観点からみると、自我は独立することにより、外界知覚を通して外に向かって開かれた自我と、もともとの内なるイドに向かった自我が存在することになる。この外に向かって開かれた自我を意識といい、内に向かった自我を無意識というのである。子どもが幼児期から学童期を経て大人となる過程での自我の発達は、外に向かって開かれた自我（意識）が徐々に大きくなる過程だといいかえることができる。すなわち、自我における意識が成長する過程なのである。この自我が、イドから独立しかけた時にみられる子どもの最初の具体的な行動は第一反抗期である。

第一反抗期

第一反抗期というのは、それまで親の指示に素直に従っていた幼児が、二歳頃になると理由もなく反抗的になる時期である。ここで大切なことは、理由もなく反抗的になるということである。それまでは、リモコン親子といわれるくらいに、子どもの行動は親の指示で操作されていた。たとえば、子どもが目の前のクッキーが欲しいと思った時、子どもはサッと母親の顔を見る。それに対して母親は視線でダメというサインを送る。すると伸びかけていた手がすーっと引っ込む。このように、子どもが自分の行動を決定する時、その基準は母親の意思にある。

いいかえれば、イドの欲求がクッキーを食べたいということであれば、乳児期では自我がまだ存在しないので、いつでもどこでもすぐに手が出る。しかし、自我が芽生えてくる幼児期になると、自我の外に向かって開かれた部分すなわち、外界知覚の部分で母親の顔を見る。そして母親がサインを送ってくると、外界知覚記憶スクリーンを機能させ、イドの欲求を満足させた方がよいか、母親の意思を受け入れた方がよいかを決定する。

幼児期の初期の段階では、子どもは、古い内界知覚を重視する（イドの欲求を満足させる）傾向にあるが、自我が芽生えてくるにつれ、新しい外界知覚（主として母親の意思）を重視するようになり、常に母親の顔色を見る、いわゆるリモコン親子になるとともに、基本的に大人の言うことに従うようになる。

しかし、このイドより由来した自我が子どもの成長とともに大きくなり、自我境界がはっきりしてくると、自我はイドから独立する。すると、今までイドの一部であり、外界知覚（母親の意思）と内界知覚（イドの欲求）の間で判断を強いられていた自我は、自分で自分を主張するようになる。この自我の主張が第一反抗期である。

すなわち、第一反抗期が始まるということは、自我がイドから独立したということであり、自我はイドに対しても外界に対しても自我自身を主張するようになる。この時の具体的な子どもの行動は、イドの快楽原則に従った欲求を満足させるでもなく、母親から禁止されるからじっと我慢して堪えているという姿でもなく、ただ理由もなく自我を主張するということである。

たとえば、クッキーが欲しいので母親の制止も聞かずクッキーを食べるという行動は、自我がイドの快楽原則に従った主張をしたということである。また逆に、食べたいクッキーを食べずに我慢している姿は、自我が外界知覚記憶スクリーンにより、イドの欲求を抑制したということであり、これはイドに対して自我を主張したということである。これらの自我の主張は、時には自我がイドの欲求を受け入れ、また時には外界知覚を重視した結果であるが、いずれにしろ、自我の現実原則に従った自我主張であり、本来の自我自身の働きが確立してきたということにほかならない。

これに対して、第一反抗期すなわちただ理由もなく自分を主張するという行動は、たとえば、右に行っても左に行っても本人にとって関係ない道の選択を、母親が左に行こうと言ったため、右に行くと主張することである。今までは、買い物に行く時、母親が右に行こうとすれば右に、左に行こうとすれば左に素直についてきていた子どもが、第一反抗期に入ると、母親が右と言えば左に、左と言えば右に行くと主張する。この主張は、たとえそれが満足されたとしてもなんのメリットもなく、自我の現実原則になんら従ったものではない。まして、母親の強い反対にでもあえば、自分にとってはマイナスにしかならない行動である。それでも彼は、頑として母親と反対の道を主張するのである。そして彼は、自分がそこに存在していることを、母親に反抗することで主張する。

これは、今まで自分の中になかった自我が芽生え、成長し、独立したことを示す行為である。しかし、自我がイドから独立したといっても、自我はまだイドの一部分であり、外界知覚から蓄積された記憶（スクリーン）も少なく、子どもの自我主張（この場合は反抗）の対象は、自分のもっとも身近にいる母親であり家族である。またその主張の内容は、現実原則に従わない、理由のない反抗であり、「なんでも反対」的な要素が強い。

そして、彼のこの反抗的主張が、母親に受け入れられた時は自己の全能感を味わい、受け入れられないで挫折した場合は無能感を味わう。そして子どもは全能感を求め、強くこの反抗的主張をすればするほど、受け入れられなかった場合の無能感も強くなる。

しかし、この第一反抗期における自我の主張は、自我の母親への作用（反抗的働きかけ）と、母親から自我への反作用（母親からの拒否）すなわち作用―反作用の法則により、子どもの自我境界を強くする働きがある。

【行動の規範としての超自我（super ego）】

第一反抗期に入った子どもは、理由のない自我の主張を繰り返すようになる。そして同じように自我を主張しても、それがうまく母親に受け入れられる場合もあるが、母親の強い抵抗や拒否にあい、無能感を味わう場合もある。子どもは、この無能感を少なくするためには、母親の要求に自分を合わせる必要があることを知る。すなわち、親の権威に従った方が自分にとって有利であることを経験する。

このことは、自我に、イドの快楽原則に従うよりも、より多くの確実性と成果を約束する現実原則を機能させる方が自分にとって有利であることを確信させるのである。同時に、この現実原則を有効に機能させるためには、外界知覚から得られた親の判断基準を自我の中に取り入れ内面化する必要が生じる。そして、この自我の中に内面化された（親の）判断基準が子どもの成長とともに育成され、自我から独立すると、これを超自我と呼ぶのである。

この超自我は、初期（幼児期）には親の超自我を模範として築きあげられるが、やがて成長するにつれ、先生や友人そして社会的規範などが加えられ育成される。また、その働きは、自我に対する裁判官のような役割を担い、自我に対して本来あるべき理想の姿を求めるのである。すなわち、社会的にも道徳的にも良心に恥じない行動を要求する。それゆえ超自我は、自我理想といって人として考えられる理想の自己（自我）を基準にしているので、良心・善・道徳などの権化であるともいえる。

このようにして、子どもが幼児前期から幼児後期に移行する頃には、超自我が自我から独立し始める。この超自我が自我から独立し始めた頃にみられる行動は、いわゆる順番ぬかしへのこだわりである。

順番ぬかし

この順番ぬかしへのこだわりとは、たとえば、幼児が公園で滑り台の順番を待っている時にみられる現象である。子どもたちが、滑り台のステップの後ろに並んで順番を待っている。すると一人の幼児が順番を無視して割り込んでくる。この時、まだ超自我が自我から充分独立していない幼児前期の子どもは、その行動を見て、自分もステップを登り、人を押し退け、自分も順番ぬかしをする。これはまだ超自我が自我から独立していない時の行動である。というのは自我が、イドの欲求すなわち早く登りたいという欲求を、外界知覚記憶スクリーン、すなわち他の子どもも並んで順番を待っているという認識でもって抑制し、バランスを保っていたのが、外界知覚の変化すなわち他児の一人が順番ぬかしをしたということを知覚することで、外界知覚記憶スクリーンの抑制力が弱まりバランスが崩れ、イドの欲求が表面化し自分も順番ぬかしをするという行動に出たのである。この時の幼児の行動は自我から独立した超自我の力は弱いのである。すなわち超自我は、まだ自我の一部でしかないのである。

しかし、超自我が自我から独立すると、子どもの行動に変化が起こる。すなわち、順番ぬかしをした子どもを見て、自分も同じ行動をするのではなく、超自我でもって自我の外界知覚記憶スクリーンの抑制力が弱まらないように自我を監視することができるのである。そして、イドの欲求が表面化しないようにして、すなわち自分は我慢して順番を待ちながら「○○ちゃんいけません。並びなさい」と自分の超自我を表現するのである。それでも順番ぬかしを続けようとすると、自分の超自我の中にある親の権威を借りて「お母さんに言いつけるよ」という脅しをかける。そしてなんとか超自我の望む理想の行動、すなわち順番ぬかしをしないで待つという行動を続けようとする。

このように、超自我が自我から独立すると、子どもはいわゆる子ども社会におけるルールを守ろうとするようになる。

B　心の発達

ここで、これまでのイド・自我・超自我の成育を簡単にまとめてみると次のようになる。すなわち、乳児期は生来的にもって生まれた本能すなわちイドが子どもの心のすべてであり、子どもはオムニポテンツといって全能なのである。しかし幼児前期となり、二足歩行と言葉の獲得すなわち社会参加への準備が完了すると、子どもは自分で行動しなければならず、そのため、自分で自分の行動を決定する心理的な主体すなわち自我がイドの中から分化するようになる。そして、この自我がイドから独立するようになると、第一反抗期といって身近な人（母親）に対して理由もなく反抗的態度をとる。

この反抗的態度をとることにより、子どもからの作用と母親からの反作用により、自我境界が明確になり、子どもの自我の確立（イドからの独立）が促される。しかし、子どもにとって、反抗的態度をとることはかならずしも自分にとって有利とは限らず、外界にうまく適応する行動をとる方が有利であることに気づく。すなわち、幼児後期となると自我の外界知覚から得られた記憶痕跡を蓄積することにより、イドの本能欲求を満足させた方がよいかそれを抑圧した方がよいかを、外界知覚記憶スクリーンを通すことにより吟味し、より現実に適応しやすい行動を選択・決定するようになる。

この現実にもっとも適応しやすい行動を選択・決定するためには、自我はイドの快楽原則に従うよりも、より多くの確実性とより大きな成果を約束する現実原則を機能させる方がよい。そして、この現実原則を外界刺激に即して、より早く適切に機能させるためには、自我の中に外界知覚から得られた判断基準を内在化し、それを自我から独立させ自我の選択・決定を監視させるのがもっともよい方法であり、この自我から独立した新しい判断基準を超自我という。

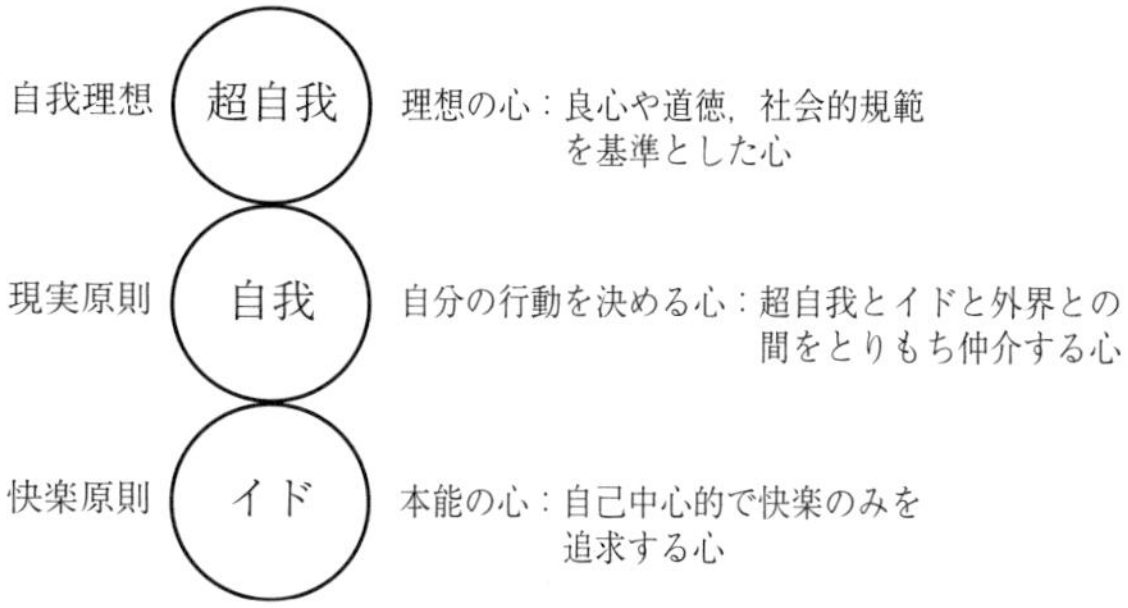

図2　児童前期の安定した心的構造

超自我はまだ構成のみであるが，超自我・自我・イドはバランスがよくとれ，全体として安定している。

この新しい超自我は、主に外界の権威の代表である母親の超自我を子どもの中に内面化したものであり、幼児期には親の判断基準がそのまま子どもの超自我の基準となる。

児童前期

しかし、小学校に入学すると、超自我の判断基準に、新しく学校の先生（の超自我）が加えられる。この学校の先生が、権威として子どもの超自我の中に内面化されると、それまで母親の言うことをもっともよく聞いていた子どもが、母親よりも先生の言うことをよく聞くようになる。

しかしいずれにしろ、この頃の子どもにとって超自我として内在化されるものは権威と感じるものだけである。それゆえ、この時期子どもは、親や先生の言うこと、あるいは社会のルールを比較的よく守る。そしてまた、この時期は、イドと自我および超自我はバランスがよくとれており（図2）、子どもの心理状態は安定している。

児童後期

しかし、子どもが小学校低学年から高学年になり児童後期となると、それまで親や先生に向いていた関心が、子ども仲間へとその向かう先を変化する。すなわち、それまでの権威との関係から平等な者との関係に関心が広がる。

縦関係から横関係へ

このことは、一般には、親や先生と子どもの関係という縦関係から子ども同士という横関係への広がりを伴う。そしてこの子どもへの関心の広がりは、彼らの超自我にも変化を与える。

今まで権威の権化であった超自我に、平等な仲間意識という価値基準が内在化されると、超自我の中で矛盾が生じる。この超自我内部の矛盾が、超自我の自我を監視する力を弱め、子どもは一時期不安定になることがある。特に、自我の現実原則が弱い子どもの場合、それは顕著にあらわれ、それまでおとなしくて大人の言うことをよく聞いていた子どもが、急に親や先生の言うことを聞かなくなることがある。

児童期

このように、小学校低学年では、イド・自我・超自我のバランスがとれていた児童が、高学年になると、まずその超自我に変化が起きる。しかし、その変化は外界刺激によるものであり、自我の外界知覚記憶スクリーンを通すことにより、穏やかな力として超自我に変化を与える。

それに対して、小学校高学年から中学校にかけては、子どもの心的構造に決定的な変化が起きる。

激動の思春期

この子どもの心的構造に決定的な変化を起こすエネルギーは、それまで潜んでいたイドの中にある性的欲動である。ここで潜んでいたと述べたのは、フロイドはこの性的欲動（リビドー、libido）は、乳児期から続くものであると考えたからである。

いずれにしろ、思春期になるまでは、イドの本能欲求は個体維持であった。しかし、子どもが思春期に成長すると、個体維持の上に種族保存というエネルギーが加わる。このことにより、イドのエネルギー量は、一挙に増大し、子どもの心的構造のバランスは急激に崩れる（図３）。

そのため、この時期を激動の思春期というが、その根源は、イドのエネルギーの増大による心的構造のアンバランスによるのである。

すなわち、初期には、超自我の権威の力の弱体化により、ついで性的欲動のエネルギーの増大に伴うイドの肥大化により、子どもの心的構造は決定的にアンバランスとなる。

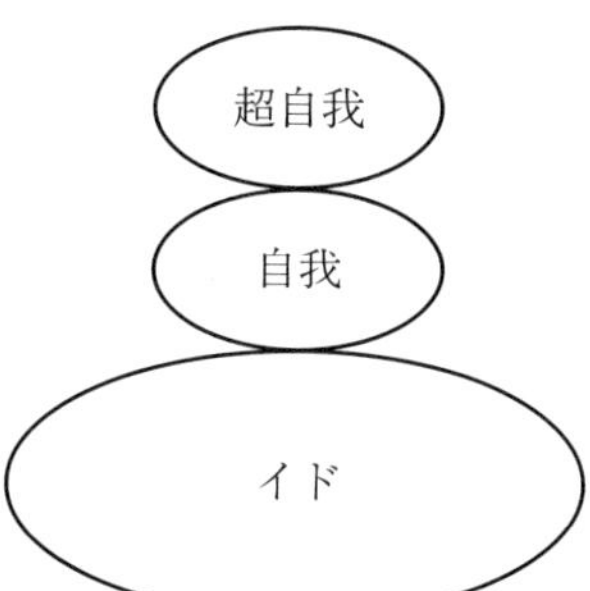

図3　思春期の心的構造の特徴
イドの本能欲求に，新しく種族維持(性)の欲求が加わり，イドのエネルギーが一挙に増大し，心的構造のバランスは崩れる。

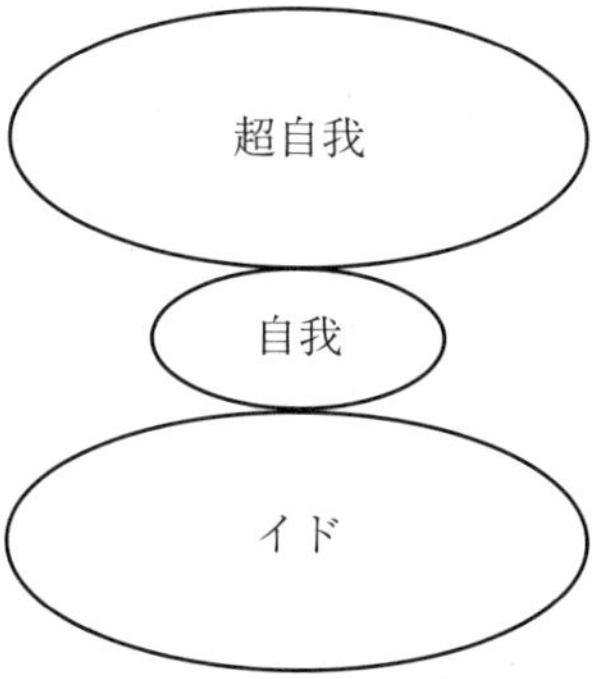

図4　第2反抗期の心的構造
超自我に，新しく仲間意識すなわち平等の価値基準が内面化されることにより，超自我・自我・イドの新しい関係が生まれる。

第二反抗期

そして、思春期特有の仲間意識から生じる平等の価値基準が、徐々に超自我に内面化され、その価値基準がそれまでの超自我の価値基準、すなわち権威による力関係（縦関係）の価値基準にたいして力をもつように（優位に）なると、新しい平等の価値基準が従来の古い権威の価値基準を批判するようになる。これが、いわゆる第二反抗期の始まりである。

一方、思春期にはイドにおける種族保存の本能エネルギーが急激に増大し、自我とのアンバランスを決定的なものとする。そのため、自我は大きくなった超自我（新しい平等の価値基準が優位になった）とイドの間で（図4）、現実原則の機能が相対的に弱くなり、現実適応がむずかしくなる。すなわち、時には超自我の力が、自我の現実原則を乗り越え表面化すると、親や先生などの権威主義への批判となり、時には、イドの本能欲求が自我の現実原則を乗り越えると衝動的行動となってあらわれる。

このような思春期特有の不安定さは、心的構造のアンバランスによりもたらされるものであるが、特に親や先生への権威または従来の社会規範に対する批判を強くする。これは理由もなくなんでも反対の第一反抗期（自我の独立期）にくらべ、焦点のはっきりした反抗であり、この第二反抗期は発達心理学の観点からみれば、将来自分が自分の子どもの超自我となるための準備期間、すなわち親を乗り越えより発展した超自我となるためのものと考えられる。

思春期を越えて

このような心的構造のアンバランスも、思春期を過ぎ成人期となると、バランスが保たれるようになる。というのは、超自我とイドとの間で、力が弱かった自我も両者から刺激を受けることにより、徐々に強く大きくなるからである。また自我が刺激を受けるのは、これら内的刺激だけでなく、環境からくる外的刺激にもよるのである。

第一反抗期の自我は、内的刺激としてのイドと、外的刺激との両者の調和をはかればよかったが、第二反抗期の自我は、さらに超自我が加わり、三者の間の調和をはからなければならない。しかも、イドの本能欲求は、個体維持の上に種族保存の欲求が加わり、超自我は権威主義の上に平等主義が加わり、その上、外的刺激は年齢相応の高度の内容を要求する。

このことは、自我が強くならなければならない必然性を作りだすとともに、心的構造における、この三者の関係がその後の個人の性格形成に大きく影響を与える。

3　心的構造と性格

先述したように、イド・自我・超自我の関係は、この三者がバランスを保ちながら発達するのが望ましいが、思春期（第二反抗期）においては、相対的にイドと超自我が大きくなり、自我がもっとも小さい状態となる。そのうえ、このもっとも小さい自我が、イドと超自我と外界のそれぞれの欲求を考慮し適切に調節しなければならない。しかし、自我の力が弱いため、時にはイドの欲求に打ち負かされ、時には超自我の厳しい監視の目にさらされ、また時には外界からの期待にうまく応えきれず、自我は思春期特有の衝動行為や精神的不安定をさらけだすのである。

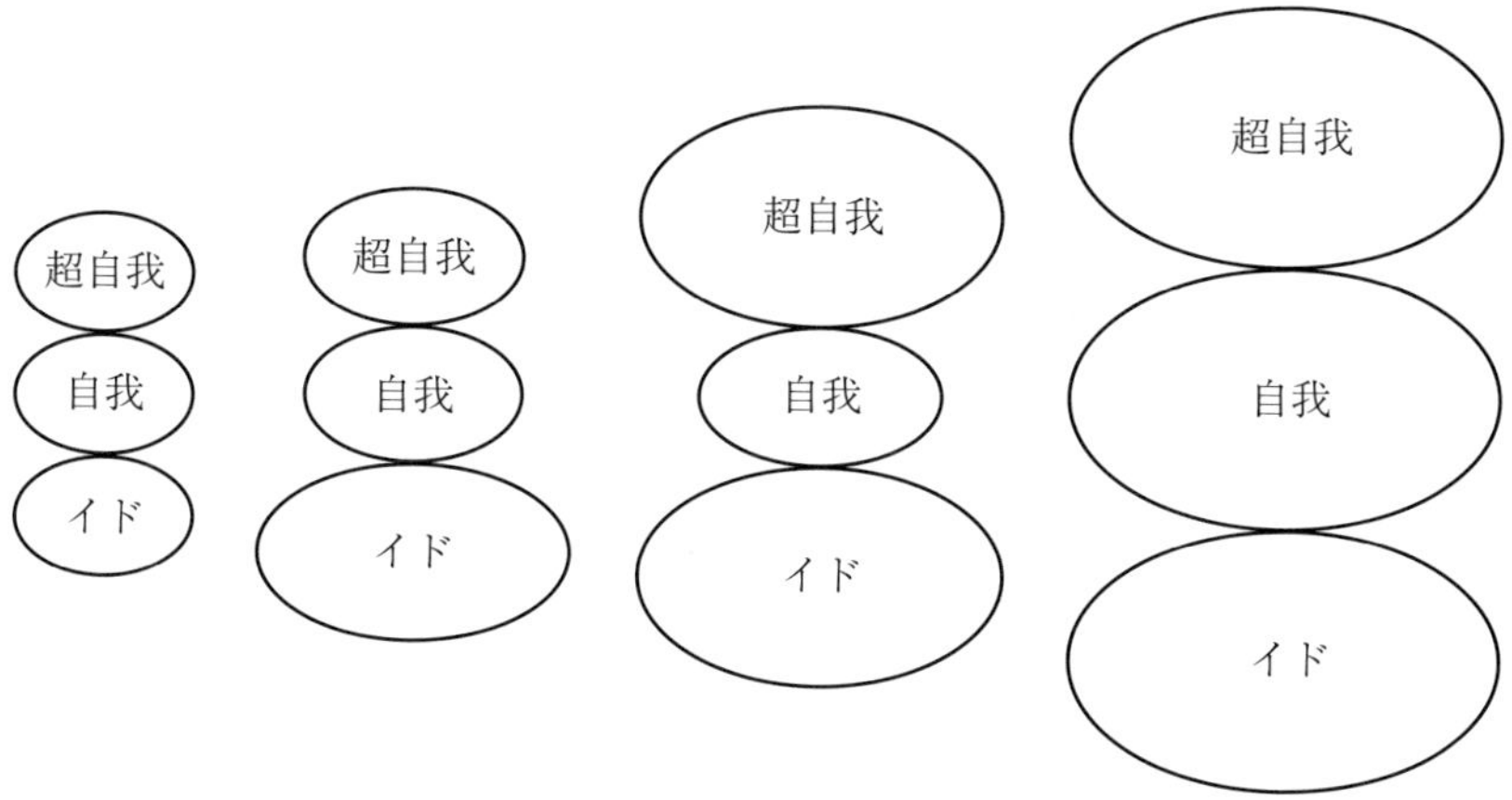

図5　心的構造の発達過程
それぞれの大きさの変化が発達過程であり，そのバランスが性格や行動を決定する。

しかし、思春期が過ぎ成人になると自我も大きくなりバランスがとれた状態となる（図5）。このように、バランスがうまくとれた場合は、いわゆる環境適応もよく温厚で安定した性格となる。というのは、それぞれのバランスがとれているため、自我は常に外界知覚記憶スクリーンを機能させ現実原則に従って、もっとも環境に適応した行動を選択・決定できるからである。

未熟な自我　しかし、自我の発達が悪く未熟で小さい場合（図6）、自我は外界知覚記憶スクリーンを機能させイドの欲求を抑制しようとしても、イドのエネルギーが強いため、イドの欲求は阻止されず衝動行為として表現され、外界とトラブルを起こすことが多い。すると、自我を監視する超自我が自我を鋭く批判する。自我と超自我がバランスのとれた関係であれば、この時、自我は超自我の鋭い批判に堪えることができるが、自我が超自我より小さい場合すなわち未熟で弱い場合、超自我の批判に堪えることができず不安定となり劣等感や罪悪感を生ずる。また逆に、超自我に従おうとすると、イドのエネルギーの強さに堪えきれず神経症的な不安を発生させる。

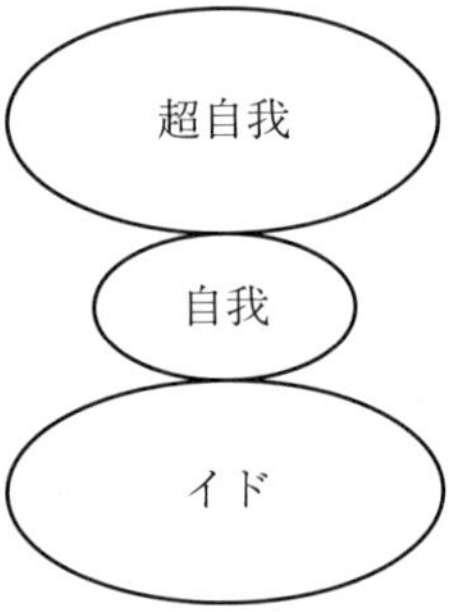

図6　神経症的性格
自我が，イドや超自我に比べ，相対的に未熟で小さい場合には，神経症的性格となる。

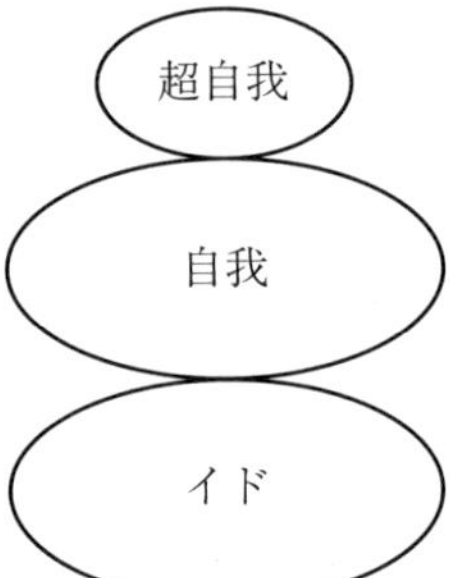

図7　超自我のみが未熟な場合
イドに対して，自我が充分発達しておれば，現実原則は機能するので，法に触れるような反社会的行動は起こさない。

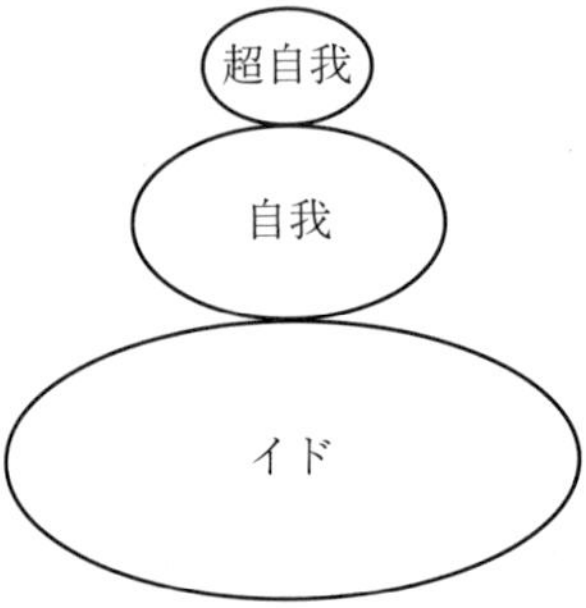

図8　超自我も自我の発達も未熟な場合
自我の現実原則が，イドに対して弱くて機能しない。その上，超自我がより弱いと，法に触れるような反社会的行動を起こすことがある。

このように、いずれにしろ自我が未熟（小さい）な場合は神経症的性格（不安が強く自己決定ができない）が強くなり、非社会的行動が多くなる。

未熟な超自我

これに対し、超自我が小さく未熟な場合は、自分の行動に対する洞察力に欠け、善悪の判断能力が乏しく社会的規範を守る力も弱く、反社会的行動に走りやすい。しかし、このような場合でも、自我がイドに対して充分発達しておれば（図7）、自我の外界知覚記憶スクリーンを機能させ現実原則に従った行動は可能であり、反社会的行為の中でも法に触れるような行動はしないが、校則違反や周囲の者が迷惑をこうむるような行動は多くなる。また反社会的行為を何度も繰り返す場合は、イドに対して、自我が小さく、超自我は自我よりももっと小さい場合である（図8）。

ここでは、イドとの相対的な関係において自我と超自我の大きさについてのみ触れ、絶対的なイドの大きさについては触れなかった。というのは、イドはもともと生来的な本能がその中心であり、人間として生きている限りはすべての者が生まれつきもっているものである。それに対し、自我と超自我は、生後、人が社会生活を営むことで必要となり、その人の生活環境から影響（刺激）を受けて大きく（発達）なったものである。それゆえ、環境刺激の影響を受け難いイドに働きかけるよりも、環境刺激の影響を受けやすい自我と超自我に働きかける方が、心的構造は変化しやすい。

そこで、カウンセリングにおいては、この環境刺激の一部として、自我および超自我に働きかけることにより、イド・自我・超自我のバランスを修復し、あわせて精神の安定と人格の完成を促すことが目標となる。

第４節　カウンセリングのあり方

先述したようにカウンセリングとは、心的構造における、イド・自我・超自我のアンバランスを整えることである。

一般には、なにか心の悩みを解決してくれたり、自分で解決できない問題に対して相談にのってもらえるのがカウンセリングだと思われているが、狭義のカウンセリングはかならずしもそういうものではない。ここでは、誰もがもつ可能性のある悩み、すなわち非社会的行動や反社会的行動、あるいは神経症（ノイローゼ）による悩みに対するカウンセリングについて述べる。

カウンセリングは大きく分けて二種類ある。一つは治療的カウンセリングであり、もう一つは発達援助的カウンセリングである。

この治療的カウンセリングというのは、他の表現を借りれば、専門的カウンセリング（プロフェッショナル・カウンセリング）ということができる。このカウンセリングは、クライエント（この場合のクライエントは、症状をもっていたり病気であるので、以後、治療的カウンセリングの場合は患者という）に対して、カウンセラー（この場合のカウンセラーは治療をするので、以後、治療的カウンセリングの場合はセラピストという）は、専門的な知識と技術を用いて、患者の症状や病気を治療するのである。

これに対して、発達援助的カウンセリングというのは、他の表現を借りれば、開発的カウンセリング（ディベロップメンタル・カウンセリング）ということができる。このカウンセリングは、治療すなわち症状や病気を治すことが目的ではなく、子どもの人格（心的構造）がバランスよく発達を遂げるよう援助することが目標である。それゆえ、学校カウンセリングといえば、多くの場合、この発達援助的カウンセリングをさす場合が多い。

1　治療的カウンセリング

治療的カウンセリングの対象は、主に神経症（ノイローゼ）の患者である。神経症というのは、カウンセリングにおける悩みの分類で述べたように、自分自身にとって症状は苦しい悩みであり（苦悩）、自分は病気であるという意識があり（病識）、その病気の原因は自分自身にある（洞察力）と思うがその原因は自分にはわからない、そしてこのことで、日常生活に支障をきたしなんとか治したいという気持ち（治療意欲）が強い場合である。

フロイドは、このような神経症を説明するために無意識という概念を導入し、われわれの行動は、意識された行動のみではなく、無意識に影響される行動が多いことを指摘し、この神経症の原因は無意識にあるとした。彼は、錯誤行為をとりあげ、言い違い、書き違い、読み違い、聞き違いや物忘れなども、この無意識に関係するものだと考えた。そして本格的な無意識の研究として、夢の分析にとりくみ、われわれの行動は無意識により影響を受けていることを明らかにした。

そして、彼は人間の心の大部分は無意識が占め、意識との境に、前意識といって時に意識されたり努力すれば気がつくようなところもあるとした。このような考え方を局所論的といい、これと構造論的考え方を組み合わせ、人の心の中を図9のようにあらわした。

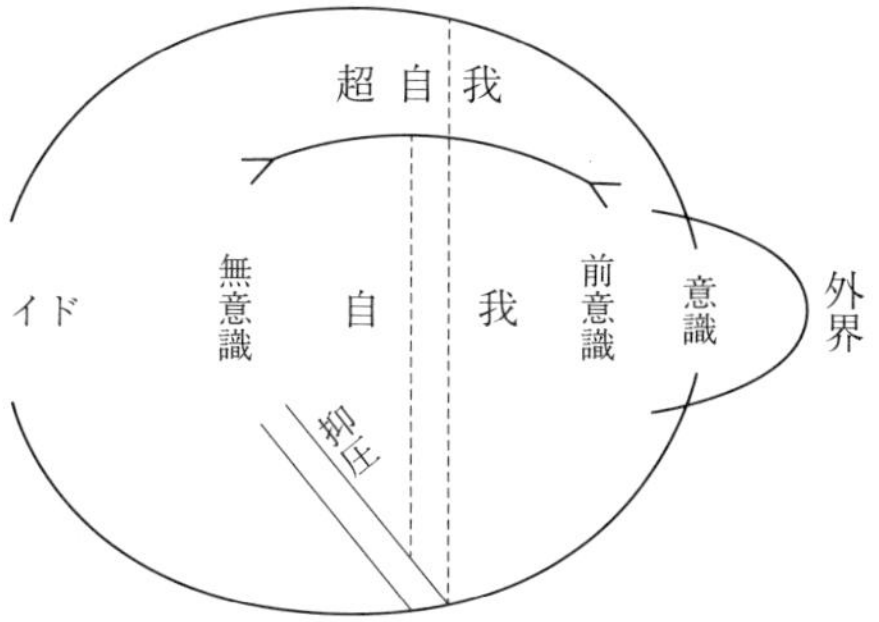

図9　フロイドの心的構造
局所論を加えた構造論
（Freud, 1933から改訂）

すなわち、超自我はイドの中にも入り込み、イドと密接な関連をもっている。また自我は無意識と意識（知覚意識）の間にあり、イドは自我を通過しないと外界と交渉できないと考えた。これは、イドの欲求は自我を通さないと表出できないということであり、その自我を超自我が上から監視している図である。以下、フロイドの考えを参考にして、神経症の説明およびその治療について述べる。

不潔恐怖症の場合

まず、神経症の人には、苦悩・病識・洞察力があるにもかかわらず、その原因が自分でわからないのは、その原因が無意識にあるからだと考える。そして、神経症の人が悩むのは、自分の行動において、考えていることと実際の行動にズレがあるからだとする。たとえば、神経症のなかに強迫神経症というのがある。これは、不潔恐怖症とか対人恐怖症など、いわゆる○○恐怖症といわれる神経症がそうである。なぜ恐怖症というかというと、不安の対象が不潔とか人とかはっきりしているからである。この不安の対象がはっきりしないで漠然としている場合は、不安神経症という。

この不潔恐怖症の場合、患者は自分の手が不潔ではないかと強い不安を示す。そして、その不安にかられて手を洗いにいく。洗面所の石鹸で何度も何度も手を洗う。頭の中では（意識）、これだけ洗ったのだからもう不潔ではないと思う。そして次の仕事をしようと思って机にちょっと触れると、また手が不潔になったのではないかと不安となる。手の汚れが気になって仕事をしようとしてもできない。仕方がないので、また手を洗う。これでよいと思って仕事をしようと思うが、また手の汚れが気になって仕事ができない。仕方がないから、また手を洗いにいく。また気になる。また手を洗いにいく。頭の中では、これだけ手を洗ったのだからもう大丈夫だとは思っているのだが、こんなこと繰り返しても無意味だということはわかっているのだが（意識の部分）、どうしても気になって仕方がない（無意識の部分）。自分の力ではどうすることもできないで、無意味だとわかっているのにそうせざるをえない気持ち（強迫的）になりまた手を洗ってしまう。

本人はこのことに強く悩み（苦悩）、自分は病気じゃないかと思い（病識）、その原因は第三者にあるとは考えられず自分の問題だと思うが（洞察力）、自分ではどうすることもできずなんとか治してほしいと思う（治療意欲）ので、この状態を神経症と診断するのである。

自分の意識の部分では気づいていないが、なんとなく原因が自分にあると感じるのは無意識に原因があるからである。よく患者は自分のいらだちや不安のために、第三者の責任のような表現をすることはあるが、本人は自分の問題だということはなんとなく感じている。

このように、患者の無意識に原因があると考えられる場合、その治療的かかわりは、無意識を明らかにし、意識化することである。そして、その具体的な方法は精神分析的なカウンセリングである。

精神分析

精神分析においては、最初は、無意識を明らかにするために夢の分析が行われた。確かに、夢を見る時は意識がない時であり、その時の夢は無意識が表現されているという考え方には納得がいく。しかし患者が悩んでいる症状は、意識のない時すなわち寝ている時の無意識に悩んでいるのではなく、目覚めていて意識がある時の無意識の働きに悩んでいるのである。それゆえ、夢の分析よりは、患者の意識のある時の無意識の働きを明らかにする方がよいのに決まっている。

自由連想

これが、現在行われている自由連想法である。自由連想法とは、心理的にリラックスした状態のもとで、「頭に浮かんでくることを、そのまましゃべる」ということであり、それを治療者（この場合、分析者ともいう）が分析することで、患者の無意識を明らかにしようというものである。すなわち、できるだけリラックスした状態で緊張をやわらげ（意識を少なくし）、頭に浮かんでくることをしゃべるということは、超自我の厳しい監視や批判を取り除き、自我の外界知覚記憶スクリーンを通り抜けたイドの欲求をそのまま表現するということであり、その時のイドの姿（欲求）がもっとも無意識に近いというわけである。

しかし実際にイドの欲求は、そのままストレートに外界に表出されるわけではなく、表出されるまでにさまざまな抵抗（心的葛藤）を受ける。この抵抗を分析することで、患者の心の内界を知ろうとするのが自由連想法による精神分析なのである。そして、患者は、分析者から治療的操作を受ける（精神分析を受ける）ことにより、それまで気づかなかった自己の内界（無意識）に気づく（意識化する）ようになる。このように自分でコントロールできなかった無意識の行動（たとえば強迫的行為）の原因が明らかになることにより、無意識の行動が意識化された行動となり、自分でコントロールできるようになるのである。

これをもう少しくわしく説明すれば、われわれの行動を選択・決定する心理的主体は自我であり、その自我は、外界に向かう意識と内界（イド）に向かう無意識とで成り立っている（その間に前意識がある）。そして、われわれの行動は、自我の現実原則（外界知覚記憶スクリーン）により選択・決定されるが、この時、意識の方が無意識よりも強い場合は、意識で決定された行動と無意識で決定された行動にずれ（違い）が生じても、意識で決定された行動が表出されるので、意識と行動は一致するので悩みは生じない。しかし無意識の方が意識よりも強い場合は、意識で決定された行動よりも、無意識で決定された行動が表出されるので、自分の行動と意識が一致しない。そして、この時患者には強い悩みが生じ、神経症となる。

先述の不潔恐怖症の場合、無意識の中に不潔に対する強い不安（多くの場合、患者の過去経験の中にその原因はある）があり、患者自身はそのことを意識していない。それゆえ、意識ではもう何度も手を洗ったのだから不潔ではないと思い、手を洗わなくてもよいという行動を選択・決定したと思っているが、実際の行動は無意識の不潔に対する強い不安によりひき起こされるので、手を洗わざるをえないという強迫的行為となって表出されたのである。

もちろん意識と無意識が同じ行動を決定する時は、無意識が意識よりも強い場合でも、意識と行動は一致するので、患者に悩みは生じない。それゆえ、神経症で患者に悩みが生じるのは、自我の中で意識よりも無意識が強く、かつ意識で決定された行動と無意識で決定された行動にずれが生じた場合であるといえる。

精神分析的なカウンセリング

このように、意識と行動に不一致が生じた時、自我の中の無意識を意識化することにより、意識と行動を一致させ、無意識の方が意識よりも強かった自我の内界を、意識の方が無意識よりも強くなるよう変えることにより、神経症を回復させようとするのが精神分析であり、この技法を用いたカウンセリングが精神分析的なカウンセリングである。

しかし、このような考え方は、主に成人した大人に対する考え方である。というのは成人の場合、内からの成長力は期待できず、基本的にイド・自我・超自我の大小関係は固定したままであり、子どものようにその関係は流動的ではない。それゆえ、これ以上成長・発達の見込まれない大人の場合は、この三者の関係よりも、自我における意識・無意識の関係において治療法を検討した方がよい。

2　発達援助的カウンセリング

これに対し、学校カウンセリングで対象となる児童・生徒の場合は、先述のイド・自我・超自我の関係は常に流動的であり発達的である。それゆえ、たとえ子どもが神経症的な症状や問題行動を起こしたとしても、それは発達のある段階における一時的なものであり、三者の関係がバランスがとれることで解決すると考える。

このような考え方から、児童・生徒に対するカウンセリングは、彼らの症状や問題行動は、イド・自我・超自我の三者の関係がアンバランスであるというサインとして受けとめ、カウンセリングの目標は、この三者のアンバランスを修復することであり、あわせて症状や問題行動の改善をはかろうというものである。

自我の未熟な場合

自我の発達は先述したように、イドから分化し独立する過程であり、また自我が、イドや超自我に比べ未熟であるということは、図で示せば両者よりも小さく、心的構造がアンバランスであるということである（図６）。その結果、自我はその機能すなわち現実原則の機能が充分発揮できず、自己の行動の選択および決定ができない状態にあるといえる。いわゆる、自己決定ができない状態である。

このことは、児童・生徒の場合であれば、学校や友人の間で自己がうまく表現できず、極度に内向的であったり、自己防衛的であったり、自分で解決しなければならない問題に直面すると神経症的症状すなわち心理的な頭痛や腹痛が起きるなど、いわゆる非社会的な行動が多くみられる。このような児童・生徒に対しては、個々の問題行動を解決する治療的カウンセリングではなく、心的構造のアンバランスを修復し彼らの精神的発達を促す発達援助的カウンセリングが望ましい。というのは、個々の問題行動は、心的構造のアンバランスが修復され、精神的発達援助が促されると、当然の結果として自己解決能力が獲得され、その結果として自然に問題は、解決されるからである。

自我の発達援助

自我の大きさと強さを、ここではサッカーボールにたとえて説明してみよう。まず、自我がイドや超自我とバランスをとり、その機能を発揮するためには（サッカーボールがボールとして充分その機能を発揮するためには）、自我の内圧（ボールの空気圧）が充分ありかつ自我境界（ボールの外皮）がしっかりしていることが必要である。

健全な自我は、外部の友人などと接する時、この自我と自我がぶつかり合う。この時、内圧も充分あり外皮も

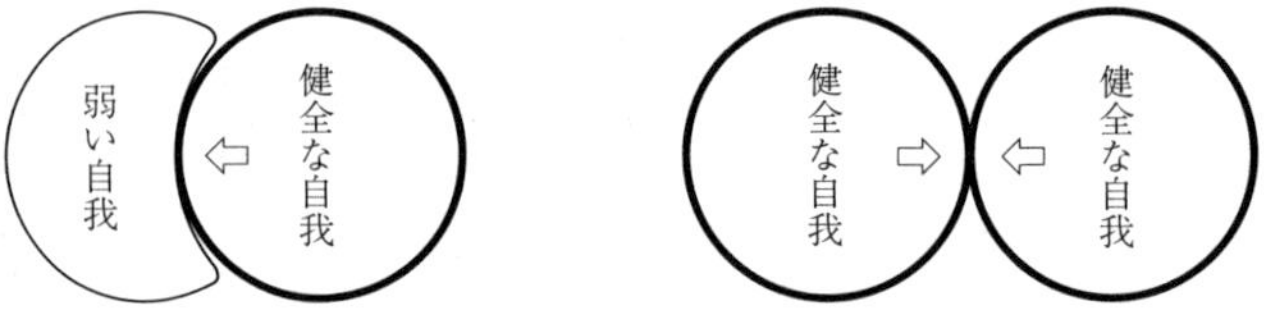

自我の内圧が低い場合や，外皮が薄い場合は，相手とぶつかると自分の自我が歪み不全感が強くなる。

自我の内圧も充分あり外皮もしっかりしている場合は，両者は弾力性もあり，気持ちよくぶつかり合える。

図10　自我をボールにたとえた場合の自我の接触

しっかりしている場合は、ボール（自我）に弾力性もありお互い気持ちよくはじけ合う。それゆえ、友人と一緒にいて自我と自我が触れ合うことは自己（自我）の充実感につながる。

しかし、自我の内圧が低い場合や、外皮が薄くて弱い場合は、第三者の自我とぶつかり合うことは、自己の自我が歪むことになり（図10）、自己の不全感を味わうことにしかならない。それゆえ、友人と会うことを避けたり、できるだけぶつかり合わないようにするため、過度に相手に合わせようと努力する。このことは、外界だけでなく、自己の内界におけるイドや超自我との関係についても同じことがいえる。すなわち、過度にイドに合わせたり、超自我に合わせようとするため、自我の本来の働きである現実原則の機能が麻痺してしまうのである。

このような弱い自我がどうしてできたかを考えると、もともと自我はイドの一部として分化したものであり、自我の内圧はイドのエネルギーが注入されたものである。そして、イドのエネルギーは、生来的にもって生まれたものであり、すべての人にほぼ同じようにある。この同じ量のエネルギーがイドにありながら、自我に注入されないのは、そこに何かイドのエネルギーの注入を阻止するものがあるからである。この自我へのイドからのエネルギーの注入を阻止するものは、一つは、強い超自我であり一つは外的な力である。それを具体的に考えると、いずれも母親を中心とした人びとの過度の期待や要求あるいは禁止や制限が子どもの小さい時から強すぎたということである。

イドの欲求（エネルギー）は、自我を通過することにより外界に行動として表出されるが（この時、自我の外界知覚記憶スクリーンすなわち現実原則の審査を受ける）、あまりにも超自我や外界の力が強すぎると、イドのエネルギーは自我を通過することができない。このような状態が続けば、イドのエネルギーは自我にも供給されなくなり、自我の内圧が下がってくる。

また、第一反抗期で述べたように、自我境界（ボールの皮）が強くなるのは、作用―反作用の法則で強くなるのであるが、これは最初は母親を中心とした人との作用―反作用であり、児童後期になれば、友人との間での作用―反作用の影響が大きくなる。それゆえ、第一反抗期に、あまりにも甘やかされたり過保護であったりすると、反作用としての力が不足していたり、児童後期になっても友人がなく、自我のぶつかり合いがない場合は、必然的に自我境界は弱くなる。また、自我の内圧が低い場合は、作用―反作用の力が働かず、人と接することにより、自己の不全感のみが残るため（図10）、友人との接触を避けるようになり、結果的に未熟な弱い自我境界が形成される。

それゆえ、自我が未熟で弱く、いわゆる形成不全である場合は、この自我の内圧を高め、自我境界を強くしなければならない。このためには、まず強い外界からの圧力がある場合は、できるだけ、その力を取り除くことが必要となる。

クライエント中心的カウンセリング

具体的には、子どもの外界への働きかけは、いわゆる権威として存在する人々すなわち親や先生からの子どもに対する過度の期待や要求あるいは禁止や制限を少なくすることである。そして、子どもの内界に対しては、超自我からのあまりにも強い自我への監視を、少しでも緩めることにある。そのため、今まで、あまりにも理想的な良い子であることを求められ、自分のイドの欲求を抑圧する傾向の強い子どもに対して、まず子どもの気持ちや願いを充分に理解することから始める。そして子どもの自己表現を大切にすることで、イドの欲求（エネルギー）が自我を通過するようになり、そのエネルギーが自我に供給され、自我の内圧が高くなる。自我の内圧が高くなることで人と接する際の不全感が緩和され、人と接する機会が多くなり、ひいては作用—反作用の法則で、自我境界も強くなる。

このようにして自我が大きく強くなることで、イド、自我、超自我のバランスがとれ、心的構造が安定し、以後の望ましい精神的発達が可能となる。このように、弱い自我を補強することで、精神的安定をはかり、結果として、児童・生徒の不適応行動や問題行動を軽減し、あわせて彼らの今後の人格形成に望ましい発達援助をしようとするのが、クライエント中心的カウンセリングの目的である。

カウンセリング・プロセス　それでは、具体的なクライエント中心的カウンセリングのプロセスとはどのようなものであるかを説明したい。

1　導入期：一般にはインテイク面接（受理面接）ともいわれるが、クライエントがなにに悩んでいるのか、その悩みについてどう思っているのか、その悩みをどうしてほしいのかをゆっくり時間をかけて聞いていく。というのは、クライエントが大人でなく児童・生徒である場合、問題意識が低く面接への意欲に欠ける場合があるからである。そして、クライエントが自分の悩みを自由に表現できるようにしていくのがこの時期の目標である。

そのためカウンセラーは、学校の先生のように直接的な指示を与えたり指導をしてはいけない。まずしなければならないことは、相手の思っていることをしっかり聞くことである。そしてカウンセラーは、クライエントの悩みをクライエントの立場になってじっくりと聞いてくれる人であるということが、クライエントに伝わるように聞いていくのである。

そして、自分からあまり話さなかったクライエントが、自由に話すようになれば次の段階に進む。はじめからよく話してくれる場合は、一回で次の段階に進めばよいし、なかなか話をしてくれない場合は、数回の面接が必要かもしれない。

2　自我内圧充足期：自由に話せるようになったクライエントに対して，カウンセラーが常に無条件でクライエント自身を受容し共感（カウンセリング・マインド）すれば，彼の心的構造のなかで，超自我の自我を鋭く批判する態度が緩和される。

すなわち，無条件で全面的に受容されていることが体験されれば，人としてあるべき理想の姿を厳しく求めなくても，自分の自然の姿をあるがまま表現すれば，それで認められるということがわかってくる。このことにより，今まで自我を厳しく監視し鋭く批判していた超自我に対し，自我が，萎縮しないで，本来の自我の働きである現実原則を機能させることが必要であることを主張できるようになる。そして，自我の本来の機能である現実原則すなわち外界知覚記憶スクリーンを，イドの欲求が通過できるようになると，自我の中にイドからのエネルギーが供給されるようになり，自我の内圧は高まり充足する。

この内圧の高まりが，クライエントの行動に影響を与える。すなわち，クライエントは，今まで，超自我や外界の圧力が強いため，内向的（自我の萎縮）であったのが，自我の内圧が高められることにより，超自我や環境の圧力に自我が対抗できるようになり外向的となり，自己（自我）表現ができるようになる。

3　自我境界強化期：このように，自我の内圧が充足し外向的になると，クライエントの自我のボールは弾力性が増し，第三者の自我と交わっても，はずみが生じ，充実感が味わえるようになる。すなわち，クライエントの自我と第三者の自我の間に，作用―反作用の法則が働き，クライエントの自我境界は強化される。この自我境界の強度が一定以上にならないと，第三者の自我とぶつかった場合，相手の力によりクライエントの自我境界は歪み，不全感を味わうことになる。

それゆえ，自我が本来の機能である現実原則を発揮できるようになるためには，自我の内圧の充足と自我境界の強化が必要不可欠である。具体的には，自己表現ができるように援助（カウンセリング）するとともに，レクリエーションや運動（遊び）や趣味などを通して仲の良い少数の友人と交わるよう指導するとともに、カウンセリング場面においては、その時の様子やクライエントの気持ちを共感的に聞いていくことである。

4　終結期：このように、自我の内圧が高まり、自我境界が強くなると、自我は現実原則という本来の機能が発揮できるようになり、クライエントの環境適応能力は改善され、自分の悩みや問題を解決する力がついてくる。発達援助的カウンセリングは、この自我の現実原則が機能するようになれば終結である。

発達援助的カウンセリングが、治療的カウンセリングと決定的に異なる点は、その終結が、自我の現実原則機能が作用するようになった時点にあるということであり、症状や悩みが解決された時点ではないということである。発達援助的カウンセリングの目的は、あくまでも、症状や悩みや問題を解決することではなく、自我や超自我の発達援助をすることであり、その結果として、副次的に症状や悩みや問題が解決されるのである。また、治療的カウンセリングは、精神分析的カウンセリングがその中心であるが、発達援助的カウンセリングは、クライエント中心的カウンセリングがその中心であり、自我の発達が未熟な場合は受容や共感などいわゆるカウンセリング・マインドをベースにした受容的カウンセリングが良いと考えられる。

それゆえ、発達援助的カウンセリングでは、症状や悩みや問題行動は、自我や超自我の未発達を示すサインとして受け取り、それを手がかりとして、自我や超自我の未熟の程度や内容・対応などを考えるのである。発達援助的カウンセリングの目標は、症状や悩みを解決することではなく、自我や超自我の発達を援助することであり、治療的カウンセリングで問題になる意識—無意識の関係はあまり問題にしない。

そして、一般に、非社会的行動や神経症的症状は、自我の未熟な場合に起こりやすく、反社会的行動は超自我の未熟な場合に起こりやすいと考えられる。

超自我の未熟な場合

先述したように、超自我の発達は、イドから自我が分化し、その自我が自我として機能するために、外界知覚から得られた判断基準を自我の中に取り入れ内面化し、それが自我から独立したものである。それゆえ、超自我はイドとも関係をもつが、もっとも関係をもつのは自我である。そして、超自我の発達が未熟な場合は、その心的構造は図７、８のようにアンバランスとなり、その結果、問題行動が起きやすくなる。

超自我の働きは、自我に対して、その行動を監視することである。すなわち超自我は、自我理想といって人として考えられる理想を基準にしているので、良心・善・道徳などあらゆる理想的なものの権化といってもいい。そしてその基準でもって、自我が社会的にも道徳的にも恥じない行動を選択・決定することを要求し、常に鋭い目で自我を批判する。

それゆえ、あまりにも超自我が強いと、自我は劣等感や罪悪感を強くもち、内罰的となり行動抑制が強くなるが、逆に超自我が弱いと、社会的規範や善・悪の判断が弱く、反社会的行為や触法行為などが多くなる。

超自我が強いということは、相対的に自我が弱いということであり、その場合は、自我の発達未熟で述べた対応が必要となる。それに対して、超自我の発達未熟の場合は、以下に述べるように自我の発達未熟とは異なる対応が必要である。

超自我の発達援助

超自我とは、自我の中に内面化された親や先生の力と権威の価値基準、仲間の平等と対等の価値基準、社会的規範や道徳の価値基準、善・悪や良心などの価値基準、これらが一体化され自我から独立したものである。

それゆえ、この超自我の大きさ（力）が、自我やイドに比べ、大きいかどうかは、自我が現実原則の機能を働かせ、行動の選択・決定をする際、どの程度これらの価値基準がその決定に影響を与えているかで知るしかない。

たとえば、常にイドの本能欲求（快楽原則）が表出され、ほとんど超自我の自我監視能力が機能していない場合は超自我そのものが小さくその能力は低いと考える。しかし、時には超自我の能力が発揮され、快楽原則が抑圧された行動がみられる場合、行動に対する一貫性には欠けるけれども、かならずしも超自我の発達が未熟であるとは限らない。このような場合は、自我の発達未熟も考慮しなければならない。

しかし、いずれにしろ、社会的に認められない問題行動（反社会的行動）が多いということは、相対的にみて超自我が小さいということであり、心的構造がアンバランスであるということはいえる。

このような場合は、原則として発達援助的カウンセリングの中でも、教育的カウンセリングが必要である。

教育的カウンセリング

超自我が発達未熟の場合、なぜ教育的カウンセリングが必要かというと、超自我は、イドのように生来的にもって生まれたものでもなく、自我のように行動する時にかならず必要であるというものでもなく、人間として望ましい行動をしようとする時のみ必要なものだからである。別の表現をすれば、イドと自我は成熟的要素が強いが、超自我は社会・文化的要素すなわち発達的要素が強く、人間社会で生活することにより必要となり発達したものであるといえる。

それゆえ、自我の発達援助のように、上（外）から抑圧する力（超自我や外的環境）を取り除いて本来の内にある力（イドのエネルギー）を取り入れ成熟を促そうとすることではなく、超自我の場合は、もともと初期の心的構造には存在しなかったものが、外界環境を取り入れることにより形成されたものであり、その発達援助は、外界からの刺激が主なものとなる。それゆえその刺激は、超自我の機能を高めるものでなければならない。いいかえれば、善・悪の判断、良心の涵養、道徳や社会的規範を培うものでなければならない。すなわち、これらは、いわゆる家庭や学校・社会においてしつけられ指導され、教え育まれたもので、広い意味での教育である。

このような意味で、超自我の発達が未熟な場合のカウンセリングは、教育的カウンセリングが必要となる。

学校教育と教育的カウンセリング

学校教育と教育的カウンセリングが決定的に異なるところは「評価」があるかないかということである。よく知られているように、学校教育においては、評価は生徒を指導する際の重要な要素である。これに対して、教育的カウンセリングは、評価をしないというのが重要なポイントである。というのは、子どもは評価されると思うと、その評価をする人の前では、良い子であろうとするからである。この良い子であろうとする思いは、裏を返せば（その反動として）悪い子になってやろうという思いにも通じる。すなわち、自分が良い子として認められる状況にある間は良い子であろうとするが、良い子として認められない状況になれば、たちまち悪い子に変身する要素をもつようになる。

それゆえ、カウンセラーはあくまでも、受容的・共感的態度でクライエントに接し、クライエントが、自分本来の姿をありのまま表現できるように促し、そのありのままの姿を認めていくようにしなければならない。

そして、このような関係において、善悪の判断や良心・道徳や社会規範などを、クライエントの超自我の中に内面化させていく必要がある。このように、自分のなかに、善悪の判断や社会規範がとりいれられ、その結果として超自我が強くならなければ、それらが評価のためのものである限り真の超自我にはなりえない。

超自我と自我やイドとのアンバランスが問題行動として表面化しない場合は、学校教育における指導が有効であるかもしれないが、アンバランスが強く、それが問題行動として表現される場合は、評価を抜きにした教育的カウンセリングが必要となる。

具体的には、教育的カウンセリングとは、クライエントと言葉を介して、社会的にも道徳的にもどのような行動が望ましいかを、クライエントの考えを中心に相談（カウンセリング）していこうとすることである。

教育的カウンセリングと受容的カウンセリング

教育的カウンセリングの目標は、超自我を育成（大きく）することであり、超自我は自我から独立した社会的判断基準であり、生後の発達過程において学んだものである。それゆえ、超自我はある意味の学習が必要であり、カウンセリングにおいては、受容的・共感的態度ではあるが、言葉での伝え合いが重要な要素となる。

これに対し、受容的カウンセリングは、自我の育成がその目標であり、カウンセリングでは、言葉で伝え合うことよりも、クライエントが全面的にカウンセラーに受容され共感される体験を重ねるということがポイントである。

このように、発達援助的カウンセリングには、受容的カウンセリングと教育的カウンセリングがあり、その目標および具体的方法は異なるところがあるが、いずれもクライエントがその主役（中心）であるということには、変わりがないので、それらを熟知した上、カウンセリングにのぞまれることを期待したい。

文　献

Freud, S. 1933 *Vorlesungen zur Einführung in die Psychoanalyse.* Copyright 1940 by Imago Publishing Co., London. 懸田克躬・高橋義孝（訳）一九七一　精神分析入門（正・続）フロイド著作集Ⅰ　人文書院

Rogers, C. R. 1942 *Counseling and Psychotherapy : New Concepts in Practice.* Boston : Houghton Mifflin. 佐治守夫（編）友田不二男（訳）一九六六　カウンセリングとサイコセラピィ：治療実践における新しい諸概念　ロージァズ全集第2巻：カウンセリング　岩崎学術出版社

Rogers, C. R. 1951 *Client-Centered Therapy.* Boston : Houghton Mifflin. 友田不二男（編訳）一九六六　クライエント中心療法　ロージァズ全集第3巻：サイコセラピィ　岩崎学術出版社

Williamson, E. G. 1930 *How to Counsel Students.* New York : McGraw-Hill.

第2章 学校カウンセリングと発達課題

第1節 学校カウンセリングとは

1 「学校」と「カウンセリング」

学校カウンセリングとは、わりによく使われる言葉であるが、しかし一体これは、どういう意味であるか。一般的に考えれば、「学校で行われるカウンセリング」というように理解できるが、では、それは「誰が」行うのか。教師だろうか。とすると、教師は生徒にカウンセリングを行うカウンセラーという立場もとらないといけないし、また教師として授業をしたり、テストをして成績もつけないといけないという、両方の役割を担うということになるのである。このようなことは、学校ではよくあることだと感じられる方もあるかもしれないが、ことはそう簡単ではないのである。

教師が、ある時はクラスの担任として、クラスを運営し、さまざまな指導を行い、統制し、管理しつつ、成績の評価をつける。その一方で、カウンセラーとして、子どもたちのさまざまな悩みや相談を聞き、受容し共感することを通して、問題の解決をはかるということを行っていかないといけない。しかし、ある中学生の調査で見ると、なにか悩みがあった時、誰に相談するかという設問に対し、一位が友人・先輩で四〇・二％、二位が親で三一・四％、三位が教師で六・五％となっており、生徒の側から見ると、教師を相談相手としてはほとんど見ていないのである。これは教師との個人的関係性というよりは、むしろその立場のもつ影響が大きいと考えられる。つまり、生徒にとって、教師という立場の者に対し、ある時は相談相手、あるいはカウンセラーという立場として見るのは非常に困難であり、また矛盾があるのである。

次に、「学校で行われる……」の学校という場所について考えてみると、カウンセリングでは、面接室というのが必要条件であるが、学校においても相談室が多くの学校で整備されつつある。京都府下の公立中学の調査でも、七九％がなんらかの形で相談室を設置していると報告されている（内田、一九九九）。しかし、それがどのように活用されているかは明確でなく、相談というよりは、問題行動を起こした生徒の指導や説教の部屋として使われている場合も少なくないようである。

一九九五（平成七）年度よりスタートした文部省（現・文部科学省）の「スクールカウンセラー活用調査研究委託事業」（以下スクールカウンセラー事業）でも、相談室はスクールカウンセラーのカウンセリングの部屋として使い、生徒指導上の問題を起こした生徒の呼び出し面談や指導等には使用しないようにという方針が出されているが、実際にはそれをきちんと分けて使用できている学校はそう多くないと思われる。そうなると、生徒にとっては、ますます「学校カウンセリング」が、カウンセリングなのか、指導を受けているのか、その場所のもつイメージからもわからなくなる可能性がある。

さらに、学校で面接するとなると、それは面接室に限らず、教室や特別教室、保健室や職員室まで、はては廊下での立ち話まで考えられる。それをどこまでをカウンセリングとし、どこからは日常の会話とするのかが非常にむずかしい判断になる。そう考えると、学校でのカウンセリングを従来の枠組みに沿って面接室での一対一の関係で理解しようとすると、学校でのカウンセリングとはほとんど不可能なものになってしまう。

このように考えると、学校カウンセリングとは、これまでのカウンセリングという理論や技法を学校と簡単につなぎ合わせるだけで理解できるものではないのである。ここで簡単に、学校ではカウンセリングは無理であり、それは専門のカウンセラーに任せればいいのではという方向性も考えられる。しかし、今日の教育が、単に生徒に勉強を教えるだけで済むというわけにいかないのは、現場の先生方が一番よくわかっていることであり、教師自身がなんらかの生徒との関係を作り、理解を深めていることなしには、教えること、授業そのものが成り立たなくなりつつあるのが現実ではないかと思われる。

学校カウンセリングとは「学校で行われるカウンセリング」ということよりもっと深く、さらにはこれまでのカウンセリングの枠を越える新しい世界がそこには広がっていると考えられる。特にここでは、教師自身が、どのようにカウンセリングを理解し、カウンセリングを意識しながら、子どもたちにかかわっていったらいいのかを中心に述べることにする。この「教育とカウンセリング」という領域はこれから開拓され、「学校カウンセリング」あるいは「臨床教育学」という独自の理論が展開されていく必要があるが、現在はまさにそのスタートについたばかりだと考えられる。

この学校カウンセリングという新しい世界を切り開き、発展させるきっかけになったのは、先ほども触れた一九九五（平成七）年度からスタートした文部省のスクールカウンセラー事業である。そこで、学校カウンセリングを誰が行うかという視点からここでは、教師が行う、いわゆる教師カウンセラーのカウンセリングを教師カウンセリングとし、スクールカウンセラーの行うカウンセリングをスクールカウンセリングとし、比較検討することで、より「教育とカウンセリング」の関係性について理解できると思われる。

2　教師カウンセリング

一口に教師カウンセラーといっても、それは一担任から、かなりの実践と研修を積んだ教育相談担当者までさまざまな教師が考えられる。そこで、まず教師カウンセラーの定義について見てみたい。長坂（一九九八）は「教師カウンセラーは、ある程度の研修を受け、その専門性を意識しており、実際に問題事例に対して、自らカウンセリングを実施する教育相談係」と考えると述べている。つまり、教師カウンセラーは、担任の先生や一般教師とは違う、ある意味では専門性をもった係、担当であり、したがって、教師だからといって誰でもできるわけではないと考えている。また、小村（一九九八）は、①学校の内側で育ってきたカウンセラー、②自分の学級の生徒だけでなく対応援助できるスクールカウンセリングを研修してきた教師、の二点をあげ、これを満たす人を教師カウンセラーと理解すると述べている。このようにかなり専門的な知識と研修を受けた教師もおられるのだろうが、現実的には、多くの教師が公務分掌上なっていたり、教育相談に多少の興味があってやっているが、その研修はほとんど受けていないという人がほとんどなのではないだろうか。

したがって、教師カウンセラーとしてやっている人は現実的にはごく少数であるが、学級担任として、個々の生徒に生徒指導上、あるいは教育相談としてかかわっている教師は多く、そのなかで、子どもの理解や問題行動への対応を迫られているというのが多くの教師の現状だろうと思われる。そして、子どもたちの問題が複雑になればなるほど、より深い生徒理解や援助の方法が必要になり、カウンセリング的な理論や技法の必要性はますます高まっていくと思われる。

表１　臨床心理士について

原則として，心理学専攻の大学院修士課程修了者であり，平成８年度より大学院専攻コースの指定制が行われるようになり，１種指定校の場合は修了後すぐに，２種指定校の場合は修了後１年の臨床経験を経て，資格試験を受験することができる。平成27年度現在，１種指定校は国立大36校，公立大３校，私立大113校の計152校，２種指定校は国立大５校，公立大２校，私立大３校に放送大学を加えて計11校であり，これまで31,000名を超える臨床心理士が誕生している。

（『臨床心理士報』〔第27巻第１号〕（2016）より筆者が要約）

このことについては、後の章においてくわしく述べられるので、ここでは簡単にその概要を述べることにする。

３　スクールカウンセリング

スクールカウンセラーという言葉は、一九九五（平成七）年度から始まった文部省の調査研究委託事業として始まった「学校臨床心理士」に対して使われているものである。したがって、ここでいうカウンセラーとは、教師とはまったく異なった「臨床心理士」という専門の資格をもったものであり、この臨床心理士がスクールカウンセラーとして学校で行うカウンセリングをスクールカウンセリングと呼ぶことにする（表１）。

臨床心理士がスクールカウンセラーとして活動するには、教職の免許があった方がいいのでは、あるいは教職経験があった方がいいのではという意見もある。多くの臨床心理士は教職免許はもっていないが、それはかならずしもマイナス面だけではないと思われる。つまり、それは学校関係者ではない、まったく別の立場のカウンセリングを専門とする人間が学校という教育を専門とする組織の中に入っていくという意味があると考えられるからである。

これは学校教育が始まって以来の出来事であり、「戦後最大の変革」（村山、一九九八）ともいわれている。またそのぶん学校現場の戸惑いやこれまで教師カウンセラーとして子どもの心の問題に懸命にとりくんできた先生方にとっても大きな衝撃を与えた部分もあるが、そこで重要になってきたのは、それぞれの立場、専門性を充分に尊重した上で、子どもの心の成長にお互いが協力・連携してとりくんでいくということだろうと思われる。

しかし、なぜ今スクールカウンセラーというまったく立場の違う人間を学校現場に置かなければならないのかと考えると、教育を専門とする組織の中に、カウンセリングを専門とする者の役割が必要になってきたということだろうと思われる。これは、表面的には、不登校が毎年増加していることや、いじめによる自殺が頻繁に起こり、またナイフを使ったり、暴力事件などかなり深刻な問題行動が起こっているという現在の学校現場の状況があると思われるし、その奥には、現在の子どもたちが、教師が熱心にかかわりなんとか信頼関係をきずこうとしても容易につながりをもてなかったり、突然切れて教師に暴力を振るったりする児童・生徒をなかなか理解できにくくなっているということとも関係しているようである。

このようななかで、個々の子どもたちを理解し、その個性を尊重しながら教育を行っていく上で、より深い子どもたちの心の理解が必要になり、さらにより専門的なかかわりが求められることになっているのではないかと思われる。そこで、次にこの教育とカウンセリングについて、なぜ今カウンセリング的な理解、かかわりが重視されるようになってきたのかを中心に述べていく。

4　教育とカウンセリング

A　家族機能の脆弱化

これまでの学校のイメージだと、子どもたちが登校時間に学校にやってきて、席について、勉強はよくわからないが、一応勉強をやろうという意欲はあるというように考えてきたと思われる。三〇人から四〇人の子どもたちに一斉に勉強を教え、指導していこうとすると、ある程度の集団生活としての、統制がとれていないと教育は成り立っていかない。

ところが、最近は学校生活での基本的な生活習慣、態度がまったくできていないというケースが増えているようである。つまり家庭での基本的な生活習慣のしつけ、さらには家庭の教育力が著しく低下している、ということが指摘されている。これはおそらくある程度事実なのであろうが、事実だと明らかになったところで問題が解決するわけではない。そのような基本的なしつけや基本的な対人関係がもてない子どもたちも、学校にやってくるのであり、あるいは不登校という状態で、学校という枠の中におり、教師はなんらかのかかわりをもっていかざるをえないのである。それは家庭の問題だから、学校としては関与しないということもできるが、今の日本の学校教育は、そのような子どもたちへもかかわり、なんとか援助していこうというところまで含んでいるのではないか。含んでいるというより、むしろ期待されているといった方が正確かもしれない。

学校にやってきて、四五分間きちんと席に座り、ある程度の集中力をもって授業に参加し、教師との普通の対話を通しての人間関係が、なかなかできないという子どもたちに、なにかを教え学ばせるという教育を行うことはほとんど不可能なのではないか。そのような子には、なにかを教えるという以前に、まずその教育の枠にのれるように心を育てるということが必要であり、学校になんとか来られるように、また自分の席に座り授業を受け、普通の大人や同世代との対人関係がもてるようにかかわっていく必要があるのではないか。

B 「教育の枠」にのせるということ

それは、子どもたちが興味をもつ、魅力的な授業をすることで、充分にカバーできる問題であり、また教師が生徒個々を理解し、かかわっていけば心を開いた対話もできるのではないかという考えもある。それは確かにそうであり、教師の授業研究やクラス運営に支えられて、多くの子どもたちは教育という枠にのっていけるのであるが、今問題になっている、不登校やいじめ、非行などはそのようなレベルをはるかに超えて、非常にしんどい心理状態にあり、その状態は自分自身でもよくわからず、したがってどうやって抜け出したらいいかすらわからないまま、苦しんでいるのである。そのような子どもたちにかかわって援助するには、すぐに教育の枠にのせようとする以前に、まずその教育の枠にのれるような心の状態を育み、育てていくということが基本的な姿勢と思われる。そこには、かなり深いレベルでの子どもたちの理解とそれに基づいたかかわり、対応が必要になり、そこにおいて、カウンセリングの理論や方法というものがかなり有効になると思われる。

そして、教育の枠にのれない子どもたちを理解する際は、彼らが発達途上にある子どもであるという視点が非常に重要である。それは、発達のプロセスにおいて、どのような体験をしてきて、それがその子のどのような心の世界につながっているのか、またそのなかでその子にとっての心のテーマ、課題はなにかという視点をもちつつかかわることは、子どもの理解を深め、心の成長を促し、そのことが結果として日常生活での適応や対人関係の改善にもつながっていくと思われるからである。

次節では、子どもたちの心の発達における課題（発達課題）を「心のテーマ」として述べていく。

第2節　発達課題——心のテーマ

1　発達課題とは

これまで発達課題というと、エリクソン（Erikson, E. H.）の発達課題などが考えられる。エリクソンの考えによると、人間はその発達段階に応じて、解決していかないといけない課題があり、それを八つの段階に分けて示している。その発達課題が未解決のまま成長していくと、後の段階までその課題を引きずることになり、さまざまな不適応を引き起こす可能性があるというものである。この考えは確かに子どもたちのおかれている状況や問題行動の背後にあるものを理解するには重要な視点であるが、あまりにも一面的、直線的すぎるように思われる。

人間の行動は加齢に従って変化していくものが多く、生まれたばかりの赤ちゃんがやがて、お座りができるようになり、はいはい、つかまり立ちができ、ほぼ一歳前後でほとんどの子どもが一人で歩くことができるようになる。さらに一語の言葉が出るようになり、二語文、三語文と広がり、まわりとのコミュニケーションが自由にとれるようになってくる。発達段階に応じて、可能となる行動や言語活動、情動の表現などが決まってくる。これらの行動は多少の個人差はあるが、ほぼ限られた期間で出現し、個人差はそれほど重要視されない。というよりは、個人差はむしろ親にとって発達の遅れとしてとらえられ、多くの親は幾種類もの育児書を見ながら、またまわりの子どもたちと見比べながら、わが子が平均的な発達段階をたどっているかに一喜一憂しているのである。

このような発想はその後も引き続いてもたれるものであり、幼児期、児童期、そして思春期と発達するにつれ、その時期に達成されるべきことがきちんと達成されているかに親は神経をとがらせ、できるだけその発達段階において、まわりの子どもたちから取り残されることのないようにと願っている。

エリクソンは、幼児期を自発性の獲得、児童期を生産性・勤勉性の獲得、思春期・青年期を同一性の獲得と位置づけている。エリクソンの提唱した自発性や生産性はかなり人間の心の深いところでの基本的な課題であるが、それが一般にはかなり一面的・表層的に受け止められることが多く、自分でなんでも好きなようにさせるということになったり、自ら宿題をするとか、学校の勉強をきちんとするといった、親の都合のいいように考えられたりしている。

2　「心のテーマ」としての発達課題

このように、発達課題といってもそれはかなり一面的・表層的に受け取られ、さらには親の都合のいいように解釈されて理解されているということを指摘しておきたい。

次に、個人差の問題がある。歩行や発語のようなものは、個人差といってもそれほど大きな差ではなく、それが大きく遅れるようだとすぐに発達障害として、区別され、療育相談などにかかることになる。しかしそれは非常に稀なことであり、ほとんどは個人差というものをそれほど考える必要はない。ところが心の発達を考える発達課題では、この個人差がかなり大きく、ある発達段階の課題といっても、かならずしもその段階だけということはなく、早くからその課題にとりくむ子もいれば、後々までその課題をかかえていきながらゆっくり解決していく子もいる。最近の学校の先生方の話を聞くと、子どもたちが非常に幼い感じがするという話をよく耳にするし、また他方では非常にませた、子どもとは思えないような大人びた発言や行動をとるもの、さらには心は非常に幼い感じなのに身体的にだけ、あるいは性的にだけ大人びているといった非常にアンバランスな子どもなど、子どもたちの世界はますます多様化してきているようである。したがって、それだけ個人差というものが大きくなっており、同じ小学生や中学生だからといって、同じ発達段階として、一つの発達課題だけで理解していこうというのは無理であり、また、その年齢の発達段階に達してないからといって、切り捨てたり排除していくわけにもいかないのである。まったく同じ年齢の子どもだけを三〇人から四〇人集めた学校・学級においては、ほぼ同じような発達段階にあると考えがちであるが、実際はこれまで述べたように個々の心の発達の状況はそれぞれまったく異なり、この発達段階ではこの発達課題という一対一の対応といった発想では、個々の子どもの心の世界は見えてこないし、大きな誤解すら引き起こす可能性もある。皆藤（一九九八）は個々の人生を生きるという視点から、発達課題という言葉に代えて「こころのテーマ」という言葉を使用している。

筆者も、「心のテーマ」という表現で、子ども一人一人に固有の発達課題がありうることを考え、それはかならずしもその年齢だけで判断されるべきではないと考えている。それはあるクライエントが語った「年齢というのは、生まれてから今まで地球が太陽のまわりを何回まわったかというだけであり、心の中の時間は人それぞれ違う」という言葉で見事に表現されていると思われた。つまり同じ一五歳といっても、生まれてから一五年経っているということは同じだが、心の成長はそれぞれまったく異なっているということであろう。

そこで、次節より、ある発達段階に対応させる形で発達課題をとりあげるが、これはかならずしもその発達段階だけということではない。たとえば、幼児期の発達課題として母子分離をとりあげるが、これは当然その以前から考えられる課題であり、また小学校高学年、中学生といった段階でも充分考えられるテーマである。中学生になって母子分離ができてないなどと安易に切り捨てるのではなく、個々の子どもにとって今なにが課題となっているのか、個々の「心のテーマ」はなんなのかという視点でさまざまな発達課題を考えていく必要がある。ここでは、幼児期から児童期前期によくみられる登校しぶりや不登校の子どものかかえる課題の一つとして、母子分離をとりあげるが、あくまでもそれはそのなかの一つであり、また他の発達段階においても充分考えられる課題なのである。

そのような意味を充分含みながら、ここでは幼児期の課題として「母子分離」、児童期の課題として「同世代との遊び」、思春期の課題として「存在感の感知」、青年期の課題として「家族の中の自分」をとりあげる。

第3節　幼児期の発達課題——母子分離

小学校低学年を担当している教師からよく、不登校の話を聞くと、その多くが親からの分離ができていない、つまり「母子分離」の問題を指摘されることがよくある。

この母子分離のテーマは、その基底に分離不安というものがある。分離不安とは「乳幼児が母親または母親代理の養育者から引き離されて、一人になった時に示す不安を指す」と定義され、三歳前後にみられる分離不安は病的なものではなく、むしろそれまでの母子関係において充分な情緒的交流があったことや自立の芽生えを示すものとして理解される。これが学校で問題になるのは、子どもが親から離れて、一人で行動することになる幼稚園や小学校への入学、登校の時であり、その際にいわゆる通園、登校しぶりとして表面化してくることが多い。

親から離れ、一人で登校し、学校という枠組みのなかで一人で判断して動かないといけないこの時期は、子どもにとってかなりの環境の変化であると思われる。このような環境の変化、ストレスに堪えられない子は、学校に行くのに腹痛や発熱を訴えたり、あるいは一人では行けないが、母親と一緒なら学校や教室に行けるという事態に陥る。具体的にこの時期に起こりうる状況としては、親が毎朝子どもを学校に送ってくる、さらには、母親が子どもが授業を受けている間保健室でずっと待機していたり、また教室に入り、子どもの近くに座っていたりするという話も聞いたりする。このような状況に対し、母子分離ができていないと指摘されるのであり、教師のなかには、「甘えている」「母親には帰ってもらうべきだ」「ここは幼稚園ではないのだから」といった発言をするものもあらわれてくる。学校という枠組みを考えれば、この発言はもっともなものであり、小学校に上がるまでにある程度の母親からの分離をなしとげ、自分一人で学校に来るといった基本的なことができるようになっていることが期待されるのである。

そこで、このような親子にどのように対応するかとなると、早く分離ができるように、できるだけ別々に動けるようにとあれこれ働きかけ、分離を促進する方向にかかわっていくことになる。しかし、この子の心の状態を考えると、まだ十分に分離できる状況ではなく、まだまだ母親に甘えて、一体感を得たいという段階にいると考えられる。母親からの分離は、年齢とともに誰にでも簡単にできるというものではなく、そこには重要な人物との体験や関係を通して、徐々に達成されるものであり、その過程においては、想像を絶するほどの不安や恐怖・絶望を体験し、それを少しずつ自分の中で処理し、堪えていけるようになるプロセスでもある。その時の体験は、幼児期の子どもがデパートで迷子になって、親がどこにいるのがわからなくなった時の不安や恐怖、一人で親の帰りを待って留守番をしている時の恐怖感を考えれば十分に想像できると思われる。したがって、この子にとっての発達課題は、まず親との十分な一体感・基本的安心感の獲得であり、そのためには〝分離の促進〟ではなく、〝分離の棚上げ〟であり、必要なかかわりは、（ある意味で）幼稚園児のように、甘えさせる、母親と一緒にいる（見守ってもらう）、ということになる。

このようなかかわりのなかで、子どもの母子分離は自然と解決されていくと思われる。学校教育の流れを見ると、その多くが課題を達成し、前進していくことが優先されるが、この発達課題においては、課題をすぐに解決ということではなく、そのためには課題を一時棚上げし、そこで少し立ち止まったり、あるいは後戻りしながら解決していくことが多いと思われる。以下事例を通して、具体的に示す。

【事例1】 保健室登校の一事例

C1（クライエント）：小学一年女児。小学校に入学してまもなく、母親に友人のことで不満を言ったり、耳鳴りを訴えることが時々あったが、夏休みに入りそれもなくなっていた。九月下旬の体育大会に単身赴任中の父親と会えるのを楽しみにしていたが、都合により父が来られなくなったので大変ショックを受けた。その後まもなく、「胸が痛い」「しんどい」「胸が苦しい」などを訴え保健室へ三日連続して来室し、その後登校できなくなった。

C1は小さい頃、父親の仕事の関係で、転居を繰り返し、幼稚園の年中組に入園するが、登園しぶりがあり母親が一カ月ほど一緒についていった。やっとなれた幼稚園とも一年で別れ、再び転居、そこで年長組にはいるが、なかなか友達にとけ込めず、ここでも母親がしばらく付き添った。

家族は、父親、母親、上に姉や兄がおり、C1は四人きょうだいの末っ子であった。C1は父親が大好きで、大変かわいがられていた。父親と離れた時は寂しくて、夜になると泣いたり、体育大会の時も心配して電話をかけるなどしている。一方母親は、姉や兄の対応に追われ、C1が話しかけてもゆっくり聞いてやれる状況ではなかった。そして、C1は、姉たちと母親がぶつかったりすると、「お母さんをいじめないで」と言ったりして不安定な気持ちで毎日を送っていた。

このような状況で、担任と養護教諭を中心として、C1にかかわっていった。基本的な姿勢として、「C1の気持ちを理解してやることを大切にし、ありのままを受け入れて焦らずに、指示なども一切しないように心がける」「母親と共に安心できる場所の提供に配慮する」「教育相談部、学年会などで対応や指導の分担など話し合い、姉のクラスの担任にも協力を得る」「母親も毎日保健室に来るので、遠慮しないでC1と自由に過ごしてもらうようにする、家庭でもC1に対して充分なかかわりをもてるように心がけてもらう」「父親にも時々帰省してもらい、C1のことを一緒に話し合う機会をもってもらえるように母親に話す」といったものであった。

以上のような姿勢で、主に養護教諭がかかわり、毎朝、九時ぐらいにC1に電話をして声を聞くようにし、関係を作っていった。すると一〇月中旬より保健室登校が始まる。C1は絵を描いて見せに来るのでいろいろと話を聞くようにした。母親と折り紙で鎖の輪を作ったり、折り鶴を天井からぶら下げるなどして、ベッドで休んでいる子の気持ちを和ませてくれた。一〇月下旬、姉の教室に一緒に行って、その横に机を並べて授業を受けるようになるが、毎日来るので姉が困ってしまい、C1と話し合い五日ほどでやめる。その後、放課後クラスの友達が帰ってから、教室に行けるようになり、「教室に行けなくてごめんなさい、教室に来られない理由はわかりません」「かぜをひかないようにね」「教室に来られなくてとてもさびしいです」などと時々自分の思いを黒板に書いて帰っていった。

一一月に入り、保健室のぬいぐるみで母親と楽しく遊んだり、担任が持ってくるプリント類も少しずつ自分からするようになる。絵本や紙芝居作りをするが、一年生とは思えないすばらしいもので養護教諭も感心する。この頃になると、保健室に来る病人の世話や、記録なども積極的にやってくれる。一二月には、給食を一人で教室に取りにいけるようになり、さらには母親と一緒ではあるが、教室で皆と一緒に食べられるようになる。一月からは、次第に保健室から教室に行けるようになり、二月には母親と一緒ではあるが、完全に教室に復帰する。

本事例は、担任、養護教諭を中心として非常に適切に対応できた例だと思われる。まずその基本姿勢において、C1に無理に分離や自立を押しつけず、ありのままを受け入れ、気持ちを理解するように心がけたということである。また、教職員間での連携にも充分配慮し、保護者への気配り、さらに家族関係も視野に入れて、細かく方針が出されているのは、非常に重要なことである。それは、これまで述べてきたように、その子の今の発達段階を考えて、なにが必要なのか、どのような心のテーマをかかえていたのかをある程度とらえていたものと思われる。C1は幼稚園の頃より登園しぶりがあり、母親と一緒でないと行けなかったようであり、またこの家族のきょうだい構成を考えると、C1と母親が一対一でかかわることはほとんどなかったと考えられる。そこで、毎日母親と保健室に来て過ごす時間はC1にとってははじめての母親との甘えられる関係であったかもしれず、絵を見せに来たり、折り紙や折り鶴で部屋を飾ったりと、養護教諭にも甘えて認めてもらうなかで、自分なりに安心できる空間を感じ取っていったと思われる。少しずつ動けるようになったC1は、姉の教室に行ったり、自分のクラスの黒板に自分の思いを書いたりする。それは他教師との協力関係ができあがっていたからできたことであろうと思うし、そのような行動を起こすなかで、ひどく傷つくことなくさまざまな試行錯誤をできるようにしていったのも、担任の細かな配慮があったものと思われる。このような状態で、自分の行動が否定されたり、無視されたりすると子どもたちはひどく傷つき、また引きこもってしまうという可能性がかなり高いのである。

また、保健室で母親とぬいぐるみで遊んだり、給食を母親と一緒に教室で食べたりということは、学校という現実を考えると、むずかしい問題であり、それは家で遊べばいいことであり、家で母親と一緒に食べればいいことであり、給食は一人で食べられるようになってから来ればいい、ということもいえるかもしれない。多くの小学生はさまざまな体験を通して、そのようなことがほぼできるようになっているのだが、心の発達という視点からみると、そこには大きな個人差があり、このC1にとっては、今保健室という安心できる空間で母親と遊ぶことが必要であり、また教室という非常に緊張する場面では母親と一緒に食事するという体験が必要であったと思われる。

以上、母子分離について、小学校低学年を中心に述べたが、この課題は、小学校高学年、中学生、高校生においても重要な課題であり、少しずつ形を変えてではあるが、さまざまな形で表現されてくることがある。その基本的かかわりはすでに述べた通りであるが、年齢が上がるにつれてその課題はよりさまざまな要因が絡んできて、むずかしくなることが多く、特に母子分離に関しては、子どもの分離とともに、親の子どもからの分離のしにくさという視点も見逃してはならない要因となることが多い。

第4節　児童期の発達課題——同世代との遊び

児童期になると、先に述べた母親からの分離がなされ、子どもたちだけの世界・遊びがその主要な生活空間となる。小学三、四年ぐらいに、仲のよい数人の集団を作り、秘密の隠れ家を造ったり、自分たちだけの秘密を共有したりして、その団結を誓ったりする、いわゆるギャングエイジといわれる時期がある。この同世代との小集団から、より親密な友人関係、さらには異性への意識といった同世代とのつきあい方がこの時期は重要な発達課題となる。

この同世代との遊び、関係がうまくとれない子どもにとって、同世代だけで構成されている学校のクラスという集団は非常に居心地が悪く、教室に入れなかったり、さらには不登校ということも考えられる。

同世代との遊びがうまくできない子どものタイプとして二つのものが考えられる。まず一つは、同世代の子どもとはあまり遊んだり話したりしないが、親と同じぐらいの大人とよく話したりするタイプである。もう一つは逆に同世代よりずっと下の、年下の子とよく遊んだりするタイプである。

いずれにしても、同世代との友人関係は子どもたちが学校をはじめ、いかなる場面で生活していくうえでもその基本であり、学校の行き帰りから、公園で遊んだり、塾に行ったりとあらゆる活動の基本になるものである。これは三、四歳ぐらいからの友達との遊びのなかで、さまざまな駆け引き、対立、妥協、主張などを通し、どのようにかかわったらいいかを学んでいくことから始まる。しかし、この時期はまだ友達といっても一時的なものであり、そこでうまくいかなければ、母親に助けを求め、家族の中で一緒に遊んだりすることで満足を得ることもできるのである。

それが、小学生ぐらいになると、さまざまな活動を通して、その子の能力というものが問われてくるようになる。特にこの時期は運動能力や学習能力の差というのが問われてくるので、自分が人よりできたり、よく知っているということが大きな自信になり、また逆にできなかったり、知らなかったりすることが、劣っていると感じてしまい、自信喪失につながったりする。それでもまだ、自分のできることを先生に認めてもらったり、親に支えてもらうことで、友達関係以外のところでも生きていくことができる時期であると考えられる。

しかし、児童期中期（三、四年生）ぐらいになると、まったく親や教師から離れて、子どもたちだけの世界を作っていくようになる、いわゆるギャングエイジの時期であり、親に秘密をもつようになる時期である。この時期は同世代での強い結束力のある集団を作るので、そのなかで起こるさまざまな対立、葛藤、不満などは簡単に第三者、特に親などに話せなくなる。逆に親も、それまでは子どもたち同士のことでもいろいろ話を聞いて援助したり、さらには必要があればその集団に入っていって、自分の子どもを守るということもできたが、それがまったく許されない時期になるのである。

つまり、この時期から以降は、同世代の集団の中で起こるさまざまな対立、葛藤、不満を自分自身で解決して、なんとかその集団のなかで生き残っていかなければならないのである。しかし、子どもたちというのは相手の傷つくようなことを平気で言うし、また少しでも自分が有利に立とうと他を罵倒し、非難したり、攻撃したりもする。これは大人でもまったく同じことで、集団ができると、かならずそのなかで対立や意地の張り合い、非難、足の引っ張り合い等が起こってくる。そのなかを子どもたちは生き抜いていかなければならないのである。当然、仲間集団というのは、対立や足の引っ張り合いだけではなく、お互いに助け合ったり、励まし合い協力したりして、友情や思いやり、優しさというものが育まれてくることも考えられる。しかし、勉強や塾に追われまわりからの評価を気にしながら生きている現在の殺伐とした子どもたちにとって、多くの友情や思いやりというものを期待することはまず無理であり、そのほとんどが、競争や自己の優位性の誇示、自己保身ということに走り、同世代の仲間集団というのは、そのような厳しい状況にあると理解しておいた方がいいと思われる。

したがって、大人たちは「友達と遊んだら」と簡単に言うが、それはかなり複雑な対人関係を体験するということであり、多くの子どもたちにとって、それは非常に苦痛を感じる、困難な事態であると考えられる。そういう厳しい集団のなかにいて、少しでも自分に自信がなかったり、自己をうまく主張できなかったりすると、どんどん取り残されていき、その集団のなかにいるのがしんどくなり、容易にその集団から離脱していくことは想像できるのではないか。友達とあまり遊ばない、遊べない子どもに、「もっと一緒に遊ぶように」と指導することは、かえって、彼らのしんどさを増幅させることになってしまう。

このような同世代の仲間といるのがしんどくなった子どもたちは、まず親や教師のところへやってくる。大人はむやみに相手を傷つけるようなことは言わないし、また自分の主張を少しは聞いてくれるし、小さなことでもやったことをそれなりに評価してもらえるからである。このように、厳しい同世代の仲間集団にいるのがしんどくなった子どもたちは、大人との関係のなかに自分の居場所を見つけようとする。

他方、自分より年下の子どもたちと接することで、自分なりの居場所、安定を得ようとする子どもたちもいる。自分より年下の子は、同世代ほど競争心や対抗心をむき出しにすることもなく、むしろ無邪気に接してくれたり、また年上ということで、言うことを素直に聞いてくれたり、立ててくれたりすることで、まわりからの脅威を感じることなく、安心でき、また多少の優越感を得ることで、自分の自信のなさが少し癒されていく部分もあると考えられる。

児童期、あるいは思春期に入っても、友達関係がなかなか作れない子は、自分の居場所を失い、どんどん取り残されていきそうになる不安を感じていると思われる。同世代のまわりが脅威に感じられるなかで、まずは、その子の居場所の確保として、親や先生と話したり、年下の子どもたちと遊んだりすることも大切と思われる。そういう子は非常に傷つき、自信をなくしていることが多いと考えられるので、まずは同世代の集団のなかではなかなか主張できない本人なりの考えを聞くことが必要であり、さらにその考えなり、行動を評価して、脅威を感じることのない世界で少しずつ自己を表現していき、認められることが自信になっていくと考えられる。

第５節　思春期の発達課題——存在感の感知

１　思春期の心理

思春期とは、疾風怒濤の時代といわれるように、なかなかとらえがたい時期であり、その時期も一般的には、中学生の時期といわれるが、主観的にはもっと広い期間におよんでいるようである。早い人は小学校高学年からいわゆる思春期といわれる時期に入り、また大学生においても「私の思春期はようやく終わろうとしている」あるいは「まだ続いている」と述懐している。このように、思春期そのものが幅広くとらえられるので、一応ここでは中学生の時期を中心に述べるが、その時期は各個人の主観によってかなり異なるということをまず理解しておいていただきたい。

児童期の子どもの時代から、青年期・成人期と大人の時期に入るちょうどその境目に当たる思春期は、第二次性徴期といわれる身体的な変化とも相まって、心理面でも非常に複雑で不安定な時期である。この時期に当たる中学生では、二〇一七年現在、不登校の数は緩やかに増加しており、発生率も少しずつ高くなり（文部科学省、二〇一八）、いじめやひきこもり、強迫傾向や対人恐怖など神経症的な問題、また対教師暴力や非行などが頻発し、学校でもこの時期の子どもたちの理解はもっともむずかしいところである。

この時期の発達課題としてエリクソンは自我同一性（アイデンティティ）の獲得をあげているが、これはこれ以後青年期や成人期を通して少しずつ獲得される非常に大きなテーマである。そこでここでは特に思春期のテーマとして「存在感の感知」ということをとりあげたい。身体的な変化とともに、子どもの時期から大人に向かう急激な変動、混乱の時期であり、ある意味でこの時期は自分の存在感が希薄になる時期ではないかと考えられる。つまり「自分」（北山、一九九二）というものが非常につかみにくくなり、まわりの関係や状況に対して感受性が非常に高まり、まわりの影響を受けやすくなり、さらには感受性の高まりとともに心の繊細さ、さらには傷つきやすさ・脆弱性も高まり、ちょっとしたことで心のバランスを崩し、傷つき自分の存在感に自信がもてなくなる時期とも考えられる。この時期に大切なのは、「自分」がまわりの脅威から守られ、少し安心していられる場、つまり「居場所」の確保である。

しかし、実際の中学生にとって、この時期はまさに疾風怒濤といわれるように嵐のような時期であり、その時なにが起こっており、なにを考えているかなど自分ではほとんど意識することなく通り過ぎていくものである。このことについて、中井（一九七八）は、「思春期というレッテルは、実は治療者だけのものである。患者にとって思春期というものは蜃気楼的アイデンティティであるか、あるいはまったく一個のアイデンティティではない、せいぜい中学生、高校生、大学生というのが自己規定である」と述べている。

そこで、その思春期を通り過ぎてきたであろうと思われる大学生の回顧を手がかりに、彼らがどのような思春期（かならずしも中学時代ではない）をくぐり抜けてきたのかをみていきたい。

2　回顧にみる思春期：「自分の思春期について」

「友達に合わせようと必死で、気疲れすることも。人に相談というものができなくなっていった。」

＊自分よりもまずまわりに合わせたり、嫌われないようにと、「まわりのなかの自分」というものに気を使い、結局それが気疲れすることになると思われる。また、この時期も児童期後期に引き続いて、友人関係というものが重要な意味をもつと考えられる。

「まわりの人たちの前では、それが家族であったって、いい格好をしていて、弱音なんかはかないんだと思おうとしていたのかもしれない、それが自分の方向性なんだと決めつけていたのかもしれない。そんな私が少しずつでも、もっと自分の深いところまで話せるようになったのは、中三も終わりの方だった。しばらくはその子にしか悩みなんて言えなかったけど、それがきっかけでだんだんいろんな自分が出せるようになっていった。」

＊弱音なんかはかない、弱い自分は外に出さないんだというように、弱い自分を見られることへの強い不安があり、たとえ

それは家族でも容易には出せないで、いい面だけ見せようとする傾向がある。しかし、それが一人の友人との出会いによって、少しずつ話せるようになる。思春期の子どもたちが話せるのは、親や教師ではなく、やはり友人である。

「中二の進路調査、それまでなにも考えずに生きていた私にとって、それはすごく大きな問題でした。『自分』という人間がまだ全然はっきりしていないのに、将来のことを考えろと言われても、困るだけでなんの答えも出ません。親と話すのも苦痛になり、だんだん家にいるのが嫌になってきた。家にいる苦痛がピークに達した中三の夏頃、私は四日ぐらい家出をしました。友達と一緒にいた四日間で、いろんなことを考え、いろんなことを話し、私という存在が少しつかめたような気がします。」

＊進路調査、それはごく普通に行われることであり、当たり前のことのようであるが、これは自分の気持ちや考え、存在感がつかみにくい中学生にはかなりの負担であり、「あなたはどうしたいのか」と「自分」が問われる体験である。

＊そのような時、「どうしたいか言ってみろ、言えないなら（親や教師の）言うことに従え」という発想が生まれやすいが、それは結局子どもたちの課題を先送りするだけである。この時期の子どもの特徴として、中井（一九七八）は「大人の世界に囲い込まれたくない、規定されたくないという強い指向性」をもち、「外からの規定を誤解と見なすが、自己規定は決して容易でない時期」であると述べている。つまりだれもなにもわからないのであり、本人自身もイライラしているので、まわりから見ている人にとっては、もっとイライラさせられる状況である。

＊そのような状態に直面し、必死でもがきながら自分なりの気持ち、存在感をつかんでいくしかないのである。この例の場合、それは家出という形で頂点に達し、その四日間で自分なりの感覚、存在感をつかんでいったようである。そう考えると、家出という一つの行動化（あるいは問題行動ともとられるが）を通して、その時期に必要な体験をしてきたと考えられ、非常に意義深い、一つの通過儀礼としてとらえてもいいのではないかと思われる。

「思春期には一人でいることを好んだりする。毎日学校に行って、友達とたわいのない話をし、笑い合うだけだったが、それでいいのだと思う、本当に悩んでいることは誰かに話すことなどできない、大切なのは悩んでばかりいないで時には気分転換をし、そのなかで解決のヒントを見つけることだ。」

＊これは、思春期の子どもたちに対し、まわりができることを示唆している。つまり、悩みや困っていることそのものを話すことではなく、たわいのない話をして共に過ごすことが、彼らにとって重要な内的体験をする支えとなっていると考えられる。

「小学校五年での仲間からのシカト。シカトされたこと自体はつらくも悲しくもなかったのですが、『シカトされてしまう自分』という存在が今でも認めることも、好きになることもできない。私は自分の性格を人に知られることを、極端に嫌がるようになり、なるべく浅く広いつきあいをするように心がけました。そんな自分が少しずつ変わっていったのは、高二で、真剣に向き合える友人との出会いによってでした、彼女は物事のとらえ方や考え方が私とはまったく違うのですが、とても話のわかる奴でした、彼女との手紙のやりとりや会話のなかで、私はやっと自分とはなんなのかということを考え始めるようになった。そして、『本当の自分』は今まで『強くてなんでもできるいい子』と思っていたが、実際は見かけだけが『強そうな』、中身は小さい『ふにゃふにゃ』した存在でした。」

＊いじめ（無視される、仲間はずれ）の心理的外傷はとてつもなく大きなものであり、それはただ、一緒に遊んだり、食べたりする人がいないので寂しいとか、腹が立つというレベルのものではなく、自分の存在そのものが否定されたような体験である。自分の存在の危機であり、自分で自分自身を否定してしまい、なるべく自分を出さないように、「浅く広い」つきあいをするようになる。自分の我を出さず、まわりに気をつかいながら「浅く広く」つきあっている子は、クラスのな

かではわりといい子で、扱いやすいのかもしれない。

＊そのような自分が、高校二年でようやく真剣に向き合える友人と出会い、そのなかでやっと自分とはなんなのかを考え始めるようになったと。しかし、よくよく考えると、小学五年から高校二年までそのような話せる人は一人もおらず、どれほどつらく、その子にとって本当に必要な対話や経験はほとんど体験されなかったと思われる。自分の存在感の危機に直面したのは、友人のいじめからであり、またその危機から脱し、自分の存在感が少しずつつかめるようになったのもまたやはり友人との出会いからであった。この時期は、まわりとのかかわり、特に友人との関係によって、自分の存在感が危うくもなり、またそれをしっかりと感じ取れるようにもなると思われる。

「一番自分の殻に閉じこもりがちで、『自分』を外に出すことを嫌う、そして、なんでも自分で解決し、自分ですべてを把握しようとする。しかしそんなことはできるわけもなく、不安になってしまう。そんな時期を乗り越えるためには、やはり一人では無理だと思う、誰かと話すだけで楽になれる時もある、でもそんな人に出会うには、まず自分から本当の自分を少しでも外に出していくことだと思う。一番そういうことが嫌いで、うまくできない時期が思春期であり、より思春期を複雑にしている。」

＊これはこの時期に非常に特徴的なことで、「自分を外に出すのを嫌う、自分ですべてを把握しようとする」のである。これは自分自身の存在が非常に不安定であり、そのことは逆に自分の評価に自信がもてなくなり、自分を表現することに戸惑いを感じるのでは。しかし、そのなかで自分自身のまわりからの評価を確かめ、自分の存在を確かめようとすると、一人では無理であり、誰かに出会って、対話するなかでしか、その感じは得られない。つまり、自分を外に出すのを非常に嫌うが、その一方で自分の存在感を確かめたく、そのためには誰かに出会い、話を聞いてもらうことが一番であるという、自己矛盾した状態にあるのがこの時期である。

3 「自分」の「存在感」

このように思春期の子どもたちは、非常に複雑な、繊細な心の世界を体験している。自分で自分をなんとか把握しようともがきつつ、なかなかそういう自分を外に出すのを嫌い、内にこもりがちであり、まわりからの評価をとても気にして、特にシカトされるようないじめの体験で容易に存在の危機に直面するような脆さを秘めていると思われる。そのような状態のなかで、なんとか自分らしいあり方、自分の存在感をつかもうとしているようであり、この思春期の時期は、「存在感の感知」ということが、重要な心のテーマになってくると思われる。なかなか悩みを打ち明けたりすることはないが、どこかで「自分」を探しているようであり、自分のなかのもやもやした気分を誰かに聞いてもらいたいと思っているのだが、それをこちらが詮索すると、それは彼らにとって侵入的と受け取られ、拒否されることになる。先にも述べたように、「たわいのない話をし、笑い合うだけだったが、それでいいのだと思う」というように、誰かが側にいてくれて、ただ話を聞いてくれたり、関係ない話をして共にいてくれるだけで、彼らにとっては非常に重要な体験なのである。つまり、本当の自分の姿で誰かに出会える時（それは多くは友達との関係が多いのだが）、自分がそのままでそこにいてもいいのだという安心感、自分の居場所を得ることになり、そのことが結局、自分の存在感を認めてもらい、自分の存在感を少しずつ感じ取っていくきっかけになると思われる。

第6節　青年期の発達課題——家族のなかの「自分」

青年期は、すでに述べたようにエリクソンの発達課題では「自我同一性の獲得」ということであるが、いわゆるアイデンティティを確立していく過程で、多くの子どもたちが自分の親・家族との関係というものに目を向けるようである。

筆者（内田、一九九七、二〇一四）はすでにこれまで、親の期待に沿おうとしてきた不登校生徒との面接において、「なにかうちの家は違う」「家にいても窮屈で、くつろげない」といった訴えをとりあげ、思春期の子どもたちが、自分の家族への違和感、窮屈感を述べてきたことに注目してきた。しかし、自分の家族について客観的に眺め、自分と家族との関係を冷静に眺められるようになるのは、もう少し後の、青年期に入ってからであると思われる。それは思春期という自分自身が非常に不安定な時期を通り過ぎ、少し心理的に安定し、また言葉による表現力も高まってくることも影響していると考えられる。さらに学生生活という形で、家を物理的に離れることが家族というものを、自分との関係でもう一度ながめ直し、そこから自分というものを理解し、自己のアイデンティティを形成していくことにもつながっていくと考えられる。

そこでまず、親・家族との関係がテーマとなった女子大学生の事例をとりあげる。

【事例2】 家族を背負ってきた女子学生

Cl（クライエント）：女子大学生二回生、二〇歳、家から離れ、一人で下宿。〈　〉はTh（セラピスト）の発言

家族は両親と本人、弟（高校）、妹（小学）の五人である。近くに父方の祖父母、母方の祖父母がいるようである。

来談時の訴えは、一週間ほど前から、なにもやる気がしない、やたら汚いものが目についてきて、夢もなくなってきたというものであった。もともと体育学部の学生で、運動だとやりたい気持ちはあるが、体と心がバラバラという感じ、やっていてもいろんな考えが浮かんできて集中できない。くわしく経過を聞くと、二カ月ほど前（九月初旬）に、学校保健の授業で、登校拒否の九〇％は親の問題といわれ、自分にも思い当たるところがあり、自分の

根本がわかった。昨年の一二月ぐらいから息苦しさを感じてきた。一月に体調を崩し、診てもらうと自律神経失調症と言われた。母親とのこともあるのではないかと思った。母親はいつも躁うつ状態。先日叔母の家に行き、「あなたは小さい頃から母親よりも叔母にくっついてきた」と言われた。母親はお嬢さんで、ヒステリー、話し合おうと思っても話にならない。父親は医師で、母親を子ども扱いする。

さらに大学以前の話を聞くと、中学二年で英会話を始め、高校は、親が公立で一番いいところに行くようにと期待したが、自分は私立で英語に力を入れている高校（好きな陸上もできる）に行きたかった。しかし、親が猛反対し、どうしても行きたいなら自分で学費を稼いで行けと言われ、高校の先生にも説得され、結局自分の希望はあきらめ公立に行った。しかし、高三の二月、家出をして東京へ行ったが、三月には親と和解した。陸上がやりたくて、大学は体育学科のある大学を選んだ。入学して一回生の七月ぐらいまでは、家を離れ生活するので精一杯。しかし九月ぐらいからおかしくなり、もやもやしていた。一二月ぐらいには息苦しさを感じていた。クラブの顧問についていけなかった。一月に足を故障し、診てもらうと自律神経失調症と言われ、クラブを休部し、三月まで休んだ。春に北海道に旅行に行っている時、母親が自殺企図。二年生になり、このままでは自分はだめだと思い、大学のやり方に合わせていこうと思った。しかし、二回生の五月から学校に行けなくなり、その後しばらく海外を放浪していた。その後前述の学校保健の授業を受け、九月に切れそうになり、酒を浴びるほど飲んだ。それ以来親は信用できなくなり、今でもけんかすると昔のこと（高校受験）を思い出して文句を言う。

弟もあまり勉強ができなかったが、母親の期待するかなりレベルの高い高校を受けるように言われ、そこを受けるが結局落ちて、隣県の公立高校に新幹線通学している。しかし、一学期は休みが多く、学校から来たくないならやめてくださいと言われている。登校拒否ぎみ。妹も小学校で荒れているようだが、母親は、高校受験で苦労するからと、中高一貫の私立中学に行くようにと、今塾に行かせている。母親は、弟がああなったのはC1のせいだと言ったり、妹が最近化粧をしたりして困っているとC1に電話で文句を言ってきたりして、すべてまわりのせいにする。また、クラブの顧問も独裁者みたいな人で、自分は絶対にこういう指導者にはなりたくないと思い、教育とは何かと思い始め、考えるようになった。いろんなことを考え、視野が広がったたぶん、クラブへの興味が薄れてきた。

母親は躁うつが激しい、子どもには絶対こうなってほしいというのがある。〈それは受け入れられない?〉それはその人の性格だからと思っていたからなんとか我慢ができたが、私は押しつけの愛情は感じたことがあっても、本当の愛情は感じたことがない。友人の母親がお菓子を送ってきてくれたと聞いて、うらやましく思った。母親は近くの実家に仕事の手伝いによく行き、家のことはほとんどしない。母親は実家から切れていない、一緒にいる意味がない。〈意味がない?〉(家族というのは)本当はお互いに高め合うのでは。でも家は傷つけ合って堕ち合っていく。子どもを傷つけて、本当に怒ってくる、と涙を浮かべ、怒りを抑えられないようであった。自分の人生は高校で屈折したので、と語る。

以上が初回面接で語られた内容である。その後、妹が勉強をしないと母親が家から電話してくる、まったく母親があてにならないと語り、妹、弟に学園祭に来たらと誘ったと。家には帰りたくない、親の顔を見たくない、家の空気が悪い、母親は自分のことを認識していない、いくら言ってもだめ、本音を出さない、と母親への不満・怒りを吐き出す。母親は父親と一緒に仕事していたが、父親が世間体が悪いので仕事を辞めさせ、それ以来家に入っているが、家のことはほとんどしない。朝はみんな適当にパンを食べ、昼は外食や給食、夜はピザなど。ただし掃除と洗濯はやっている。C1が幼稚園の頃、幼稚園を休ませて実家につれていったりしていた。今思うと変、実家と切れていない。母親は実家に帰るとちやほやされる。またC1は母親の顔色を見ながら育ってきた。父親は子どもを自分のものと思っている。C1は弟・妹が自殺するのではと心配する。その可能性があるか聞くと、自分もそういうことを思ったことがあるので、たぶん妹たちもそうだろうと。とにかく母親になんとか自分のことを認めてもらい、一人前に扱ってほしいと。Thは、〈とりあえず弟や妹が苦しい時、死にたくなった時など、誰か一人でも話を聞いて理解してくれる人がいることが大切では〉と伝え、学園祭に呼ぼうというのを評価する。またこれはC1自身に対するThの思い・メッセージでもあった。

その後父方の祖父が亡くなるということがあり、C1は急きょ家に帰り、気落ちしている父親やなにをしていいかわからない母親に代わって、かなり動きまわり働いたようである。またその後、妹、弟が学園祭に来た。来た時は死んだ目だったが、楽しかったと言ってくれ、帰る時は少し元気そうだったとうれしそうに語る。またクラブでも、人間不信になり、なにもする気がしないというので、Thが少し休んでゆっくりしてはと提案すると、なんかゆっくりするとイライラして落ち着かないのですよ、とうつむく。さらに、「ゆっくりする」ということに対し、そうしたくても、結局葬式のお坊さんに渡す礼金の準備など、母親は頼りにならなく、父親がC1に用意するように頼んだり、一人になった祖母は姪の世話になりたいようだが、はっきりしないのでC1から祖母に聞いてくれと父親から頼まれたりして、かなり頼りにされているようで、C1自身も家に帰ったほうが状況がよくわかり安心できるとも語る。

また母方の祖母が下血して、病気のようだが、母親からの電話はただ泣くばかりでよくわからず要領を得ないので、祖父に直接電話してみると大丈夫だと確認した。普通そういうことは心配するからと連絡しないようにしませんかと、やり場のない怒りをぶつける。〈本当はあなたがこういう苦しい時こそ、母親とかに相談して、支えてもらえればいいのだろうけどね〉と返すと、C1は目を潤ませながら聞いている。

C1は少しずつこれまでの経過を振り返り、結局私自身の問題であり、みんなでなにかするのについていけず、自分を殺しても合わせようとしてきた、と語る。今は空っぽ、紙風船みたいと、自分のなかにある空虚感、むなしさというものに目を向けていく。父親は子どもを一人の人間として見てないが、私も親を理解しようとしてこなかったと。

高校時代、（父方の）祖父も陸上をすることに反対していたが、C1が一〇kmロードレースに出ると、ゴール地点に先に行ってくれたりした。でも母親と祖父は仲が悪く、自分が祖父に会うのは小さい頃ひけ目があった。

今年の五月から七月、C1が海外を放浪していた時、祖父が母親に「あんたの育て方が悪いからこうなった」と言ったが、「私はこれでいいと思う」とはじめて母が反発したと。祖父はC1が小さい頃から、このままではだめになると言っていた。そのことを祖父が死んでから知った。祖父はわかっていたんですねと語る。〈それを母親に言ってきたのだろうが、母親も精一杯だったので、言われてつらかったのでは〉祖父はマラソンを見て、いつかC1がＴＶに出て走るのを楽しみにしていた。中学三年で進路に迷った時、陸上をやろうと思ったが、どうしても行くなら自分で学費を稼いで行けと親に言われ、あの時は一五歳だったので、このままでは家が崩壊してしまうと思い、自分の意志を曲げた。もう少しうまい方法があったのではと思うと、自分に対する負い目がある。〈それは一五歳のあなたにしては、ギリギリの選択だったのでは〉最近、余裕がある時は、幸せなんだと思う。きつかった時はなにも考えられなかった。今は先生にも言われ、できるだけゆっくりするようにしている。

一応五回の面接で、多少の心のゆとりを感じ、その後冬休みとなり、C1は再び実家へと帰っていった。彼女の「家族のなかでの自分」の理解はまだまだ時間のかかる作業ではと思われた。

本事例のように、青年期の子どもたちが自分を理解しようとする時、それは自分の家族を理解するということにもつながっていくと思われる。つまり自分の小・中・高を振り返り、どのように自分は生活し、生きてきたかを考えると、そこには親がどのように反応し、また家族がどのように理解してくれたかなどが大きく影響してくる。それは本事例でもみられるように、非常に錯綜したものとなることがあり、さまざまな感情（さびしさ・むなしさ・怒り）が渦巻いていることが多い。高石（一九九七）は大学生の母子関係を「母を支える娘たち」という視点でとりあげ、「こうした女同士の駆け引きは、なんと深くてしたたかなことだろう。（中略）『あなたのことを私以上に気にかけている人など誰もいないのよ』という暗黙のメッセージは、遠く故郷を離れた娘に絶えず郷愁を呼び起こし、都会での生活を味気なくさせる。そんな母を裏切ることは、途方もない罪悪感を引き起こすから、母の『庇護』という『支配』を受け入れざるをえない」とその母娘の複雑な思いを述べている。

このように、家族のなかの自分というテーマについて考えると、かなり混沌としてくることがあり、さまざまな感情が湧き起こるので、現実的・物理的に家族と距離がとれていたり、また精神的にもかなり強い部分が必要であり、言語能力もかなり必要になってくる。

そのなかで、家族のなかで本当は望んでいたが得られなかった親からの愛情や理解、認めてもらいたいという思いが、怒りや悲しさと共に噛みしめられ、またそうしてやることのできなかった親自身の生き方へと理解が広がることで、親を一人の人間としてみるということも可能になり、自分自身の理解も深まってくると思われる。

しかし、最近このようなことが高校生や中学生にもみられるようになったが、まだまだ精神的に不安定で、客観性や言語能力の乏しい段階では、勢いこのテーマは激しい感情の爆発や行動化ということで表現されることが多い。たとえば、自分を認めてくれず、自分の期待ばかり押しつけてくる親に対し、その不満・怒りを直接ぶつけ、「死ね」と暴言を吐いたり、まったく口をきかなかったり、またその怒りを、物を投げたり、ドアをぶち抜いたりするという行動で示したりすることがある。これは、「家族のなかの自分」という非常に複雑で錯綜したテーマに、わりに早い時期に直面せざるをえない子どもにとって、危機的な状況であり、親はもちろん、子ども自身をも深く傷つけてしまうことがある。

したがって、このような時は、まず子どもの心をしっかりと支える環境が必要であり、それまでの「同世代との遊び」というテーマを通し、信頼できる友人関係をもてていること、また自分の存在感に対しても、居場所をもてていることで多少の実感を得られていること等が大切だと思われる。そしてこのテーマはその子のアイデンティティともつながる、非常に重要なテーマなので、時間をかけゆっくりととりくんでいく方がよいのではと思われる。なぜなら、一昔前は二〇歳で成人し、大人の仲間入りといわれていたが、今そう思う人はほとんどいないだろう。モラトリアムの延長という形で、同一性の形成時期が延期され、結婚の平均年齢もどんどん高くなっている現状では、ほぼ三〇歳前後でモラトリアムが終わり、一応の大人として自覚できるようになるのではないかと思われる。したがって、このテーマもそのくらい時間をかけ、ゆっくりととりくみ、体験されていく方がいいのではと考えられる。

第7節　発達課題からみた心の階層モデル

以上、幼児期、児童期、思春期、青年期における心のテーマについてみてきたが、ここに示したのは、ほんの一つの例にすぎない。発達段階にしてももっと細かく分けていくこともできるだろうし、乳幼児期や児童期をもっと細かくしたもの、青年期をもっとくわしく分けたものなど考えられるだろうが、いずれにしても心の発達というのはつながった一つの線であり、実際はどこでも切ることはできないのであり、発達段階というのも、ただ理解のために便宜上分けただけであるということは、常に頭に置いていた方がいいと思われる。

また、ここに示した「心のテーマ」も、私自身が日頃の臨床から感じたところを提示したもので、それはかなり多くの子どもに共通するところがあると考えているが、それが絶対であるというつもりもなく、ほかにも多くのテーマを考えていくことができるだろうし、むしろ個々の子どもによってまったく異なるといってもいいぐらいだろうが、それを個々の子どもに応じて理解していくのはなかなかむずかしいことなので、いくつかの例を参考として、理解を深めていければと考えて提示した。

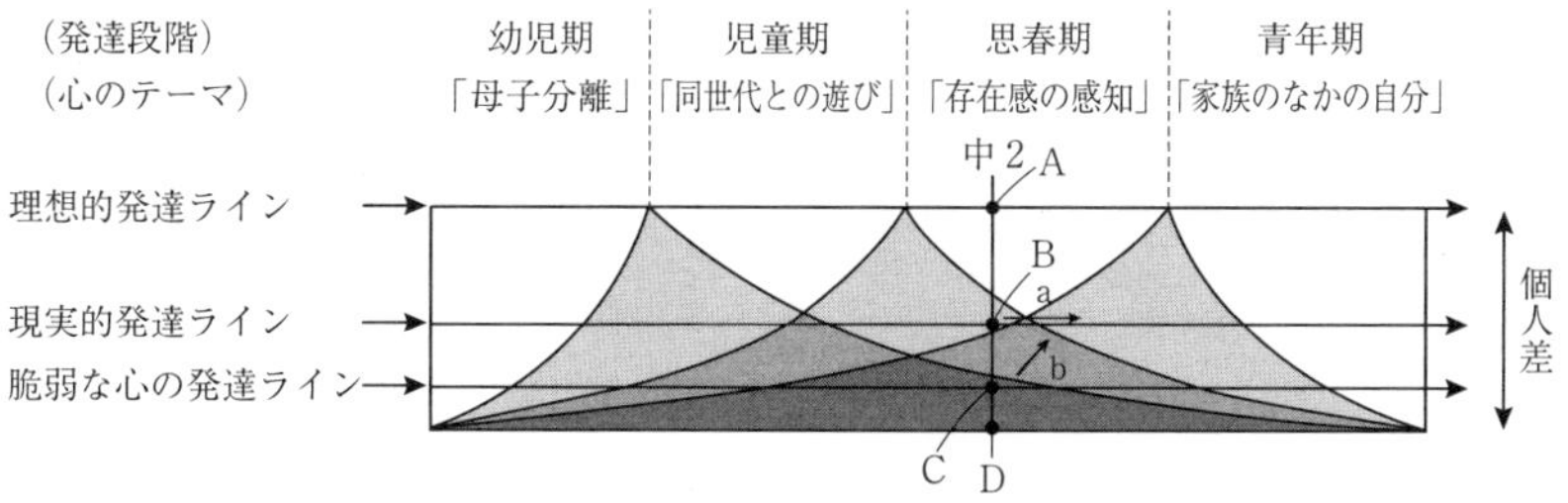

図1　発達課題からみた心の階層モデル

そして、この心のテーマというのは、すでに述べたように、かならずしもある発達段階だけではなく、人によっては早期にとりくまれたり、またかなり先送りされたりしながらとりくまれていることを強調してきた。それをここで少しまとめて、心の階層モデルとして図1に示した。

図1において、まず「発達段階」「心のテーマ」を示しているが、これはあくまでも暫定的なものであり、発達段階の区分にしても、心のテーマにしても、他にもいろいろな分け方、テーマが考えられる。ここでは私の考えたテーマに沿って、それが個人差としてどのように理解し、対応していったらいいかを検討する。まず一番上の線（理想的な発達ライン）では、一つの発達段階に一つの心のテーマが対応しており、ある時期に一つのテーマが解決され、また次の段階で新たなテーマにとりくんでいくという発達ラインであるが、これは一種の理想型であり、一つのテーマがきれいにクリアされて、次の発達段階に進むということはほとんどありえないと思われる。現実的には（現実的発達ライン）、その境は不明確で、お互いに重なり合いながら、複数のテーマを行ったり来たりしながら、体験されつつあると思われる。

ここで思春期の中学二年生を例として考えてみたい。この時期は「存在感の感知」が心のテーマであり、多くの生徒がそのテーマにとりくんでいるものと考えられる（点A）。しかし現実的には、その前の「同世代との遊び」のテーマと重なる部分が大きく（点B）、同世代との遊びを模索したり、その体験を深めることで、自分の存在感の感知ということにも繋がり、少しずつ右の方へ移動していく（↓

a）ものと思われる。さらに不登校児童・生徒や非行などの問題行動を起こす子どもたちは、さらにその下の発達ライン（脆弱な心の発達ライン）におり（点C）、そこでは青年期の「家族のなかの自分」といったテーマが入り込んできたり、幼児期の「母子分離」というテーマも重なっており、幾層にも複数のテーマが折り重なって体験されていると思われる。したがって、彼らの心の世界は非常に複雑になり、その理解を困難なものにしているのである。さらにその下のラインまで考えると、ここではとりあげてないが、乳児期の心のテーマまでも入り込んできて、一層複雑な重層的な心の世界を作り出していると思われる（点D）。

次に、このような中学二年生にどのように対応していったらいいか。まずはその子がどのような心のテーマをかかえているかを、一つではなく、幾重にも重なり合った階層的な心の世界を理解していくことが必要である。そしてその心のなかにあるテーマを、その子が今クリアしていくのに必要な体験はどのようなものであるか検討し、現在において可能である範囲でその体験を得られるようにしていく。それは、家庭だけでなく、学校内でのさまざまな活動、関係を通して、その体験あるいはそれに近いものを検討し、提供していくことが考えられる。

つまり、母子分離で、母子との基本的な安心できる関係が必要であれば、保健室や教室まで来てもらって母親と一緒に過ごしたり、あるいは教師がその母親の代理として基本的に安全な関係を作っていく。「同世代との遊び」がテーマになれば、まずは大人の世代（教師自身を含め）や少し上のお兄さん、お姉さんとの関係を作れるように援助したり、また「存在感の感知」の場合は、その子が認められたり、自分の実感をつかめるような場や状況を設定してやるなどが考えられる。

このように、その子にとって、今テーマとなっているものはなんなのかを十分に吟味し、それは個々の児童・生徒により、さまざまに異なってくると思われるので、まさにその子に接しているものしかわからない心の世界を理解していくこと。そして、そのテーマを少しでも解決し、現実的な発達ラインにのせられるように（→b）、必要な体験を提供していくということが、まさに発達途上にある子どもたちを相手とする「学校カウンセリング」において、教師ができることとして重要な視点、姿勢になるのではないかと考える。

文　献

皆藤　章　一九九八　生きる心理療法と教育　誠信書房

北山　修　一九九二　移行期としての思春期　こころの科学**44**　日本評論社　三八―四三頁

小村典子　一九九八　教師カウンセラーの立場から２　氏原　寛・村山正治（編著）　今なぜスクールカウンセラーなのか　ミネルヴァ書房　八九―一〇四頁

文部科学省初等中等教育局児童生徒課　二〇一八　平成二九年度児童生徒の問題行動・不登校等生徒指導上の諸課題に関する調査結果について（http://www.mext.go.jp/b_menu/houdou/30/10/1410392.htm、二〇一九年八月三〇日閲覧）

村山正治　一九九八　臨床心理士によるスクールカウンセリング　氏原　寛・村山正治（編著）　今なぜスクールカウンセラーなのか　ミネルヴァ書房　一―二一頁

長坂正文　一九九八　教師カウンセラーの立場から１　氏原　寛・村山正治（編著）　今なぜスクールカウンセラーなのか　ミネルヴァ書房　六七―八八頁

中井久夫　一九七八　思春期患者とその治療者　中井久夫・山中康裕（編）　思春期の精神病理と治療　岩崎学術出版社　一―一五頁

高石浩一　一九九七　母を支える娘たち：ナルシシズムとマゾヒズムの対象支配　日本評論社

内田利広　一九九七　「自分」と家族：親の期待に沿おうとする「迎合的自分」　北山　修（編集代表）「自分」と「自分がない」　星和書店　九一―一〇五頁

内田利広　一九九九　カウンセリングを活用した学校教育相談のあり方について（その１）：学校教育相談校内体制の現状調査を通して　京都教育大学教育実践研究年報第**15**巻　二五七―二七四頁

内田利広　二〇一四　期待とあきらめの心理：親と子の関係をめぐる教育臨床　創元社

II

学校カウンセリングの実際

第3章　教師とカウンセリング

教師がカウンセリングの考え方や態度、方法などを必要とすることは、いわゆる教育相談の場面で強調されてきた。そこでは、生徒に対するカウンセリング的な対応が教師に要請されるが、内容によっては専門的なカウンセラーや機関との協力による対応が重要となる。一方、教師の日常的な活動のほとんどは、すべての生徒を対象にした教科指導、生徒指導、学級運営などの場面で占められている。そこでは教師自身が独力でカウンセリングの活用にとりくむことが必要となる。したがって、第3章では教科指導、生徒指導、進路指導などの日常的な場面におけるカウンセリングの活用に焦点をあてることにする（教育相談における教師のカウンセリング的な対応の基本にも適宜ふれる）。

第1節　教科指導とカウンセリング

最近では、教科指導においてもカウンセリングの活用方法が検討されている。また、近年重視されつつある構成主義的な学習指導（足立、一九九四）の考え方に立つ教科指導の場面では、カウンセリングの考え方や方法を活用する余地が増加してくると考えられる。この学習指導は、生徒に対して教師が知識を一方的に注入・伝達し、その成果を教師が一方的に評価するものではない。構成主義的な学習指導の基本的な考え方は「生徒にとっての新しい知識は、生徒が自らの既有知識を再構成しながら、自分自身で構成するものである」ということである。

これはカウンセリングの基本的な考え方、つまり「本人にとっての新しい見方・考え方・行動の仕方などは、本人が自らの既有の見方・考え方・行動の仕方などを再構成しながら、自分自身で構成するものである」ということと本質的に共通している。構成主義的な学習指導では、生徒にとって未知の知識を教える時に、その未知の知識と関連する生活体験や既有知識を各生徒が的確に思い出して発言できるように励まし（傾聴し）、その生活体験や既有知識と関係づけながら生徒が新情報の意味を実感的に理解しつつ既有知識を自ら再構成していけるように、教師がヒントを与えたり、教師と生徒間や生徒同士で討議しあったりするような授業場面を作り出すことが大切となる。このような指導を有効に進めるには、「個人の内的な体験とその自己表現を尊重して、それを受容・傾聴し、本人が自分で考え直せるように、その時の本人の考えや気持ちを明瞭化する」というカウンセリングの基本的な考え方や方法が不可欠となるであろう。

誰もが有する自分自身の生活体験は、本人にとっては重要な意味をもっている。その生活体験を自由に表現することが尊重され、それをもとにして未知のことがらが自分の実感として理解できるならば、誰もがその学習に関心と興味と喜びを抱くであろう。学業生活上の問題から派生してくる無気力、怠慢、授業妨害、学級崩壊などの、今日的な生徒指導上の問題行動を予防していくためにも、このような教科指導の方法を研究し、それを日常的に行うように工夫していく必要があると思われる。

今後はＩＴ（情報技術）やＡＩ（人工知能）の発展に伴い、それらの教科指導への活用がますます要請されてくるであろう。そこではそれらを媒体にして、教材の工夫はもとより、いわゆる自学自習や個別学習、共同学習等の方式を導入し、生徒の主体的・自律的・創造的な学習を促進させる方法も考案できる。その場合には、前述の構成主義的な学習指導法の有効な活用範囲も広がると考えられる。

第**2**節　日常的な生徒指導とカウンセリング

1　日常的な生徒指導場面における教師の応答事例の調査

教師とカウンセリングの関係を考える場合、教師の活動の多くを占める日常的な生徒指導は避けられないものとなる。なぜならば、生徒指導では本来の機能として、すべての生徒のよりよき人格的発達を図ることが強調され（文部省、一九八一、一九八八）、さらに最近の「生徒指導提要」（文部科学省、二〇一〇）では、児童生徒（章末の注（1）参照）が自己実現を図っていくために、主体性・自律性を重視した自己指導能力の育成も重視されているので、このような場面ではカウンセリングの考え方や方法も必要となるからである。

ところで、従来から日常的に行われてきた生徒指導の具体的な内容を要約すると、主に以下の領域があげられるであろう（文部省、一九八一、一九八八、および文部科学省、二〇一〇参照）。①基本的な生活習慣・生活態度や対人的技能・態度などの指導　②個人的適応上の問題や集団への適応などの指導　③進路の指導　④学業生活の指導　⑤健康と安全の指導。

近年では、従来から生徒指導の代表的な領域であった①の、非行や校内暴力、規律違反やマナーの欠如などに関する現実の問題行動への対応だけではなく、②の領域とも関係する不登校、いじめ、無気力、欲求不満耐性の低下、心の病気などへの対応も問題行動の複雑化・多様化・低年齢化も含めて拡大している。こうした動きのなかで、生徒指導におけるカウンセリングの必要性が強調されるようになってきた。しかし、現実に日常的な生徒指導の場面で、とくに①の領域において、教師がカウンセリングをいかに活用するかについては、今のところ概念的なレベルに留まっており、具体的・実践的レベルでの研究が十分なされているとはいえないであろう。その研究においては、カウンセリングの実践的な側面を支えるカウンセラーの応答（発言）技法に注目することも必要となろう（足立、一九九七）。なぜならば、教師が実際に生徒に話しかける発言の仕方や内容は、実践的な方法論を検討する場合の重要な研究課題の一つになると考えられるからである。

そこで、足立・山本（一九九八）は、一九九七年八月、現職教員の研修機関の「教育相談研修」を受講した勤続六年以上の教員二二名（小学校：一〇、中学校：八、高等学校：二、養護学校：二）に、次の二つの状況で、日常の生徒指導場面における教師の具体的な応答（発言）内容と生徒の発言内容を、その時の思いや様子も付記して逐語記録的に記録するよう依頼した。①始業から終業までに生じた主な指導場面を二日間にわたり記録する。②気になる生徒に対する最近の個別指導場面を一～二例記録する。

調査結果は次のとおりである。まず上記①の「日常的に発生する生徒指導場面での事例」は一一〇例、また上記②の「個別指導場面の事例」は三二例あった（各具体例については、足立・山本、一九九八）。

収集した事例が、現在の学校現場の日常的な生徒指導場面での教師の応答の実態を代表しているか否かについては、対象者の限定や偏り、事例収集方法（教師自身の記憶による記述）、時代環境の変化などの観点から問題が残る。その限界に留意しながら、第2節では足立・山本（一九九八）が行った考察を要約的に紹介することにしたい。

まず、これらを既述の生徒指導の領域①～⑤で見ると、教師が日常的に対応している生徒指導場面の問題のほとんどが、現象的には①に関連していると思われる。また、個別指導場面の三二例も、①が一七、②が七、③が二、④が三、⑤と②の複合が三で、やはり①が多い（単純な分類は困難だが、ここでは当該場面で明示的に表現されている問題の主たるテーマに基づいて便宜的に分類した。また近年では②の領域の増加傾向や内容の変化・複雑化にも留意が必要となろ

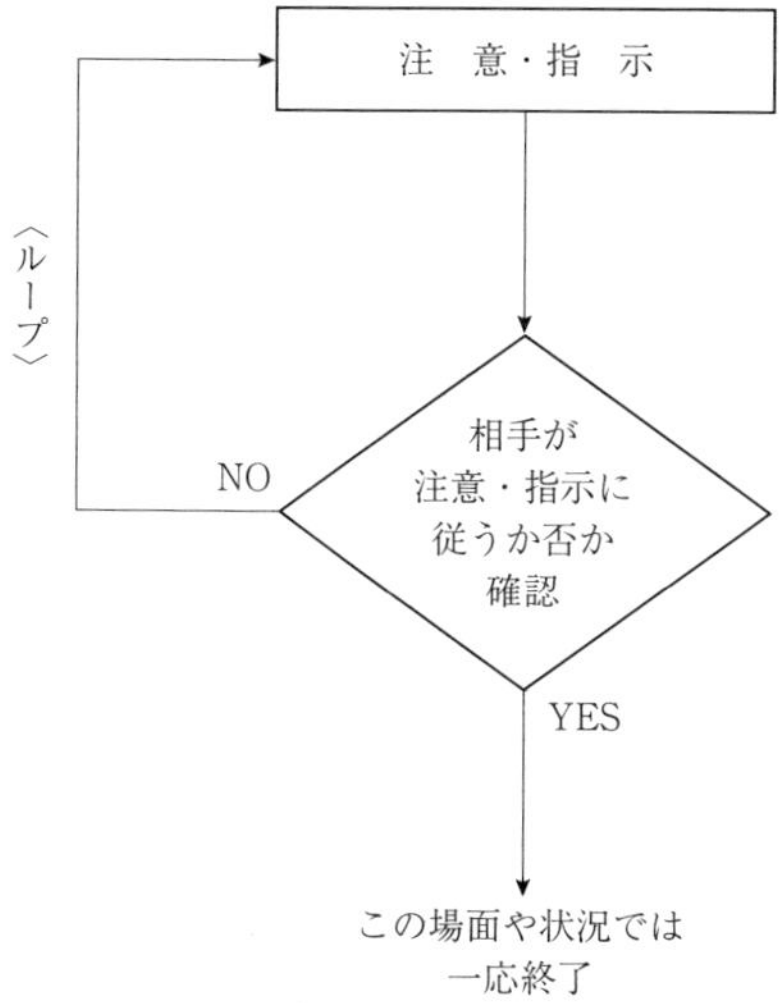

注1：ここでは本質的な応答構造を抽出する目的で代表的・典型的なパターンを類型化した。実際の指導場面では，他の図式との複合的な状態も見られるであろう。
2：「この場面や状況では一応終了」は，形式的にはこの場面で一応終了させたが，実質的には不全感が残る場合も含んでいる。

図1　応答パターンの図式1
秩序維持や目標達成などのために注意・指示を与える指導の場合
（足立・山本，1998）

う）。

2　日常的な生徒指導における応答パターンの図式

次に、収集した事例について、それぞれの指導内容や教師の応答内容から共通的・本質的な部分を抽出し、各事例の展開過程を構造的に分析すると、基本的には図1～図4の図式に類型化できると考えられる。これらは日常的な生徒指導の実践的方法に関する実態をあらわすものといえよう。ただし、各図式は典型例を抽出したものであるから、実際面では各図式が複合的に使用されたり、あるいはこれら以外の図式が存在するかもしれない。

3　応答パターンの図式と生徒指導の意義との関係

生徒指導の主たる意義は、①人格形成の核となる倫理的な価値と態度の指導、②人間が社会的存在として成長するために不可欠な価値と態度の指導、③秩序の維持や目標達成に関する価値と態度の指導、であると考えられる。図2の図式は意義の①に、図3の図式は

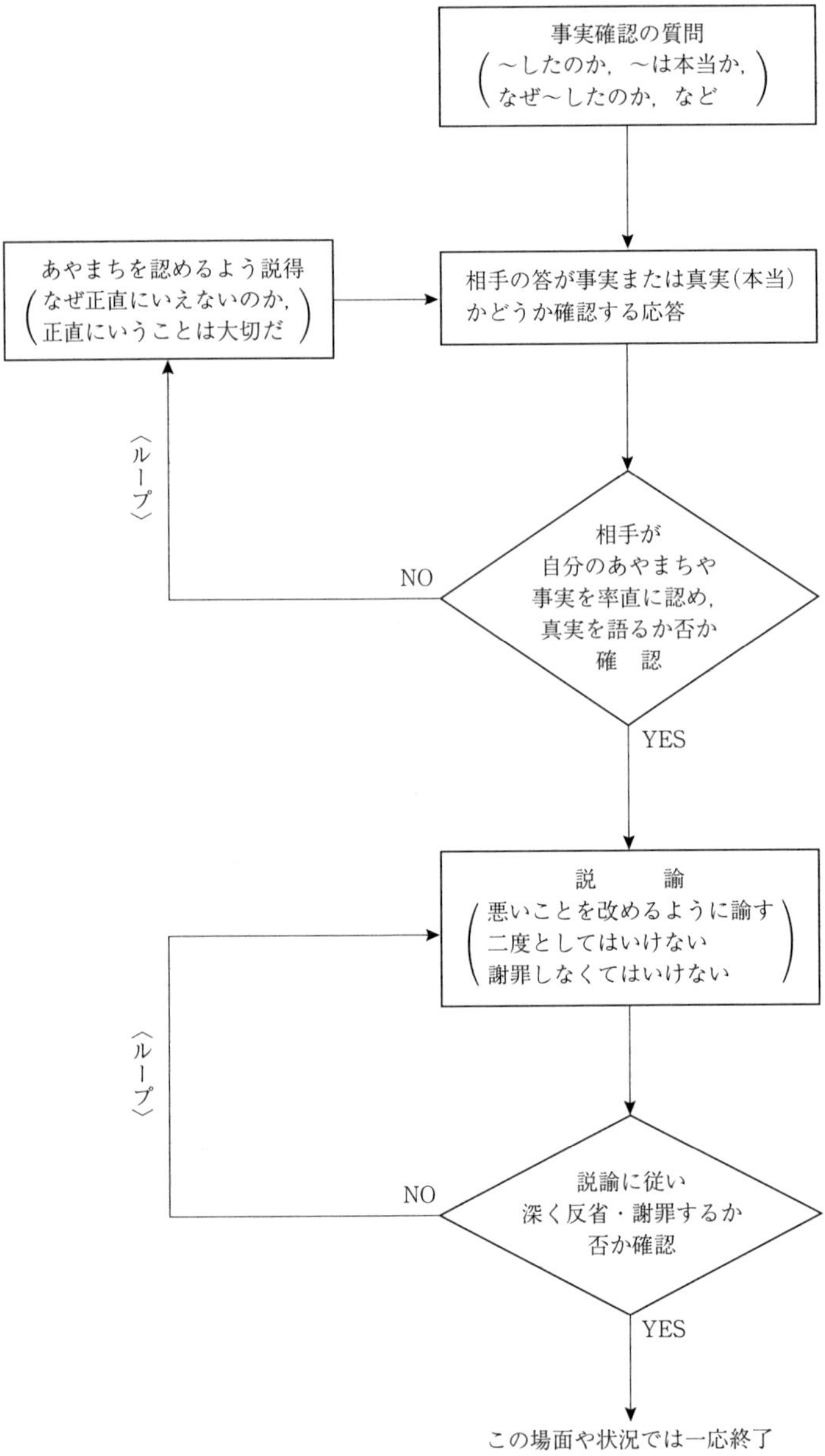

図2　応答パターンの図式2

倫理上のあやまちを正直に認めて反省させる指導の場合

（足立・山本，1998）

注：図1の注を参照。

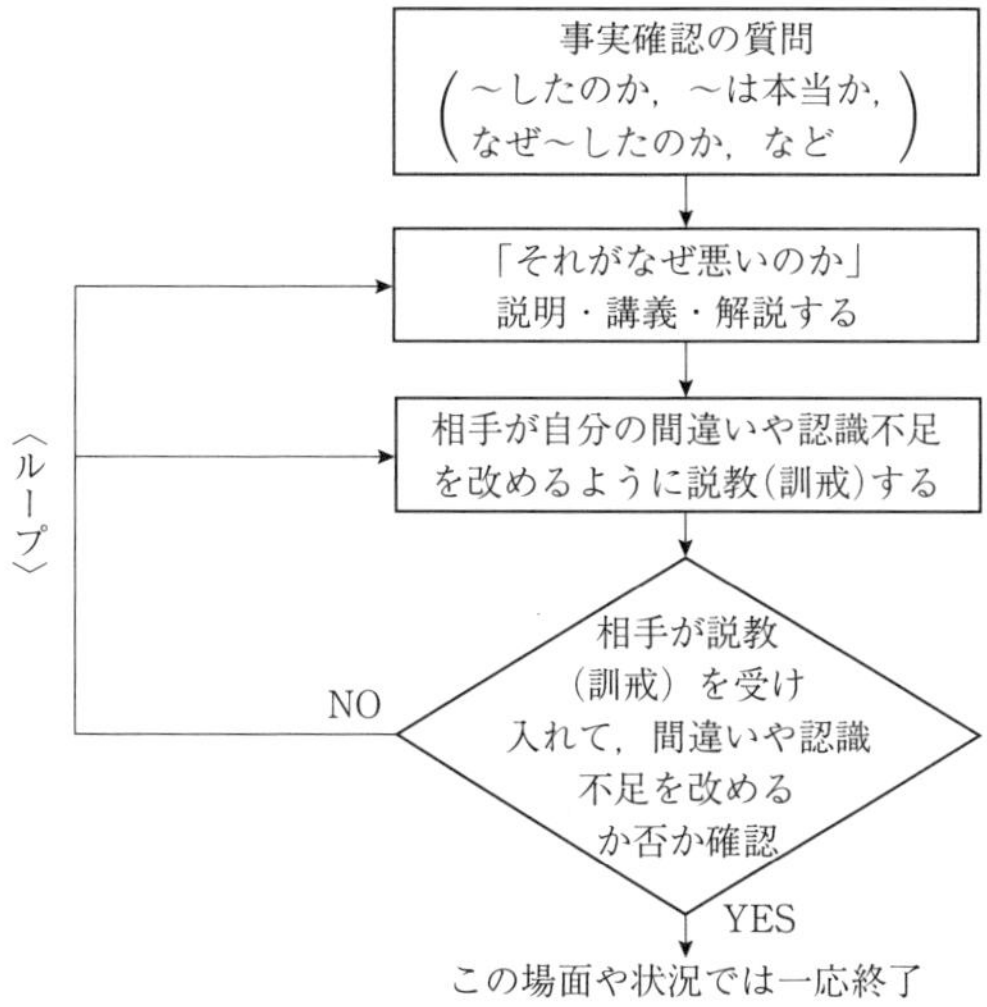

図3　応答パターンの図式3

規律違反，基本的生活習慣やマナーの欠如などを改めさせる指導の場合

（足立・山本，1998）

注：図1の注を参照。

意義の②に、図1の図式は意義の③にそれぞれ関係づけられるであろう。また援助的な指導や話し合いの場面における図4の図式は、教師の職業的役割や日常の状況に対応したものであると考えられる。なぜならば、教師は現実的で合理的な問題解決への機敏な対応を指導的立場として日常的に要求されるので、それに必要な事実確認や原因分析に関する調査診断的な情報収集に偏る傾向が強くなると思われるからである。

ともあれ、これらの図式は生徒指導の意義や目的を実現するために定着してきた方法である。特に図2と図3の図式は人間の根幹的・普遍的な価値に基づいているので、生徒指導に限らず、一般的にもこの図式によって人格の基本的な枠組みの形成が行われているといっても過言ではないであろう。また図1〜図3の図式が、学校の秩序や教育活動の基本的な枠組みの維持に関連しているという現実的な側面も否定できないであろう。

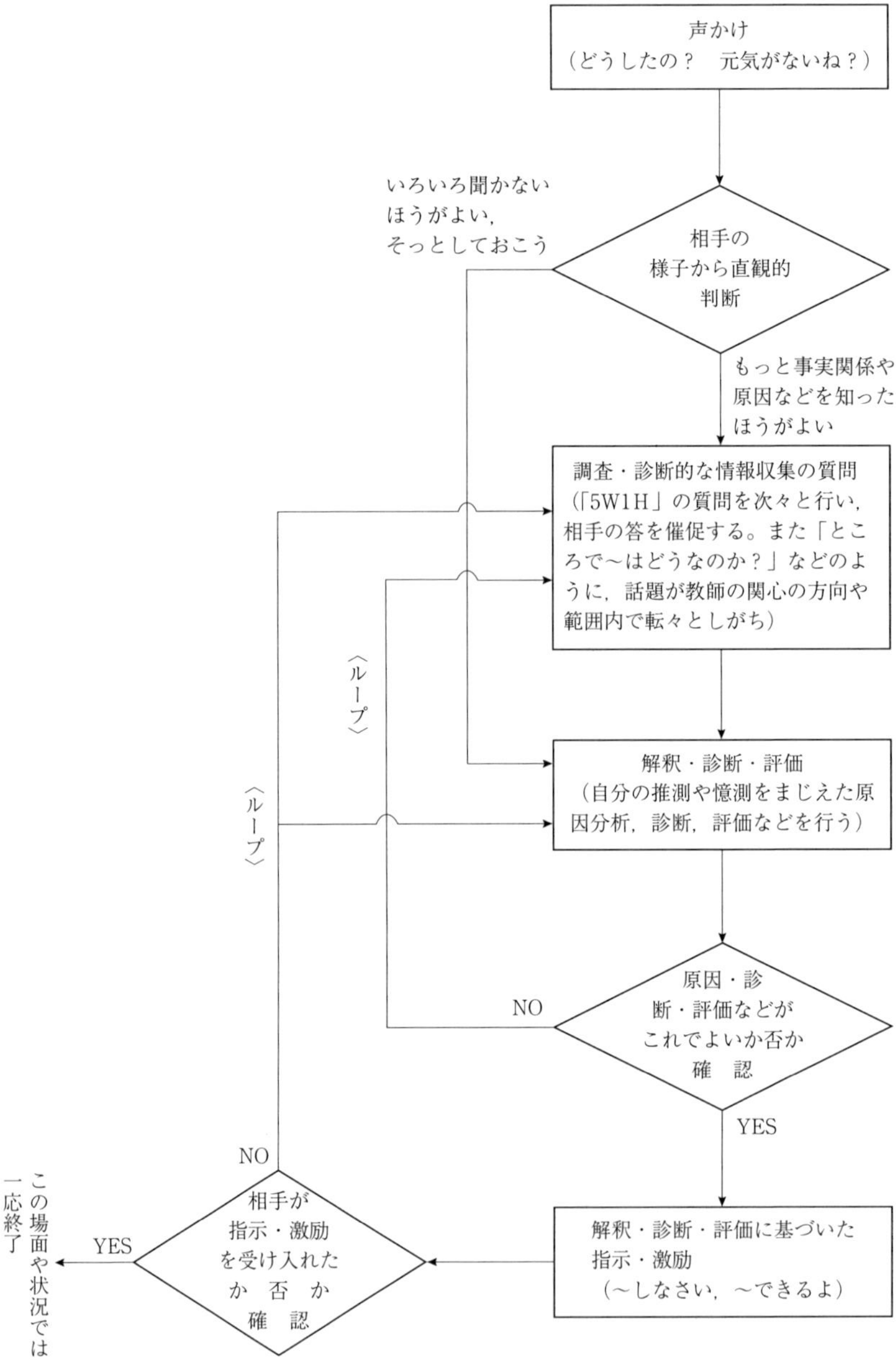

図4　応答パターンの図式4
援助的な指導や話し合いの場合

（足立・山本，1998）

注：図1の注を参照。

4　応答パターンの図式とカウンセリングとの関係づけ

上記のように図1～図4の図式の必要性と効果については、教育現場では経験的に理解されている。しかし、この図式が単純に機能しない場合や、限界を感じる場合もあり、その傾向が近年増加していることも自覚されつつある。既述の足立・山本（一九九八）の調査では、この図式が充分に機能しなくなるのは、指導や話し合いのはじめの段階かまたは途中で図式の「ループ」の部分に陥り、そこから抜け出せなくなる場合である。

このような状況は、一般的に、教師の側からの一方的な説教や注意だけでは、生徒の気持ちがおさまらないような場合に多くみられる。なかでも、「生徒自身が自分の行為が悪いとある程度わかっていながらしている」（嘘をついていたり、堂々と喫煙したりなど）場合や、「自分は悪くないと思っている」ような問題行動への対応の場面、および教師の「なぜ～なのか」という質問に対して、生徒が防衛反応（なま返事や逃避的言動など）を示したり、合理的に答えられないような場面でとくに多くみられる。そのような時には、教師の説教などと生徒の防衛反応（言い訳、言いのがれ、反抗、困惑、無視など）が反復され、図式の「ループ」の部分で堂々めぐりの状態となってしまう。その場合、教師は形式的には説教や注意・命令などでしめくくろうとするが、どうしても自分の思いや気持ちが生徒に伝わらないという不全感が残る。

このように図式の「ループ」の部分に陥り、そこから抜け出られないのは、「原因分析」や「解釈・診断・評価」などにとらわれた「因果律」の考え方だけで、一方的に生徒の行為を評価・診断して、目の前の問題行動を「取り除こう」とするからだと思われる。このことは、図2～図4の図式で多用されている教師の質問や説教などの中心が、「なぜ～」という発言であることからも読みとれる。

もとより、目の前の問題行動を「とり除く」ことは現実的に必要なことも多い。しかし、発達途上の生徒を対象にした生徒指導において、生徒自身が「いかに生きるのか」を考え、その問題を克服していけるように「育む」には、問題行動を症状ととらえ、因果律的発想でその症状を取り除くための対策を図るという観点だけでは不十分である。そこには問題行動の意味を了解しながら共感的態度で見守り、支えるというカウンセリングの考え方（成長モデル）が必要となる。上記の「ループ」の部分に陥った場合にそこから抜け出すには、因果律以外の「成長モデル」の観点からの発想の転換や方法の導入が必要となろう。ここに応答パターンの図式とカウンセリングを具体的に関係づける接点があると考えられる。

その場合に重要なのは、教師自らが図式の「ループ」に陥っていることに気づくこと、そしてその「ループ」を考え直し、ほかにどのようなアプローチがあるのかを考えることである。たとえば、指導や話し合いの重要な局面で生徒が表現している「気持ちや様子」などに対して、「感情の理解とその反映」（カウンセリングの基本）という面で教師が十分対応できていない場合に「ループ」に陥ることが多い。その時に教師がそれを自覚することが必要である。そして、生徒自身が「自分らしさ」を模索しながらその問題を克服していくために、教師自身はその生徒と「ともに」、なにを、どのように、考え、感じ、実践していけばよいのかを考察することである。

すべての教師が図式の「ループ」に陥っているわけではなく、生徒の「くやしい気持ち」「どうしようもない気持ち」を教師が受けとめ、それを言葉で伝え、生徒とともに考えたり、感じたりすることによって、生徒自身が自己をふりかえるという指導を行っている教師のいることも事実である。そこには「ループ」から抜け出して、応答パターンの図式を有効に機能させるための重要な示唆があると考えられる。

5　教師の新しい課題

教師は専門的なカウンセラーではなく、あくまでも教師であるという事実を受け入れる必要がある。それは教師は教師としての生徒指導における役割（既述の生徒指導の意義・目的・機能）を正しく自覚するということである。しかし教師はカウンセラーにならなくとも、あるいはカウンセリングはできなくても、教師であるからこそ、日々の学校生活場面において、生徒との人間関係を築けるという機会をもっている。その教師独自の「関係性」を築き、維持していくことによって、上述のような「ループ」に陥らない方法の創造も可能になり、生徒の問題行動の克服にも効果が出てくると考えられる。その場合に、教師の立場からの一方的な見方だけで生徒に接したり、因果律に縛られた生徒の理解とそれによる対策だけでは、現在の生徒との「関係性」は築けないということである。したがって、そこには生徒個人をありのまま見るという、多様で共感的な見方や接し方（カウンセリングの考え方や方法の活用）が必要であるとともに、生徒指導の目的やグループとしてのまとまりも実現していく必要があるという、教師にとっての新しい課題が横たわっているといえよう。

第3節　生徒指導・進路指導におけるカウンセリングの活用方法

第3節では第2節をうけて、生徒指導・進路指導にカウンセリングの考え方や方法を導入・活用する時に（具体的には既述の応答パターンの図式において、特に「ループ」に陥った場合に）、応答技法をいかに用いればよいかを考えていくことにする。

1　生徒指導と進路指導の関係

近年では、進路指導は「キャリア教育」（文部科学省・国立教育政策研究所、二〇一二参照）の観点から専門性が重視されつつあるが、生徒指導と進路指導の本質的な目標は「自己実現に関する自己指導能力の育成」という点で同じであるといえよう。この自己指導能力の育成の視点については、生徒指導は「現在の生活」に、進路指導は「将来の生き方」に焦点を当てているが、現在の生き方が将来の生き方の基盤になるとともに、将来の生き方への展望が現在の生き方や問題の解決に影響することを考えれば、両者は表裏一体のものとして相互補完的ないし統合的に行う必要があろう。

2　カウンセリングの応答技法

日常的なコミュニケーションにおいて一般的に使われている代表的な発言の技法（発言の仕方や内容）をあげると、表1の「応答（発言）技法」（①〜⑲）のようになるであろう（足立、一九九七）。カウンセリングの理論や流派、相談の内容や過程などによって使用頻度やウエイトは異なるが、表1の応答（発言）技法は、さまざまなカウンセリングにおいても実際に使われている応答技法であるといえる。

表1は、コミュニケーションの相手や、カウンセリングにおけるクライエントの感情の強さ・深さ・混乱（または自我の未熟や混乱）の程度を一つの指標とした場合に、各技法が相対的にもっともよく機能しうると考えられる有効性の観点から応答（発言）技法を配列したものである（ただし、この配列の順序は厳密なものではなく、おおまかな目安にすぎない）。またこの配列表は、応答（発言）技法に対するクライエントの感情的抵抗やコミュニケーションを阻害する危険性の程度をあらわすものとしてみることもできる。これらの観点から表1の「応答（発言）技法の性質」を理解すれば、「生徒指導における応答（発言）技法の適用方法」についても、その趣旨が明確になるであろう。なお、応答（発言）技法については、足立（一九九六）に詳述されている。

3　生徒指導・進路指導における応答技法の適用方法

生徒指導・進路指導における応答（発言）技法の有効な適用場面を考えると、表1の「生徒指導における応答（発言）技法の適用方法」と「適用上の留意点」のようになるであろう。さらに、生徒指導の内容別に応答（発言）技法の有効な適用方法を、情緒的不安定の程度に即して整理すると表2のようになる（足立、一九九七）。

国分（一九八七）は、生徒指導では現実原則提示の濃度の高い技法を、教育相談では快楽原則の濃度の高い技法をそれぞれ中心的に用いることに注目し、その両極間に現実原則提示の程度に基づいてカウンセリングの技法を連続的に位置づけた。ここではその考え方をとりいれて、足立（一九九六）や「情緒不安定の程度」の観点から独自に応答（発言）技法を設定し、その生徒指導・進路指導への適用方法を考察した。その結果生徒指導においては、「指示的・指導的な応答技法」を中心とする従来の生徒指導の方法と、「受容的・共感的な応答技法」を中心とする教育相談的方法を、対立的な関係ではなく連続的ないし相互補完的な関係として、生徒指導のなかに表1と表2の形で体系的に位置づけることにした。

4　生徒指導・進路指導で有効性の高い応答技法と応答パターンの図式との関係

生徒指導・進路指導で有効性が高く、かつ応答パターンの図式において活用が望まれる応答技法を、表2およびその注3の「指導の目標」に基づいて考察すると以下のようになる。

まず表2(A)の「基本的な生活習慣・生活態度や対人的技能・態度等の指導」は応答パターンの図式の図1、図2、図3と関係が深い。そこでは現実原則の提示・確認、自己開示、情報の提供の活用が重要である。また(B)の「個人的適応上の問題や集団への適応等の指導」（いわゆる悩みの相談）は図4と関係が深いが、そこでは受容的・共感的

一般的な「応答（発言）技法」と「生徒指導」との関係

生徒指導における応答（発言）技法の適用方法

	技法	適用方法
指示的・指導的（↑）	⑲否認 ⑱批判 ⑰診断 ⑯是認 ⑮命令 ⑭注意 ⑬説教・説得 ⑫助言 ⑪提案 ⑩解釈 ⑨現実原則の提示・確認	基本的生活習慣，社会的規範や対人的技能・態度等の学習不足の場合※→現実原則の提示・確認・指導が基本となる。 ※（例）規律違反，宿題を忘れる，遅刻，後始末や掃除をしない，授業中騒ぐ，挨拶しない，自分勝手，礼儀に無知 〈適用上の留意点参照〉 「感情」と「言動の内容」を区別する。「内容」は⑧～⑲でもよいが，「感情的抵抗」は①～④で受け止める必要がある。
	⑧対決	感情的抵抗を防ぎ，教師自身の思いを伝えるには，⑦の有効な使用が重要。
	⑦自己開示	教師自身の自己主張の基本（人間として生徒とかかわり，かつ，いいたいことを⑧～⑲以外で伝える方法）
	⑥評価・解決案を含まぬ指示	
	⑤情報提供	考え方，行動の仕方，行動の結果，自分や他者への影響等を知らせるのに必要な情報を提供する。
援助的・相談的（↓）	④非指示的リード ③内容の繰り返し・要約 ②感情の反映 ①受容	教師による生徒のありのままの姿の受容と理解（相互信頼関係の基盤づくり，問題の本質・原因・真意等の把握，生徒自身の基本的な自己信頼感の育成等のために不可欠）

適用上の留意点

1．問題内容の識別による対応

1-1．基本的な躾の問題

現実原則の提示・確認と指導が基本となる。ただし，現実原則（社会の一員として守るべきこと）に客観的納得性（自分や他者，社会等への悪影響の自覚）や，実生活で役立つ根拠（時間厳守，挨拶，提出物の期限厳守，服装等の社会的根拠）が必要である（国分，1987）。

1-2．ある程度ホンネを出し合って相互理解をする必要がある問題

利害や思惑等の対立・葛藤の改善が必要となる。この場合，相手の感情や真意，問題の本質的原因等は①～④で把握・理解し，自分の主張は⑦で行うという組み合わせが重要である。

2．感情（気持ち）と言動の内容（ことがら）の識別による対応

区別
- 学校が嫌い，行きたくない→感情
- 学校へ行かないこと→言動の内容

区別
- いじめたくなる気持ち→自分らしさや自分のありのままをわかってくれない（自分は愛されていない）と感じている欲求不満のいらいらとした感情等
- いじめること→言動の内容

「言動の内容」については評価・否認・注意・説教・命令等できる。しなければならない場合もある。しかし「感情」は本人の存在自体の有り様を示しているものであり，その感情を否定することは，本人の存在自体を否定することになる。感情自体は評価・訂正・否定等できない。できるのは相手の感情を「受け止め（受容），味わう（共感的理解）」ことである。受容と共感的理解により，相手が自分の感情を受け止め，自分のあり方を吟味できるように援助するのである。

3．話し合いの仕方の原則

1）相手を①～④で受け止めて理解する。
2）自分の思いや気持ちを伝えたい時は⑦で。
3）上記 1-1 の場合のみ「言動の内容」に対しては⑧～⑲でもよい。ただし「感情」は①～④で。

（足立，1997）

表1　カウンセリングまたは日常的なコミュニケーションにおける

（縦軸）
- 弱 ↑ 相手の感情の強さ・深さ・混乱（または自我の未熟や混乱）の程度 ↓ 強
- 強 ↑ 応答に対する相手の感情的抵抗（拒否・反抗・逃避等の防衛反応） ↓ 弱
- 強 ↑ コミュニケーション（意思疎通）や相互理解を阻害する危険性 ↓ 弱

応答（発言）技法	応答（発言）技法の性質
⑲否認 ⑱批判 ｝評価・ ⑰診断 ｝判定 ⑯是認 ⑮命令 ⑭注意 ⑬説教・説得 ｝解決案の提示 ⑫助言 ⑪提案 ⑩解釈（自分の考えによる原因分析） ⑨現実原則（社会的現実や規範等）の提示・確認	⑲〜⑨ 「指示的・指導的メッセージ」 発言形式：「あなたメッセージ」[1]（相手の言動を指摘する。相手を非難する形になりやすい。相手は発言者自身の考えや気持ちを理解しにくい） 発言内容：「あなたは〜だから（〜の基準から見ると）良い，または悪い」「あなたは〜すべき，またはしてはいけない」 利点：良いことと，悪いことをはっきりさせる。できることと，できないことをはっきりさせる。 欠点：感情的抵抗や自己防衛的行動を引き起こしやすい。自分で考える力や自主性が育ちにくい。
	〈自主性を育てるには以下の①〜⑧が必要となる〉
⑧対決	⑧—相手が現実や事実，ありのままの自分等を直視するように示唆・支援する。
⑦自己開示	⑦—「わたしメッセージ」[2]（私自身の思いや気持ちを伝える。ありのままの自分で相手と向き合う）
⑥評価・解決案を含まぬ指示	⑥—行動の仕方やその意図を告げる。
⑤情報の提供	⑤—「中立的メッセージ」
	〈①〜④は「受容的・共感的メッセージ」であり，相互信頼的関係づくりの基盤となる〉
④非指示的リード	④—「その点をもっと話してください」
③内容の繰り返しまたは要約	③—「あなたのおっしゃることは〜ですね」「私は〜のように理解してよろしいか」（内容の確認）
②感情の反映 ｝共感的理解	②—「あなたは今〜と感じているようですね」（相手の感情を正確に反射する）
①受容 ｝共感的理解	①—相手をあるがままに受け止める（とくに相手の感情を受け止め理解する）。「うん，なるほど」（批判しないで相手の話を傾聴する。自由に発言させる）

注1と2：Gordon（1970）および近藤（1993）を参照。

表2　生徒指導の内容と応答（発言）技法との関係

		生　徒　指　導　の　内　容		
		（A）基本的な生活習慣・生活態度や対人的技能・態度等の指導	（B）個人的適応上の問題や集団への適応等の指導（いわゆる悩みの相談）	（C）進路の指導（自己理解，職業観，進路の情報・計画・決定）
情緒的不安定〈または自我の未熟や混乱〉の程度	小	⑨現実原則の提示・確認を中心に以下は必要最小限； ⑲否認　⑱批判　⑰診断 ⑯是認　⑮命令　⑭注意 ⑬説教・説得　⑫助言 ⑪提案　⑩解釈　⑧対決	⑨現実原則の提示・確認 ⑧対決	⑰診断 ⑫助言 ⑨現実原則の提示・確認 ⑧対決
	中	⑦自己開示 ⑥評価・解決案を含まぬ指示 ⑤情報の提供	⑦自己開示 ⑥評価・解決案を含まぬ指示 ⑤情報の提供	⑦自己開示 ⑥評価・解決案を含まぬ指示 ⑤情報の提供
	大	④非指示的リード ③内容の繰り返しまたは要約 ②感情の反映 ①受容	④非指示的リード ③内容の繰り返しまたは要約 ②感情の反映 ①受容	④非指示的リード ③内容の繰り返しまたは要約 ②感情の反映 ①受容

（足立，1997）

注1：①～⑲は応答（発言）技法。その内容，性質，適用方法，適用上の留意点などは表1を参照。

2：この表は基本的な枠組みである。感情の流れ，情緒安定度や話の内容の変化，信頼関係の程度などに即応して弾力的に適用することが望ましい。枠内の技法の配列は表1を参照。

3：指導の目標：（A）は社会性（躾や社会的スキル等）の育成，（B）は心の安定性（基本的な自己信頼感等）の回復，（C）は自己実現力（自分の可能性を自分で切り開く力，および進路に関する自己決定・自己責任の態度等）の育成。

4：「受容的・共感的メッセージ（①～④）」は，いわゆるカウンセリング・マインドの直接的表現であり，とくに（B）では中心的機能を果たすが，（A）や（C）でも話し合いの基盤として不可欠である。なぜならば，それは（A）（B）（C）のいずれにおいても，情緒的不安定の程度が大きい場合はもとより，相互信頼関係の基盤づくり，問題の本質・原因・真意などの把握，生徒自身の基本的自己信頼感の育成などのために不可欠だからである。また教師自身の思いや気持ちを伝える「⑦自己開示」は，いずれにおいても重要となる。

メッセージ（①～④）や⑦自己開示の活用が特に重要となる。これらは教育相談における教師のカウンセラー的対応の基本にあたるものでもある。(C)の「進路の指導」も図4と関係が深いが、そこでは受容的・共感的メッセージ（①～④）、および⑤情報の提供、⑨現実原則の提示・確認、⑧対決、⑦自己開示の活用が重要である。

全体を通じていえることは、「受容的・共感的メッセージ」に関する表2の注4の重要性である。また、応答パターンの図式の「ループ」の部分に陥った場合にも、そこから抜け出して、図式を十分に機能させるためには、「ループ」に入り込んだ時点で、まず「受容的・共感的メッセージ（①～④）」からやり直すことが不可欠となろう。そしてその場合には、さらに教師自身の思いや気持ちを自分の言葉で率直に伝える「⑦自己開示」も必要となろう。そのようにして生徒の情緒的安定度や教師との相互信頼度が高まってくれば、上述の(A)(B)(C)ごとにそれぞれの特徴をいかすような応答技法を用いることになる。

ところで、日常的な生徒指導場面で活用すべき重要かつ代表的な応答（発言）技法は、全体（図1～図4）を通じて、「わたしメッセージ」（表1の「⑦自己開示」および章末の注(2)参照、以下同じ）と、「受容的・共感的メッセージ（①～④）」および「⑨現実原則の提示・確認」であると考えられる。後掲の表3は、それらを組み合わせて、実際の生徒指導の場面で有効な話し合いを行っている事例である（足立、一九九七）。これは、生徒指導にカウンセリングの応答技法を活用した話し合いのすすめ方の具体例を示すものであるが、後述の開発的カウンセリングを活用した話し合いのすすめ方の具体例をあらわすものでもある。

人間が社会的存在として成長するためには、現実原則を受け入れて生きるという方法を身につけることが不可欠である。生徒指導の教育上の基本的な意義はここにあると考えられる。この観点から「現実原則の提示・確認」は基本的に不可欠の技法である。しかし生徒が社会的規範や校則などの現実原則を主体的に受け入れるためには、「他者との人間的かかわり」のなかで他者の立場や気持ちを実感し、それを通じて社会的規範やルールというものの存在理由を深く理解することが必要となる。その場合、「他者」としての教師が生徒とどのような「人間的かかわり」をもつのかが、現実原則の提示・確認において本質的に問われることになる。

この「人間的かかわり」とは、教師が生徒と同じ欲求や感情をもつ人間として、「自分自身の思いや気持ち」を自分の言葉で率直かつ適切に伝えることを意味している。たとえば、ある生徒が規律違反をした場合には、その違反によって、教師自身や他の生徒および本人自身がどのような影響を受けるのかを、教師がその生徒との関係でいま現実に感じている「自分自身の思いや気持ち」として率直に語りかけることである（表3の教師の発言11Aを参照）。生徒は教師（他者）とのそのような人間的かかわりのなかで、自分の規律違反の言動が他者に与えた影響や規律自体の存在理由を実感し、了解することが可能となる。ここに自己開示としての「わたしメッセージ」の必要性と有効性が存在する。

教師は生徒のありのままの姿を受容するとともに、問題の本質的な原因・真意（本音）などを把握し理解するために、「受容的・共感的メッセージ」で対応することが基本的に必要である。しかし、生徒の話を聞くだけではなく、教師は必要に応じて積極的に自己主張をしなくてはならない存在でもある。したがって、適切な自己主張の方法（特に人間的なかかわりが必要な教育場面では「わたしメッセージ」がその基本となる）や、生徒が自分で問題の克服にとりくむような開発的カウンセリングの方法に習熟する必要があろう。それによって、単なる命令・叱責・処罰への依存や甘やかしなどからの脱却も可能となろう。

第４節　生徒指導・進路指導に開発的カウンセリングを活用するためのモデル

１　基本的なモデル

教師とカウンセリングの関係では、専門的なカウンセラーが行う治療的なカウンセリングよりも、生徒の発達的な側面に注目して、一人ひとりの全人的な発達をめざす「開発的カウンセリング」のほうが、実践的には関係が深いであろう。なぜならば、このカウンセリングは、教師がすべての生徒を対象に行う日常的な教育活動の一環として位置づけられるので、生徒指導や進路指導とも密接に関連するからである。生徒指導も進路指導もその本質的な目標は、生徒の自己実現に関する自己指導能力を育成することである。その目標の達成には、育てることを目的とした開発的カウンセリングが重要な方法となる。そこで、ここでは次のようなモデルを提案することにしたい。

図５は「自己実現の過程」をあらわすモデルである（足立、一九九五）。そこでは、自己実現とは、「今の自分」が「なりたい自分」（可能性としての自分）に向かって可能性を開く努力をし、その過程で自己成長に関連した充実感をもつことである、と定義して、その全体的な過程を図５の①〜⑩のフィードバックサイクルとして把握した。また自己実現に関する自己指導能力は、図５の①〜⑩の過程を自分ですすめていく能力として定義した。

したがって、生徒指導・進路指導に開発的カウンセリングを活用する一つの具体的・実際的方法（つまり、ここで提示する開発的カウンセリングのモデル）は、教師が図５の①〜⑩について一人ひとりの生徒と話し合うことである。そして最終的には、①〜⑩について生徒が図５の過程を自分で考え、自分の力ですすめていけるような自己指導能力の育成をめざすのである。実際の話し合いは①〜⑩を一回で全部すすめなければならないということではなく、

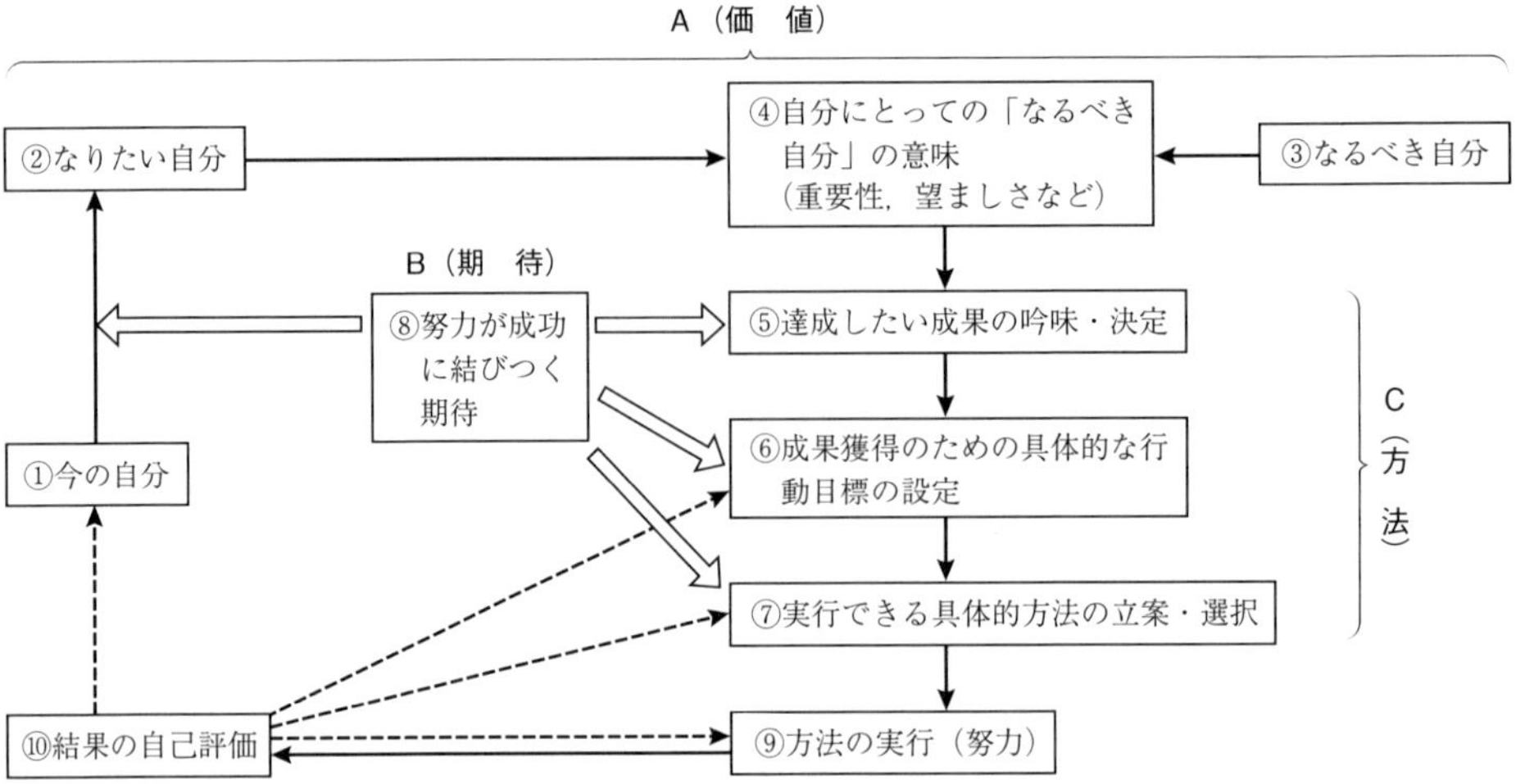

図5 「自己実現の過程」に基づく開発的カウンセリングのすすめ方のモデル

（足立，1997）

注1：本図は足立（1995）の「自己実現の過程図」を開発的カウンセリングのすすめ方のモデルに適用したものである（足立，1997参照）。

2：--->はフィードバックを意味する。この図は「今の自分」が「なりたい自分」の方向に近づいていくために①～⑩のフィードバックサイクルの過程と，この過程を自己統制するメタ認知（自己監視と内的フィードバックによる自己調整の認知機能）が必要なことを示している。

3：例として，①英会話が下手だ，②英会話が上手になりたい，③英会話で学習すべきこと，④自分にとっての英会話の学習の意味（重要性，望ましさ），⑤英会話の学習成果として英検1級の資格をとりたい，⑥英検1級をめざして今から何をするか，⑦ラジオの英会話番組で勉強する，⑧上記⑤～⑦で考えたことは自分の努力でできそうか，無理ならばもっとできるような内容や方法を工夫しなおす，⑨実行する，⑩「今の自分」がどの程度「なりたい自分」に近づいたかなどの自己評価とフィードバックを行い，さらに①～⑩を実践し続ける。職業の場合は，②は英会話を使う職業につきたい，③は英会話を使う職業の内容，資格，役割，責任など，④は自分にとっての③の意味（重要性，望ましさ），⑤は英会話を使う職業への就職，⑥は就職をめざして今から何をするか，⑦は英会話の勉強と就職準備の方法，①および⑧～⑩は上記と同様。

4：図は一般的には自己実現の過程であるが，職業的自己実現の場合は上記の例のように職業に関する内容となる。また，今考えている進路が行き詰まった場合は，原点の①②へ戻り，新たな観点から①②と外部情報を再検討しつつ③④を吟味しなおすことが必要となる。

5：A，B，Cは自己実現と自己実現の過程に関するメタ認知の測定（17変数）の得点を因子分析した結果，主要な因子として抽出されたものである（足立，1988）。ただし本図では「なるべき自分」を付加した。本図は，自己実現力の育成には「価値」と「期待」と「方法」の各指導が不可欠なことを示唆している。

状況にあわせて適宜行えばよい（フィードバックや反復も重要である）。また既述の応答パターンの各図式と図5のモデルを適宜連結させることも必要である。そうすれば計画的・継続的な生徒指導や進路指導の実践も可能となるであろう。表3は生徒指導における応答パターンの図式と開発的カウンセリングとの連結に関する一つの具体例である。

2　話し合いの内容

図5の①～⑩に関する話し合いの内容は、進路指導については図5の注3の例のようになる。そこでは生徒が将来の生き方について、自分なりに展望がもてるように話し合うことが大切である。また、現在の生活に視点をおいた生徒指導の場合にも、開発的カウンセリングでは、現在の問題と関連して、「なりたい自分」（なにをしたいのか、どうなりたいのか、自分らしさはなにかなど）を具体的に考えて、話し合う必要がある。そしてその「なりたい自分」に近づく（自分らしさを発揮する）ためには、「今の自分」がどうすればよいか、また自分はなにをしなければならないか（つまり「なるべき自分」）などを、①～⑩について生徒自身が自分にもできそうだという期待感がもてるように、できるだけ具体的に「教師も一緒になって考え」、話し合うことが重要となる。

開発的カウンセリングは「生徒が問題を自分で克服していけるように育てる」ことをめざしているので、それを生徒指導と進路指導へ活用する場合には、現在の問題に関する生徒指導と将来の生き方に関する進路指導とを表裏一体のものとして、統合的な形で図5に基づいた話し合いを行うことが重要になる（表3参照）。そのような話し合いを続けることによって、生徒指導上の現在の問題（非行、いじめ、暴力、規律違反、授業妨害、怠学、無気力、学業不振など）を本質的次元で解決（生徒自身が問題を克服していく）方向へと導いたり、問題の予防や早期発見・早期対応などの可能性も高まるであろう。

表3　応答（発言）技法の応用例（話し合いのすすめ方）

教師の発言：A［わたしメッセージ］，B［受容的・共感的メッセージ］，C［現実原則の提示・確認］

1 ［A］「この前話し合ったときに，君は遅刻しないようにするといっていたのだが，このところ遅刻するようになってきたので，どうしたのかと私は心配になってきたんだよ」

2 ［生徒］（自己防衛的に）「遅刻しないようにずいぶん努力してきました。いまも遅れないように努力しているのですが…」

3 ［B］「話し合ってから遅刻しないようになったのはよくわかっているよ。いまも君は自分なりに努力しているんだね」（相手の感情を受け止めたことを相手に伝える）

4 ［生徒］「そうです。…でも，もうちょっと朝早く起きるとよいのですが，つい…」

5 ［B］「そうか，つい気がゆるむときもあるんだね」（相手の感情を受け止め明確化する）

6 ［生徒］「はい。いつもは遅刻していないから，たまに遅れてもたいしたことはないと思ってしまうのです」

7 ［B］「フーン，たまに遅れてもたいしたことではないと思ってしまうのだね」（内容の確認）

8 ［生徒］「はい」

9 ［C］「君がいつもは遅刻しないことを知っている。しかし，たまにでも遅刻は他人に迷惑をかけるから許されないことは知っているね。遅刻してもたいしたことではないという考えが身についてしまうと，時間が守れない人だということで，信用されなくなってしまうんだよ」

10 ［生徒］（やや自己防衛的に）「はい，他人に迷惑をかける場合はわかります。でも，授業中に遅刻しても自分が困るだけだから…」

11 ［A］「君が遅れても休まずに出てくるから，そのことはうれしいのだけれど，始まるときに君がいないと，授業のはじめに大事なことを聞いてもらおうと準備し，意気込んでいる私の気持ちがくじけてしまう。ほんとにがっかりするんだよ。それに君が遅刻すると，君の勉強が遅れるのが心配だから，すでに話した大切なことを繰り返すので，それにとられた時間だけほかの部分がおろそかになって私は困るし，他の生徒もその分迷惑すると思う」

12 ［生徒］（自信なさそうに）「そうですか。すみません。明日から遅刻しないようにします…（でも，このごろ夜更かしの癖がついてしまって…）」〈教師はこの発言や自信のないそぶり（たとえ夜更かしのことをいわなくとも）などの重要性を見逃さないこと。「もう遅刻するな」「夜更かしするな」などの説教や命令などで終わらないで，以下のように続ける。生徒が夜更かしのことを発言している場合は（　）で表示〉

13 ［B］「そうか，（夜更かしの癖がついたので）まだ少し自信がないんだね？」（感情の受容）

14 ［生徒］「はい，このごろ夜更かしの癖がついてしまって…（そうなんです…）」〈ここから以下のように，問題解決のプロセス（問題の明確化→原因の探求→解決案→実行方法→実行→結果のフィードバック）にそった話し合いへと進展させていくことが重要である〉

15 ［B］「じゃ，どうすればよいか，一緒に考えていこう。で，どうして夜更かしの癖がついたのか自分で思いあたることがあれば，何でもいいからきかせてほしいね」（非指示的リード）

16 ［生徒］「なにか勉強に気がのらなくなってきて，面白くないのでテレビやゲーム，マンガなどで気をまぎらしている…」

17 ［B］「勉強に気がのらなくなってきたんだね。そのへんをもう少し話してくれる？」（内容の確認と非指示的リード）

18 ［生徒］「このごろ勉強が遅れたり，わからないところが増えてきて，学校へ行こうとする気がついゆるんでしまうのです…」

〈以下，生徒がどう考え，どうしたいのかを聞き出しながら（上記のBやAを中心的に用いる），本質的な原因や真意を把握し，解決案，方法などを話し合う。その場合，問題や原因がわかれば図5の「開発的カウンセリングのすすめ方」にそった話し合いへ進展させるとよい。上例では，①「今の自分」は勉強のことがどうわからないのか，②自分はどうなりたいのか，③そのためにどんな勉強をすればよいのか，④その勉強がなぜ大切か，⑤とりあえず何をめざして，⑥今から何を，⑦どのようにすれば，⑧自分でもできそうか，などを共に考えながら話し合う。特に⑤⑥⑦では⑧の「自分でもできそうだ」という「期待感」を高めるような内容を工夫しながら話し合うことが大切である〉

（足立，1997）

3　応答技法の活用

基本的には第3節で述べたとおりであるが（具体例は表3を参照）、特に図5における話し合いでの要点を指摘すると次のようになる。まず、生徒の考えがあいまいな場合や、情緒的な内容が強い場合には、「受容的・共感的メッセージ」を基本とする。これは生徒が自分自身や環境に関する理解を深めていくのを援助するとともに、問題の本質や生徒の真意を把握するために不可欠である。この技法は、「なりたい自分」「今の自分」「なるべき自分」などの自己理解や、なすべきことの重要性、目標、方法などに関する話し合いでは特に重要となる。

次に、現実吟味が必要な場合は、「現実原則の提示・確認」「対決」「情報の提供」などが有効となろう。現実の制約のなかで「なりたい自分」や「なるべき自分」を実現していくためには、「今の自分」が現実にどうすればよいのかを話し合う必要があるので、それらの技法は重要となる。

さらに、教師が自分の思いや気持ちを伝える場合には「わたしメッセージ」が必要となる。なぜならば、自己実現が「自己決定と自己責任」のうえに成り立つことを考えれば、自己実現を支援する話し合いでは、価値観や方法を「あなたメッセージ」（表1参照）として一方的に押しつけるのではなく、教師が「わたしメッセージ」として伝えることによって、生徒が自分の責任で考えたり、決めたりできる余地を残す必要があるといえるからである。また、話し合いの過程で、生徒の努力に対して教師が自分自身のうれしい気持ちを率直に伝えることは、生徒にとって大きな励みになるであろう。

注

（1）「生徒指導提要」（文部科学省、二〇一〇）では、問題行動等の複雑化・多様化・低年齢化を背景に、小学校から高等学校の段階までの組織的・体系的な生徒指導を視野に入れて「児童生徒」を用いている（上野、二〇一一参照）が、本章ではそれも踏まえた上で、全体的には従来の一般的用語である「生徒」を使用することにした。

（2）「わたしメッセージ」については、Gordon（1970）と近藤（一九九三、二〇〇六）が詳述している。また Bolton（1979）も同様の内容を自己主張の基本として詳述している。ここでは近藤（一九九三）の要点を筆者の考えも一部加えて以下に引用する。

生徒の行動が教師を困らせる場合に行う効果的な「わたしメッセージ」には次の三つの要素が必要である。①なにが教師に問題を引き起こしているか。②教師が受ける「明確かつ具体的な影響」。③教師の内部に引き起こされる感情。①では、自分にとって困ることはなにかを、非難や評価をまじえずに客観的に描写することが重要である。「〜の時」という表現を使うと、生徒は自分を非難されたと感じにくくなり、教師のいうことを受け入れやすくなる。（例）「足が机の外にはみだしている時」「わたしが指示したことが守れない時」。②では、明確で具体的な事実を述べることが重要である。他人への具体的な影響を理解できれば、行動を変える気持ちも働きやすくなる。（例）「わたしがつまずきそうで」「何度も同じことをくりかえさねばならなくて」。③では、そのときに体験している自分自身の感情を率直に伝えることが重要である。この場合には相手を非難し攻撃するための感情的言動ではなくて、その背後にある自分自身の気持ちに気づき、それを率直に表現することが必要となる。教師が生徒と人間的にかかわるためには、いいかえれば生徒が教師を一人の人間として理解し、受け入れるためには、教師が自分自身の気持ちを語る正直な態度が必要となるからである。（例）「心配だ」「いやになるのだ」「悲しい」「がっかりする」「つらい」「怒りを感じる」。このように行動→影響→感情が語られることで、生徒は「自分のどの行動が」「なぜ」「教師にある感情をもたせているか」が理解でき、しかも「君が悪いのだ」と非難されている感じはしないので、自分の行動を変えやすくなる。

付　記

第2節は足立・山本（一九九八）、第3節と第4節は足立（一九九七）に基づいて記述した。

謝　辞

滋野井一博龍谷大学教授には、最近の「生徒指導提要」等教育現場に関する情報をいただいた。ここに記して感謝の意を表します。

文　献

足立明久　一九八八　進路発達における自己実現の過程と構造：メタ認知的考察　進路指導研究**9**　一九―二七頁
足立明久　一九九四　スキーマの自主的な再構成を支援する構成主義的学習指導の理論と実際：教授学習理論に対する客観主義、構成主義、およびスキーマ理論の示唆　京都教育大学紀要**A85**　一―二八頁
足立明久　一九九五　職業的自己実現と職業的同一性の各概念の具体化：進路の指導と相談の実践的方法論のために　進路指導研究**16**　一―九頁
足立明久　一九九六　カウンセリングの基本的な応答技法の教育方法：カウンセリングの過程に即したダイナミックな訓練モデル　京都教育大学紀要**A89**　七五―一〇三頁
足立明久　一九九七　生徒指導・進路指導におけるカウンセリングの活用方法：応答（発言）技法と開発的カウンセリングを中心に　京都教育大学紀要**A91**　五七―七〇頁
足立明久・山本　岳　一九九八　カウンセリングを活用した生徒指導の実践的方法論の研究に関する今後の課題：日常的な生徒指導における教師の応答を素材として　京都大学教育学部附属臨床教育実践研究センター紀要**1**　四七―七四頁
Bolton, R. 1979 *People Skills*. Simon & Schuster.
Gordon, T. 1970 *P. E. T.: Parent Effectiveness Training.*　近藤千恵（訳）一九八〇　親業（新版）サイマル出版
国分康孝　一九八七　学校カウンセリングの基本問題　誠信書房
近藤千恵　一九九三「教師学」心の絆をつくる教育　親業訓練協会
近藤千恵　二〇〇六　教師学入門：教師のためのコミュニケーション論　みくに出版
文部省　一九八一　生徒指導の手引き（改訂版）大蔵省印刷局
文部省　一九八八　中学校指導書（教育課程一般編）第一法規出版

文部科学省　二〇一〇　生徒指導提要　教育図書
文部科学省・国立教育政策研究所　二〇一二　「キャリア教育」資料集　研究・報告書・手引編　平成二三年度版　国立教育政策研究所生徒指導研究センター
上野和久　二〇一一　「生徒指導の手引」（一九八一年）と「生徒指導提要」（二〇一〇年）の比較研究―「生徒指導の意義」における記述方法・意味内容の比較を通して―　和歌山大学教育学部教育実践総合センター紀要 **21**　八三―八八頁

第４章　スクールカウンセリングの実際

第1節　スクールカウンセラー制度

1　スクールカウンセラー

一九九五（平成七）年度から、文部省（現・文部科学省）がスクールカウンセラー活用調査研究委託事業を始めたが、それ以前にもスクールカウンセラー（以後ＳＣと表記する）はいた。私立の中学・高等学校などで、専任や非常勤の形で、ＳＣをおいている学校がある。また、大学の学生相談の分野は、戦後のアメリカの教育視察団の研修を契機に、ＳＰＳ（Student Personnel Service）の考えに基づいて大学生の厚生補導の一環として、学生相談施設が設置されていったのである。大学においては、教科指導と生徒指導が別のスタッフによって分担されていると考えてもよいであろう。

また、公立小・中・高等学校に関しては、先進的とりくみとして、ＳＣの派遣事業を行っていた自治体がある。たとえば、Ａ県では、個別の不登校事例に対して、登録しているＳＣを派遣するというとりくみをしている。原則としては単回派遣で二時間程度の相談時間であるが、継続して申請すれば、同じSCに長期間継続して相談することができる。実際、筆者自身も一年で四、五回同じ学校に出向いたこともある。継続の方が、SCと担任双方に児童・生徒理解が深まるし、担任の対応に対する児童・生徒の反応もわかるので、よりじっくりかかわれるようである。しかし、単回派遣でも、登校を再開する児童・生徒もおり、全般的に手応えはあった。その後の担任の先生や関係者の話を総合すると、担任の不安をSCが聴き、担任の指導法にアドバイスしたり、支持することにより、安心感やゆとりが得られる効果が大きいようである。また、担任が不登校の児童・生徒の気持ちを理解する手がかりや知識を得ることにより、子どもたちの気持ちにより近づけるようになるという効果も得られるのである。

2　スクールカウンセラー活用調査研究委託事業

一九九五（平成七）年度、文部省によって、カウンセリングの専門家を学校現場に派遣するという事業が実施された時には、教員以外の人間が学校現場に入るということで大きな反響を呼んだ。まず、その概要を紹介してみよう（氏原・村山、一九九八、資料：日本心理学会第六〇回大会〈一九九六年〉）。

基本的な考え方は、文部省がカウンセリングの専門家を学校現場に派遣して、いじめ、不登校など、当面する課題にどのような寄与ができるかを調査するという目的である。筆者は近畿のある県の臨床心理士会でSCの担当理事をしたことがあり、県下のSCの実態を見聞することも多いので、その経験に基づいて報告を行いたい。

まず、派遣されるSCは、各都道府県の教育委員会からそれぞれの臨床心理士会を窓口に公募された臨床心理士（財）日本臨床心理士資格認定協会により認定された者）が中心となった。それぞれの本務をもちながら二年間と年限つきの勤務なので、職場から許可されない臨床心理士も多くいたし、見通しのもちにくい仕事だけに、特に二年目以降募集人数が増えてからは広域の都道府県内をカバーするSCの確保が大変であった。

実際に学校に行ったＳＣの報告を聞くと、受け入れは、学校により千差万別であった。地域的特徴や管理職、生徒指導担当者、養護教諭などのＳＣへの理解や期待、また、教職員と管理職の関係などの要因が複雑に絡んで、学校側もＳＣの側も戸惑ってしまうというケースもあった。しかし、話し合いを繰り返し、試行錯誤を重ねながら、より有効にＳＣを活用するように変化していくケースが一般的であった。その後も、ＳＣたちは情報交換や研修を活発に行い、学校のシステムの理解を深め、また、学校側もＳＣの活用の仕方がわかるにつれ、ＳＣ配置を積極的に希望する学校が増加していった。一九九五年度に活用調査研究委託事業として始まり二〇〇一年度に活用事業補助になったスクールカウンセラー制度も二〇一五年度には事業開始から二〇年を迎えた。その間、スクールカウンセラーは学校に定着し、「何か心配なことがあったら相談できるスクールカウンセラー」が週に一日は学校にいるという安心感、信頼感が児童生徒、教職員、保護者の間に広まってきた。

第２節　学校内でのスクールカウンセラーの位置づけ

１　校務分掌

ＳＣという今までにない職種の人間が入ってきたことで、学校のなかにどう位置づけるかという戸惑いを感じた学校も多かったようである。文部省の事業説明のなかにも「各都道府県教育委員会は、都道府県及び市町村教育委員会、調査研究校、スクールカウンセラー、関係専門機関等の代表者から構成する本調査に係わる連絡会議を設け、適宜、研究協議・情報交換等を行うように努めるものとする」とあるが、県によっては、都道府県教委が各学校の管理職と生徒指導担当者、ＳＣ、市町村教委の担当者を集めて、説明と顔合わせの会を開き、人権問題に関する研

について（日本心理学会第60回大会1996年）

⑵　スクールカウンセラーの勤務条件
スクールカウンセラーの勤務条件は，年35週，週2回，1回当たり4時間を原則とする。

• **調査研究の内容・位置づけ**

⑴　調査研究の内容
調査研究校においては，各学校の実状等に応じて，以下の点について，スクールカウンセラーの活用，効果等に関わる実践的な調査研究を行う。

①児童生徒のいじめや校内暴力等の問題行動，登校拒否や高等学校中途退学等の学校不適応，その他生徒指導上の諸課題に対する取り組みの在り方

②児童生徒の問題行動等を未然に防止し，その健全な育成を図るための活動の在り方

⑵　調査研究校における適切な位置付け
調査研究校においては，スクールカウンセラーを生徒指導に関する校内組織等に適切に位置付けるよう工夫し，その効果的な活用を図るものとする。

• **調査研究体制**

各都道府県教育委員会は，都道府県及び市町村教育委員会，調査研究校，スクールカウンセラー，関係専門機関等の代表者から構成する本調査に係わる連絡会議を設け，適宜，研究協議・情報交換等を行うように努めるものとする。

• **委託先の推薦**

⑴　各都道府県における調査研究の対象校は，原則として各都道府県3校とし，小・中・高校いずれかから選定するものとする。

⑵　文部省としては昨年末からの中学生のいじめに関する事件が相次いでいることに鑑み，調査研究対象の学校種の比率については，概ね小：中：高＝1：2：1程度とすることを予定していること。従って，各都道府県からの推薦にあたっては，この点に留意していただきたいこと，また，この観点から全体的な調整をさせていただくことがある。

修までして関係者のSC事業に対する理解を深めているところもあったし，とりあえず，ぶっつけ本番で現場で話し合いながらやってくださいというところもあったようである。しかし，ぶっつけ本番のところではSCと現場，双方の混乱がみられ，二，三年目からは，関係者を集めた説明会などを都道府県教委が開催するようになってきた。今では，年度当初に関係者を集めた任命式，説明会，年度末に学校，SC相互の評価，継続希望を聞くことも普通のことになっている。

さて，学校内での教職員の仕事の分担を校務分掌というが，これは年度はじめに決められ，それぞれの部会で年度計画も考えられている。各配置校でのSC事業初年度には，SCが仕事を始めるのは，校務分掌や年度計画ができた後になってしまう。また，位置づけとしても，原則，週一回八時間の非常勤であり，児童・生徒を評価しない，学校の外部の

資料1　文部省スクールカウンセラー事業

・**事業正式名称**：文部省スクールカウンセラー活用調査研究委託事業
・**担当部局**：文部省初等中等教育局・中学校課
・**事業規模と年度経過**

	平成7年度	平成8年度	平成9年度案	平成10年度案
予算規模	3億7千万円	11億円	22億円	35億円
配置校数	154校	553校	1056校	1500校

・**委託期間**：原則2ケ年
・**スクールカウンセラーの選考**
(1)　スクールカウンセラーの選考等
①都道府県教育委員会は，財団法人日本臨床心理士資格認定協会の認定に関わる臨床心理士等，児童生徒の臨床心理に関して高度に専門的な知識・経験を有するものをスクールカウンセラーとして選考する。
②委託を受けた市町村又は都道府県教育委員会は，勤務日時等を考慮して，①により選考されたものからスクールカウンセラーを任用し調査研究に従事させる。
③スクールカウンセラーは，原則として，調査研究校に1名配置するものとする。
・**職務内容と勤務条件**
(1)　スクールカウンセラーの職務内容
スクールカウンセラーは，校長等の指揮監督の下に，概ね以下の職務を行う。
①児童生徒へのカウンセリング
②カウンセリング等に関する教職員および保護者に対する助言・援助
③児童生徒のカウンセリング等に関する情報収集・提供
④その他の児童生徒のカウンセリング等に関し，各学校において適当と認められるもの

人間であることで話しやすいという点では評価をされている。しかし、配置校が増えるにつれて、年度当初から、教育相談や生徒指導の校務分掌にSCを位置づけることが普通になってきた。

実際には、生徒指導関連の委員会などに参加して、実務的な調整を行うことが多い。たとえば、筆者の経験では、既存の不登校委員会といじめ委員会を一緒にして、SC委員会なるものを作ってくれたところもあったし、生徒指導委員会を筆者の勤務時間に合わせて時間変更してくれた学校もあった。SCの勤務日の仕事は、教頭先生や教育相談、生徒指導担当者あるいは、養護教諭などがコーディネーターとして窓口となり、調整してくれる学校が多い。学校によって、分掌に関係なく、実質的にカウンセリングに理解のある教員を窓口の担当者に選ぶこともある。大野（一九九七）は、教員個人の個性や興味に一致しない、校務分掌による生徒指導体

制が教育相談の専門家が育ちにくい原因であると指摘している。確かに、教員からSCを養成し、学校内の専門職種にするのなら、資質をもちSCを希望する教員を、毎年、教育相談の分掌に入れて、継続的な研修を受けさせるというようなシステムも考えても良いかもしれない。

2　スクールカウンセラーの居場所

さて、実際にSCが派遣校に入る時のようすを説明しよう。まず、初日は職員集会などで、教職員に紹介してもらい、可能であれば児童・生徒にも紹介してもらう。管理職、生徒指導担当者、養護教諭などと顔合わせをし、勤務する曜日、時間を確認し、お互いなにができるか、なにをしてほしいかなどの要望を出し合って調整する。そして、相談室をどの部屋にし、どのような物が必要になるか検討する。初めてSCを受け入れる配置校、特に小学校には相談室はなく、相談室をちゃんと整備するのに時間がかかることもあり、校長室や保健室を借りて、最終的には会議室で相談をすることも多い。また、相談がない時間は基本的には、職員室に用意された机に居ることが多い。そこで、教職員と話をしながら、先生方が自分のクラスの子どもたちの問題を話してくれるのを待ったり、教職員のなかで話題になっている児童・生徒の話のなかに入っていくことで、話をしていくこともある。この職員室の机は、相談室とともにSCの居場所になる。実際、児童・生徒や保護者とカウンセリングをした後は、相談者との信頼を損ねない範囲で担任や関係教職員と情報を共有するようにしている。

また、SC個人やその役割を理解してもらうことも大事になってくる。一番はじめは、教職員である。同じ机を並べる教職員は同僚であるし、児童・生徒や保護者へのかかわりは、教職員との連携や協力なくしては考えられない。座席表などをもらって、なるべく早く教職員の顔と名前を覚え、学校や教育の話題や雑談でお互いに話しやすい関係を作るようにしたい。また、教職員にSCを理解してもらうためには、研修などで講演や事例検討などを行い、カウンセラーの考え方ややり方を理解してもらうことが大切だろう。ただ、カウンセリングに対して反発や抵抗を示す教職員もいないわけではない。ＳＣを理解してもらうためには、ＳＣの感じていることや考えていることをニュースレターのような物で情報発信していくことも有効であるが、結局はＳＣが生徒指導や教育相談で役に立つことによって理解してもらうしかないだろう。

次に、児童・生徒に対しては、できれば実際に生徒集会などで顔を見せて話した方がいいだろう。児童・生徒はＳＣというより、どんな大人か、話をちゃんと聞いてくれるかどうかを値踏みするし、その時関心がなくても、いつか必要になった時に思い出してもらえるような印象をもってもらった方がいい。筆者は、カウンセリングについては、特別なことではないし、相談でなくても遊びに来てもいいというような話し方をする。学校やＳＣによって児童・生徒とのかかわりの度合いが違うかもしれないが、間口は広く、気軽に入れる相談室という印象をもってもらった方がいいだろう。ただし、相談したいが相談室に行きにくい児童・生徒とか真剣に相談したいという児童・生徒にも対応できるように、話を聞く時にはじっくりと聴くことや、その時には相談室の周辺で騒がないようにお願いもしておく。保護者に対しても配布物などで紹介してもらい、できれば、ＰＴＡの研修などで話をする機会をもつと理解してもらいやすい。

３　役割分担と連携

週に一回しか行かないＳＣが、どこまで深く学校にかかわるかということも学校とＳＣとの間で十分に詰めておく必要がある。それも、一般教職員、管理職双方の了解をとりつけておかなくてはならない。生徒指導のなかで積極的に校内巡視して服装指導までかかわるところまでしないにしても、たまたま喫煙現場などに出くわした場合、ＳＣが注意して担任や学年主任などに後の指導を任せるというような連携は必要であろう。校内では、教員集団の一員としての面もあるし、生徒指導の足を引っ張るべきではないと筆者は考えている。そのためには、コミックなどをＳＣの単独の判断で持参して、児童・生徒に見せるなどの勝手な行動をしてはいけない。あくまで、学校の教職員の一員であり、学校内で決められた指導の基準は守らなくてはならない。もし、その枠を外す必要があれば、教職員の了解を得ておくべきである。一致した指導は生徒指導の基本であり、児童・生徒に許容される範囲を明らかにしたうえで、個々の教職員が、共通認識をもって対応をしなくてはいけない。教員の一員でありながらＳＣの特徴を出していくことを心がけている。

連携の面からいうと、児童・生徒や保護者と会ったことやその内容を伝えるかどうかということが、問題になることがある。カウンセリングは守秘義務として相談内容に関して第三者には話をしないということになっている。一方、教職員のなかには担任はクラス全員の児童・生徒を理解し、指導できなくては力のない教師と評価されるという不安がある。そのために、担任は児童・生徒や保護者がなにを話したか知りたいと思うだろう。そのうえ、校内では児童・生徒のことについては皆で情報を共有して、教職員の共通理解と役割分担で指導の実をあげたいと考える。そうなると、カウンセラーが学校のなかにいながら得た情報を一人でかかえていることが理解できないということになるだろう。そこで、「言え」「言わない」というようなトラブルが生じることがある。

この点に関しては、基本的には、ケースバイケースであると考えている。実際には、学校内で行われるカウンセリングに関しては、相談する側もそれを承知し、意識していることが多いように思う。ただ、最低限のマナーとしては、教員に言ってほしくないことがあるかどうかの確認を来談者にしておくことが必要であろう。また、学校を一つのコミュニティとみなして情報の共有はするが、本人には伝わらないような配慮や生徒指導上の目的に限定しての情報であり、学校全体としての守秘義務があることを教職員にも確認してもらったほうがいいだろう。

第3節　スクールカウンセラーの仕事

1　コンサルテーション

児童・生徒や保護者への対応について指導・助言をすることをコンサルテーションという。指導・助言というと教員より生徒指導のことを理解しているかのように聞こえるが，かならずしもその必要はない。筆者のコンサルテーションのやりかたは基本的には，次のようなものである。すなわち，その教員の対応やその時の気持ちを聴きながら，児童・生徒，保護者などの行動の意味を一緒に考え，行動の裏に隠された心理を考えるヒントを与えることが多い。その教員の考えが極端にかたよっていればやわらかく問題を指摘することもあるが，多くは，その教員のやりかたを支持する。その教員個々の個性を大切にしたい気持ちもあるし，実際，教員が考えぬいた対応は間違っていないことも多いのである。SCとしては，それを支持し，教員が自信をもってとりくみを継続できるように元気と自信をもってほしいと思うのである。また，学年の教員や養護教諭，生徒指導の関係者との連携や理解を求めるための話し合いをもつこともあるし，関係者に集まってもらってチームとしての教員のグループにコンサルテーションをすることもある。

いろいろな立場の人に見せる子どもたちの態度が異なることもあり，児童・生徒理解の手がかりになることもあるし，役割を分担することが有効なこともある。

2　カウンセリング

カウンセリングの方法にもいろいろあるが，筆者はロジャースのクライエント中心療法の考え方をベースにしている。すなわち，児童・生徒本人や保護者に対して，その悩みを彼らの考えや気持ちを受容しながら彼らの立場になってじっくり聴き，その時のカウンセラーに起こる感情にも注意を向けながら感じたことはなんでも話せる状況のなかで，クライエントが自分の内面を見つめて，立ち直るのを待つのである。

この方法以外にも，言動の無意識的意味を指摘することを特徴とする精神分析的心理療法とか，学習理論に基づいて不適応行動の認知の修正をめざす認知行動療法などさまざまな理論や方法があるが，ＳＣは，自分の得意なものを学校現場にあわせて修正しながら用いているものと思われる。

ここで，母親など保護者が子どものことで相談に来ることは，コンサルテーションではないかという意見について考えてみる。多くの保護者（母親であることが多いが）は，子どものことで困っているのであり，その対応を相談するという意味では，確かにコンサルテーションといえるし，そう考えることも間違いではない。しかし，実際に会ってみると，不適応を起こした子どもをもつ親としての苦しみが語られるのであり，その部分に焦点づけをして話を聴いていくことになる。このように考えてみると，母親は自身の悩みを語り，カウンセラーはその話を母親の立場になって聴くのであるから，そこで行われていることはカウンセリングと呼んだほうが適切であろうと考えるのである。

学校という場にいるカウンセラーとしては，当然教職員のカウンセリングも引きうける。しかし，カウンセリングを受けるとなると他の教職員の目があり，それを気にしない，あるいはしていられない教職員もいるが，一般的には抵抗が強い。このような場合，児童・生徒の相談として相談室に来て，ついでに自身の悩みや家族，親戚について困っていることを相談される場合もある。また、本格的な治療が必要な場合は病院や他機関を紹介する。

児童・生徒とのカウンセリングを他児や教職員、保護者にも知られずに行うには工夫がいる。一つのやりかたを説明すると、児童・生徒にＳＣが配置されたことを知らせる案内文に切りとって使えるような申し込み用紙をつけておく（図１）。その用紙には、学年、クラス、名前を記入したくなければ四桁の暗証番号を書きこめるようにしておく。その上で、相談室や保健室の前とかに鍵付きで丈夫な小さな箱と掲示板を用意しておくのである。来談を知られたくない人は四桁の暗証番号を書いて箱に入れてくださいと案内しておくと、この申し込み方法で申し込む子どもたちもいる。箱のそばには予備の申し込み用紙も忘れずに下げておく。一般的にいうと、高校生たちにはこれを活用するケースが結構あるが、中学生以下の子どもたちにはそんなに多くはないようである。しかし、いろいろな子どもの受け入れ体制を考えておかなくてはならないし、一番敷居が高そうな子どもたちをイメージする必要がある。

児童・生徒の相談の内容としては、小中学生は友達関係、いじめ、親や教師への不満等が多い。高校生になると自分の性格とか神経症的な問題とか進路の問題が増えてくる。気軽に遊びにきたという感じの子から真剣な悩みをかかえた子までいるので、すばやく切り替える必要がある。

３　研　修　会

ＳＣと教職員はそれぞれの特徴を活かしながら、連携していくのは当然のことであるが、ＳＣはカウンセリングをするだけで手一杯で、配置が終わるのももったいない。教職員にカウンセリング的な生徒理解なり、生徒への対応を身につけてもらうようにすることも視野に入れておかなくてはならない。

そのためには、個々の問題児童・生徒の理解、対応をＳＣのコンサルテーションのなかで考えることが担任にとっては一番の勉強になるであろうが、その機会のない教職員にも、ＳＣの児童・生徒理解を考える機会をもつこ

一人で悩んでいませんか

友だちとうまくいかない，いじめられているように思う，他の人を信用できない，ホッとできる場所がない，体がだるい，何もする気にならない……etc.

学校生活，日常生活の中で，誰にも打ち明けられず一人で悩んでいることはありませんか。思い切って誰かに打ち明けてみようと思っても，誰に打ち明けていいのかすらわからないときはありませんか。自分一人で考えていると，どんどん悩みは大きくなってしまうものですね。

本校では，生徒の皆さんの生活に関わるいろいろな悩みごとの相談を受けてもらうために，スクールカウンセラーの先生に来校してもらっています。お父さん，お母さん，友だち，先生にも相談しにくいときや，相談してもやっぱり困っているときなど，どんどん相談してください。

相　談　日：　金曜日（お昼休み，放課後）

相 談 場 所：　相談室（図書館１階に相談室を作りました）

申し込み方法：(1)担任またはその他の先生に申し込む。
(2)相談室前にある申し込みカードに記入して，相談室の前の備え付けのポストに入れる。

相談日時の連絡：(1)その先生より伝える。
(2)相談室前の掲示板に，申し込みカードの番号で伝える。

カウンセラーの紹介：○○○○先生

注意：相談をしていないときは，自由に入室しても構いません。
相談中は廊下でも静かにしてください。

相談申し込みカード

申し込み No.				

申し込み日　　年　　月　　日

（この番号で連絡しますから覚えておいてください）

申し込み者：　　年　　組　　氏名＿＿＿＿＿＿＿＿
（書かなくても結構です）

相談内容（書いても書かなくても結構です）

注意事項
(1)このカードをポストに入れてください。
(2)希望によって何回でも面接できます。
(3)相談の秘密は守ります。
(4)相談は自分の問題でなくてもかまいません。
(5)相談に関する希望があれば，知らせてください。

この部分を切り取って，番号を忘れないために持っておいてください。

No.	

この番号があなたの相談番号です。

図１　案内と申し込みカード

とが重要になってくる。したがって、教職員全員に向けた研修が大切になるであろう。研修のやりかたとしては、講義形式や実習形式がある。広い意味で実習形式になるかと思うが、校内で問題になっている事例について担任などが経過と対応を発表し、その中身についてSCを中心に検討するという事例検討の方法が、教職員の生徒理解やカウンセリング理解には有効なようである。一人の児童・生徒の心のなかを注意深く考えることで、子どもの行動の意味や教職員の対応の影響を考えることができるし、なによりも一人ひとりの心のなかで起こっている世界を大事にするというカウンセリングにおける基本的態度を理解することができるからである。

また、教職員の自己理解のため、心理検査やロールプレイ、グループワークをすることもある。これらは、子どもたちを理解するためには、まず自分自身の性格を知る必要があるという考えに基づいている。事例研究とこれらの研修は、教職員のほうの意欲がないとできないが、SCだけに依存しない教育相談を考える時、非常に有意義な試みである。

講演の形式で話を依頼されることも多いが、最近の傾向は、児童殺傷事件や教師刺殺事件、いじめ自殺事件などの影響もあり、最近の児童・生徒の心理についての話が増えてきているように思う。現場でも子どもたちが変わってきているという実感を語る教職員が多い。その傾向はPTA関係の講演などでも要望が多く、自分の子どもにどう対応していいのか悩んでいる親たちの戸惑いを感じることがある。

４　部会、委員会

SCの校内での活動を円滑に進めるためには、最初のとりきめも大切であるが、実際的な問題を調整していくことが必要になる。それを、SCと管理職だけで決めていくところもあるかもしれないが、いろいろな委員会組織のなかにSCも入れてもらい、問題点と調整可能な接点を模索していくことは、SCをシステムになじませるうえでの大切な作業といえるだろう。学校によって名称や組織はいろいろだが，不登校・いじめ委員会，生徒指導委員会，教育相談委員会などの名称の委員会や部会に入ることもあるし，それまでの委員会を再編してSC委員会としてくれるところもあるようである。高校では，保健部会に入ることもある。いずれにしても，調整をする機関をもち，頻繁に話し合いながらシステムをスムーズに運用していかなくてはならない。

また，そのなかで見聞することは児童・生徒の実態であり，昼休みに相談室に遊びに来る明るく気さくな生徒が，クラス内で問題を起こすこともあり，いろいろな顔を知ることができる。また，盗難，喫煙，異装など校内の動向を知ることもできるし，学校全体の安定度や一年の流れなどいろいろなことが見えてくる。そして，なにかあるごとに対応に追われる教職員の負担の大変さもわかるようになるのである。

5　ニュースレター

SCの考えを広く知ってもらうために，教職員向けに，ニュースレターを作ることがある。教職員の仕事ぶりに対する感想やSCの立場からの提言などを書いて，みなの机の上に配って回ると，コミュニケーションをとりやすいので話をする機会になりやすい。また，SCのことを理解してもらうこともできるので，教職員からも近づきやすくなるようである。その時に，記事の一つとして推薦図書のような形で本の紹介を入れたりすると日頃カウンセリングや生徒指導のことを研修する機会の少ない教職員からは喜ばれることがある。

どの校種でもこのように教職員向けにニュースレターを作るが，中学，高校では，生徒も内省能力があり，直接カウンセリングに来ることも多いので，生徒向けのニュースレターを作ることもある。しかし，このニュースレターに関してはそれぞれのSCと学校の事情によって違うので，小学校でも児童向けのものを出す人もいるし，忙しくて作る暇がないということもある。

また、保健だより、学校だよりなどに保護者向けのメッセージを載せることもあるし、ＰＴＡだよりに原稿依頼されることもある。

６　アンケート

学校の生徒指導部や生徒会などが中心になって、生活意識調査やいじめに関するアンケートなどを実施することがある。アンケートには、実態を把握するという目的が考えられるが、それ以外にも、意識を高め啓蒙するという働きもある。たとえば、ノルウェーのいじめの研究家であるダン・オルウェーズ（一九九五）はいじめの防止策の一つとして、いじめに関するアンケートをすることを提唱している。また、このアンケートが教職員主導で行われるのもいいことではあるが、生徒会などが主体となって実施できれば、より大きな成果が期待できるであろう。生徒自身の意識に与える影響は大きなものがある。

このようなアンケートが学校の方で実施されている場合に、ＳＣがその項目や結果の解釈にアドバイスすることもある。また、より児童・生徒の内面的理解を促すようなアンケートの作成を依頼されることもあり、ＳＣが試作したり、既存の物を探してきたりすることもある。

７　その他

学校内でのかかわりでは限界がある場合がある。非行問題などでは、警察や児童相談所などとの連携が必要となるし、神経症、精神病レベルの児童・生徒や脳神経学的な問題が考えられる場合は医療との連携は必須のものとなる。最近は、虐待も増えている。これらの専門機関や地域の資源などとの連携をコーディネートするのもＳＣの仕事である。

また、学校という場では、いろいろなことが起きる。教室のなかで物がなくなったり、器物破損があったり、喫煙する子がいたり、けんかやいじめもある。そのうえ、登下校中に、痴漢が出たり、万引きをする子がいたり、禁止されている自転車通学をする子がいたり、登校せずに非行グループで問題行動を起こす子がいたりする。

ＳＣがこれらすべてにかかわることはできないが、生徒指導上の問題なども聞いておいて、生徒たちの現状を知っておくことも、大切である。その子たちが、相談室に来ることもあるし、学校という場のダイナミズムを把握できるからである。

そういう意味では、校内で行われる行事も、日が合えば積極的に見学させてもらうとよい。文化祭、合唱コンクールや体育大会などで普通の子どもたちの動きを見ることができるし、皆と一緒にいるなかでの、気になる子どもたちの動きを見ることもできる。

ＳＣと学校の話し合いのなかで、描画法テスト、ストレスマネジメント、グループワークなどの授業をＳＣが担当することも考えられる。ただ、ＳＣの方で十分な準備と計画をもっていなくてはならないし、教職員の十分な理解を得ておかなくてはならない。また、心理テストをしてほしいという要望に関しては、児童・生徒のプライバシーについての十分な配慮を必要とすることを忘れてはならないだろう。

第４節　スクールカウンセリングの実際

１　コンサルテーションの実際

事例の概要

中二男子一四歳、両親と父方祖父母と同居、父母とも会社員、小五の弟がいる。地方都市の住宅街に住んでいる。その生徒の在籍する中学は、SCが勤務していた中学の近隣校であり、その学校の校長先生からの依頼を受けて数回出向き、担任の先生とはほぼ半年の間に三回コンサルテーションをもつ。そのさい、生徒指導部長、学年主任、養護教諭などが同席した。

事例の経過

【＊1　中二　七月】

それまでの経過を聞く。

二年生の春頃から教室で頻繁に本人の鉛筆などがなくなる。担任がホームルームなどでとりあげるが犯人はわからず。六月、野球部の練習後頭痛を訴える。本人はボールが当たったのではない、素振りをしている時からだという。母親から担任に電話。「病院で調べると頭に傷があることがわかった、いじめによるものとしか考えられないので当分休ませる。ちゃんと犯人を探してほしい。入院させるが見舞いにも来ないでほしい」とのこと。学校に対する不信感がかなり強い状態であった。学校としては、個別に生徒に聞いたりしながら状況を把握し、誠意を持って対応しようとしている。

SCは、先生方の努力と心労をねぎらいながら、保護者の気持ちを考えると誠意をもって対応し続けるしかないという考えを支持する。先生方も今後できる誠意ある対応を確認し、それぞれの分担や連携を決めていく。

【＊2　中二　九月】

夏休み中に退院したようだ。人混みのなかに行くとまだ痛くなるし完治したわけではないらしい。母親ともあまり話をしないし、顔が引きつるようなことがある。通院しているが、精神的なものもあるかもしれないと言われ、夏休みから病院でカウンセリングを受けだした。夏休み中に、電話して学校の対応を話すと、犯人が出てこないことは仕方ないと母親も柔軟になる。家庭訪問に行き母親と話すと、本人は学校には行きたくないというので、担任が適応教室をすすめてみるが、勉強のことには見向きもしないとのこと。

ＳＣは、誠意が通じてよかったことと、子ども自身の精神的なことに関心が向きだしたので、子どものカウンセリングに期待しましょうと話す。

【＊3　中二　一二月】

一一月に入って、登校しだした。一〇月くらいから、母親とも話がよくできるようになり、本人が希望して家庭教師もつけるようになった。本人に少しずつ笑顔も増えてきた。友達とも話し、以前より明るくなった感じである。勉強にも前向きな態度を示すようになった。両親も喜んでくれて、子どものことで仕事に集中できず大変だったが、いろいろ考えることができたし、一所懸命子どもとかかわる機会がもてたという。こんなことは今までなかったと感慨深げだったようだ。

ＳＣは、先生方の地道な努力と長い目で子どもを見守った態度が良い結果を生んだと労をねぎらった。また、このようなかかわりが、子どもと家族の変容に深くかかわったことの意味を強調した。先生方も貴重な体験ができたことを喜ばれた。

以上のような経過と概略であるが、ＳＣは、基本的には、先生方の苦労や努力をしっかり聴いて受けとめ、先生方から示された考えである、誠意ある対応を支持した。

その時、ＳＣはねばり強く長い目で子どもや保護者の変化を待つという態度をとり続けて先生方を支えたのである。その支えが、先生方の負担を軽くし、自信をもって待てるという気持ちの安定をもたらしたものと思われる。また、保護者と敵対するのではなく、先生方に、母親を子どもの異常事態に動揺する一人の人間として共感できるように理解を促したり、経過のなかで起こっていることの意味を考えてみたのである。

2　カウンセリングの実際

これは、中学校で、SCが相談室で待機している時に、二年生の女子が三人で自主来談したケースである。彼女たちの話を聞いてみると、そのうちの一人Dさんがいじめられているという訴えであった。その内容は以下のようなものである。授業で人権教育の一環として皆で作文を書いた。そのなかのいくつかの作文を集めて文集のような物が作られて、皆に配られたという。Dさんは、自分も一年生の頃いじめられていたが、友達の支えで立ち直ることができたという内容の文章を書いたのだという。問題は、その文章で一年の時に彼女がいじめられたと書いたために、いじめたと書かれた生徒が、Dさんにチクられたと思ったことから派生していった。その生徒がDさんを体育館の裏に呼び出したのである。Dさんは少し怖かったが逃げるのもしゃくなので行ったという。すると、いじめたと書かれた生徒は、同じクラブの友達や仲間を連れてきて、十数人でとり囲みながら、Dさんに事の真意を問いただそうとしたらしい。生徒たちの言葉で「しぼり」をいれたというらしい。すなわち、なにがいじめだったのか説明しろと執拗に迫られたのである。まわりを大勢に囲まれているので、とても怖かったという。手出しはされなかったし、加害者側もいじめではなく、話をしているだけだというらしい。それでも、解放された時には、足が震えてしばらく歩き出せなかったとDさんは語った。

このことに対して、SCが相手の生徒を呼び出して話を聴くという考え方もあるだろうし、そうするSCもいるだろう。しかし、文部科学省の活用事業では、週八時間しかかかわれないし、筆者はそのうちの一日四時間を担当していたにすぎなかったので、まず、Dさんの恐怖感と理不尽さに対する憤りを十分聴いてあげた。そうすると、気持ちの落ち着きがみられたので、SCの立場を説明して、先生方の指導を仰ぐしかないと説明した。Dさんもわかってくれたので、担任の先生にお願いし、指導してもらうことにした。Dさんには、また、嫌なことをされるようであれば、SCのところに来るように伝え、裏で支えていくことを約束した。その後、学年主任の先生に話して対応してもらい、「しぼり」を入れた生徒が謝って、和解したようである。

このように、SCといっても、文部科学省の活用事業では、実際の勤務時間などからなにができるかということを考える必要がある。特に、いじめなどの場合、個々の生徒の性格や家庭環境、また、生徒間の人間関係等にも通じた先生方に任せて、SCはその後をチェックするという形で、被害者の訴えに応えようとしたのである。これが、週三、四日とか常勤のSCであれば、違う対応をするかもしれない。後述するアメリカのSCのように、SCが中心になって関与していくことになるであろう。

また、この事例のように、小・中学校では、児童・生徒は一回から数回で終結するケースが多いようである。問題が現実的であることもあるし、数人で気軽に来ることも多いからであろう。もちろん、児童・生徒自身の問題が重かったり、別室登校の児童・生徒などにかかわれば、長期になることもあるし、保護者であれば、不登校の問題などで長期に相談が続くことがある。

第5節　スクールカウンセラーの現状と今後の課題

1　アメリカのスクールカウンセリング

アメリカの学校制度のなかでのSCの大きな特徴は、SCが児童・生徒を対象としたカウンセリングプログラムを行う教育専門家として位置づけられていることだろう。そして、教科の教員と生徒指導の教員が分業化されていて、生徒指導に関しては、ＳＣが中心になって行うようである。

アメリカスクールカウンセラー協会の役割声明（ヤギ、一九九八）によると

アメリカスクールカウンセラー協会はすべての教育レベルに対応する包括的・発達的カウンセリングプログラムの施行を承認し、これを支援する。このプログラムはすべての児童生徒が教育的、社会的、職業的、及び個人的な長所を発達させるよう援助し、責任ある生産的な市民となるように作成されている。スクールカウンセラーはカウンセリングという介入をすると同時に、これらのプログラムの作成と組織化を援助する。

スクールカウンセリングプログラムは生徒のさまざまな発達段階に関連したニードと主題に焦点を合わせている。目標、活動、特別のサービスと、期待される成果があり、生徒がより効果的より効率的に学べるように援助するよう強調している。同時に個人の個性と人間の可能性の最大限の発達に寄与することを約束している。カウンセリングプログラムは学校の全教育プログラムに不可欠な一部分である。

カウンセリングといっても個別カウンセリングは当然であるが、五〜八人程度の小グループカウンセリングもあるし、大グループガイダンスのようなものも行われる。安部（一九九五）によると日本でいうホームルームの時間などにクラスルーム・ガイダンスとして、学習と生活に関するガイダンスをすることが職務の一つのようである。そのなかで、ドラッグ、性、暴力などの問題を考えさせるプログラムや、多文化意識を高め、異文化に対する理解を深めるようなプログラムを積極的に実施するが、基本的な考え方は、予防に力点を置き、問題行動を未然に防ぐことにあるようだ。

また、実際のカウンセリングの内容としては、離婚や家族の問題、人種・民族問題に根ざしたいじめ、暴力、児童に対する虐待、盗みや怠学などが目立っているという。不登校は自宅での学習が認められている州もあり、あまり目立たないという。

アメリカのスクールカウンセリングで、もう一つ特記すべき点は、生徒の力を信頼し、生徒を活用することである。ヤギ（一九九八）は、ピアヘルパープログラムとかコンフリクトマネジメントプログラムを説明しているが、いずれも、志願する生徒たちにカウンセリングの基礎を教えて、同じ生徒たちのカウンセリングができるようにしていくのである。そして、生徒カウンセラーたちの指導も継続的に行っていく。これは、生徒の意欲と能力を活用する効率的な教育相談態勢であろう。

また、アメリカの制度では、教師がSCになりたければ、放課後に所定のカリキュラムをもつ大学院に行って、単位を取得し、資格を得ることができるのである。このように選択の可能性をもった柔軟なシステムが、アメリカの良いところかもしれない。アメリカのシステムをすぐに日本に応用することはできないにしても、一つのモデルとして考えられると思う。

2　スクールカウンセラーの専門性

文部科学省のスクールカウンセラー活用事業に関して、日本臨床心理士会などでは、学校に派遣されるSCは「学校臨床心理士」、現場の先生で教育相談活動を行っている人を「教師カウンセラー」と呼ぶことになった。そして、学校臨床心理士には、原則として、文部科学省認定の公益財団法人である「日本臨床心理士資格認定協会」が認定する「臨床心理士」が派遣されることになった。臨床心理士とは、大学院で心理学や近接領域の学問を専攻し、所定の単位を修得して修士の学位を有する者で、筆記・面接試験を受けて資格を取得した人たちである。二〇一五年で三万名を超える有資格者がおり、教育相談機関、病院、児童相談所、家庭裁判所、私設心理相談施設等の仕事場で活動している。

文部科学省が臨床心理士を派遣することにしたのは、児童生徒の臨床心理に関して高度に専門的な知識を有する者としての水準を満たしていると考えたからと思われる。臨床心理士の有資格者は、いろいろな特徴や得意分野はあるだろうが、カウンセリングの実践を通じて、対象となる人たちの心理を理解する方法や技術をもっているといえる。そういう専門性をもった人たちが、学校のなかにいることにより、どんなメリットが生まれるのだろうか。村山（一九九八）によると以下のような声が聞かれたという。

①児童生徒・保護者への直接的援助――不登校の子どもが登校するようになったなど。
②コンサルテーションの有効性――生徒・保護者への関わり方について教師の相談にのったこと。
③専門家としての優秀なスキル――箱庭療法、家族療法、動作法、自律訓練、危機介入、グループアプローチなど、派遣されたカウンセラーが得意のスキルを発揮して問題解決に貢献したり、教師を協同セラピストとして面接にあたったりして、役立った。
④校内研修を通じて、カウンセリングの理解が深まった。
⑤事例検討会で教師のもたない視点の提供――派遣された学校のニーズに応じて、カウンセリング、教職員へのコンサルテーション、フィールドワーカー、校内研修の講師、事例研究会のスーパーヴァイザーなどの多面的な役割を果たしていることがうかがえ、現場の役に立った。

また、外部の専門家として教師側から評価された点は、以下の二点であるという。

①生徒には評価を加えない立場で相談できる人、
②教師と生徒・保護者との中間で援助・協力できるシステムとして存在していること。

（一七―一八頁）

具体的には以上のような点であるが、その基盤の一つはカウンセラーの個人を見る視点があるだろう。教師はいつも多数の子どもたちを指導し、しかもすぐに結果が要求されるために、平均や普通というあいまいな基準や今までうまくいったという経験に頼りすぎてしまうきらいがある。現場に入ってみると、それも致し方ないとも思うが、一人ひとりをじっくりと肯定的に見つめて、長い目で見守るという姿勢は教師には新鮮に映るようである。また、教師は子どもたちの問題行動の大きさとその対応にとらわれて、そのなかにある子どもたちのかすかな声を聞き逃していることがある。無意識も含めた、子どもたちの心理を読みとることは、SCの得意とするところである。SCは、子どもの気持ちを理解するために、子どもの立場になってみて、どうしてそんなことをしたくなったのかを考えてみるのである。もちろん、SCといえどもすぐに読みとれるものではないが、子どもの行動や親、教師とのやりとりのなかに少しずつ子どもの気持ちが浮き彫りになってくるのである。このようなカウンセラーの専門性が学校現場に活用できないかというのが文部科学省の意図であると思われるし、年度ごとの予算や配置校の増加を見ても肯定的にとらえられているものと思われる。

ちなみに、文部科学省はスクールカウンセラー活用調査研究委託事業の成果を踏まえて、二〇〇一（平成一三）年度からスクールカウンセラー活用事業補助として、全中学配置を目指すものである。二〇〇三（平成一五）年に出された文部科学省事業評価書によるとスクールカウンセラーは資料2（文部科学省ホームページより一部抜粋）のように評価され、位置づけられている。学校の教育相談システムの中にうまくとけ込んでいる様子がわかる。

資料２　文部科学省・スクールカウンセラー活用事業補助の概要（抜粋）

事　業　名		スクールカウンセラー活用事業補助
事業の概要		児童生徒の問題行動は依然として憂慮すべき状況にある。 こうした問題行動等の未然防止や早期発見，早期解決のためには，「心の専門家」であるスクールカウンセラーを配置することが必要であり，平成17年度までに約１万校（３学級以上の公立中学校）へ拡充し，公立中学校の全ての生徒がスクールカウンセラーに相談できる環境を整備する。
予算額及び事業開始年度		平成16年度概算要求額：4,845百万円（平成15年度予算額3,994百万円） 事業開始年度：平成13年度
有効性	達成効果の把握の仕方（検証の手順）	いままでの，調査研究を通じて，後掲のような効果が得られるとともに，こうした効果を上げていく上で次のような「専門性」，「外部性」が必要であることが確認された。 ①スクールカウンセラーは，児童生徒へのカウンセリングや教職員・保護者への専門的な助言・援助を行うことから，臨床心理に関して高度の「専門性」を有していることが必要である。 ②児童生徒等が気兼ねなく相談できるためには，学校の教員以外の者であるという「外部性」を確保することも必要である。 その成果については下記のとおりである。 ①学校全体 スクールカウンセラーの助言により，家庭，関係機関との連携の下，学校全体で生徒指導に取り組めるようになった。 ②児童生徒・保護者 スクールカウンセラーが，教員とは異なり，成績の評価などを行わない第三者的な存在であるため，児童生徒・保護者が気兼ねなくカウンセリングを受けることができた。 ③教員 スクールカウンセラーの助言を受けることにより，児童生徒と接する際の意識が変わるとともに，児童生徒の様々な悩みに関し，適切な対応をとることができるようになった。 ④外部との連携 学校が適応指導教室，警察児童相談所など学校外の機関と連携・協力を図る上でスクールカウンセラーの助言が効果的であった。 こうしたことにより，全体として，配置校では暴力行為や不登校の発生が抑制されており，量的データを見ても，平成12年度からスクールカウンセラー配置後の14年度にかけての発生状況は， ①暴力行為は全国平均15.5％減に対して配置校は19.8％減 ②不登校は全国平均2.4％減に対して配置校は4.0％減 となっている。
	得ようとする効果の達成見込みの判断根拠（判断基準）	これまでの「スクールカウンセラー活用調査研究委託事業」実施により，スクールカウンセラー配置校では暴力行為や不登校の増加が抑制されており，本事業では，スクールカウンセラーの配置が進むとともに，全国レベルで，同様の効果が得られると判断できる。

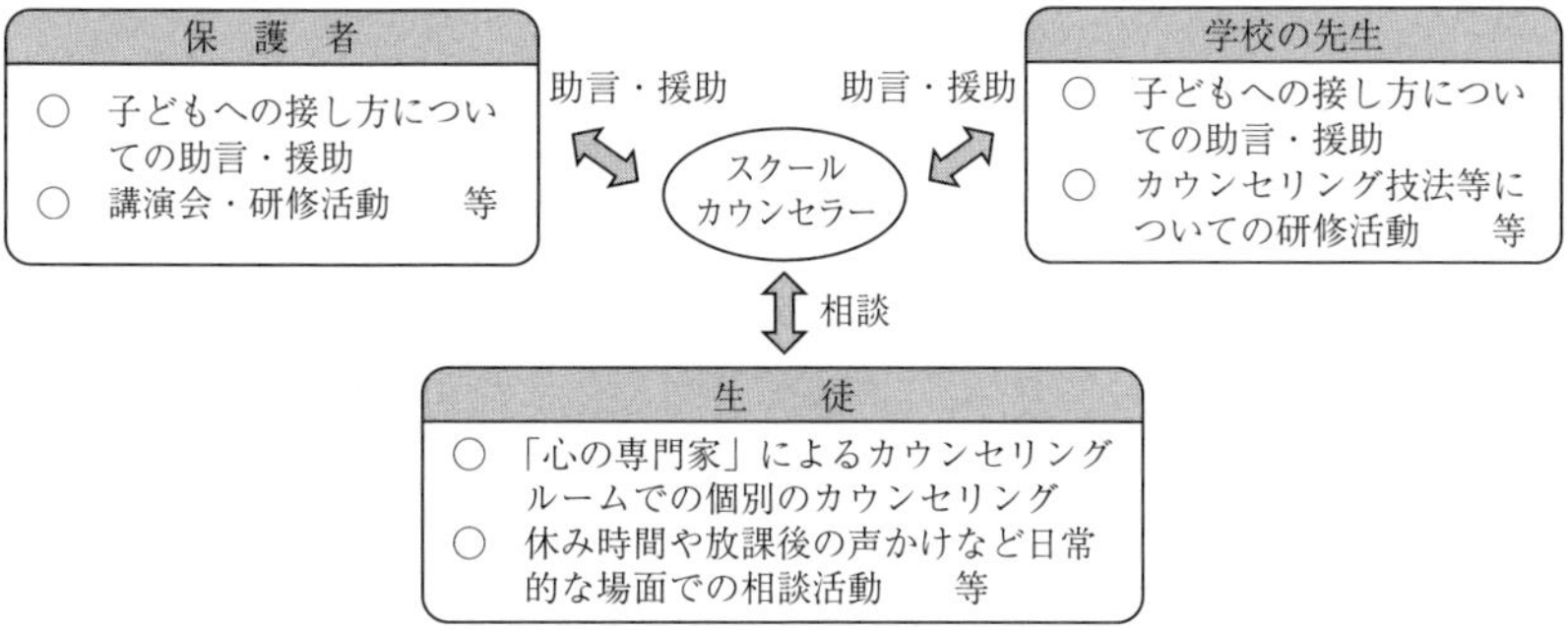
保　護　者
○　子どもへの接し方についての助言・援助
○　講演会・研修活動　　等
助言・援助
スクールカウンセラー
助言・援助
学校の先生
○　子どもへの接し方についての助言・援助
○　カウンセリング技法等についての研修活動　　等
相談
生　　徒
○　「心の専門家」によるカウンセリングルームでの個別のカウンセリング
○　休み時間や放課後の声かけなど日常的な場面での相談活動　　等

（文部科学省ホームページより一部抜粋・作成）

3　スクールカウンセリングの現状と課題

二〇〇一（平成一三）年度からのスクールカウンセラー活用事業補助では五年間で全国約一万校の中学校に配置することになった。その通りには進まなかったが、二〇一三（平成二五）年度には、配置校は中学校八五〇〇校近くにおよび、全中学校への配置が達成され、日本中の中学校にはSCが配置されたという状態になった。小学校への配置も一万校をこえ、大幅にふえている。小学生段階でのSCのかかわりは、精神的に健康な発達を促すために効率的だとも考えられる。

この二〇年の間にSCの制度は、国の補助率が二分の一から三分の一になり地方自治体の負担が増えたことにより、時間数の減少があったり、大学院修士課程の修了生が時給は低いながらもSCができる「スクールカウンセラーに準ずる者」という資格制度ができたり、いろいろな制度上の変更もあった。また、自治体教育委員会や都道府県臨床心理士会によるSCの研修会、スーパーバイザー・システムの充実により、急増してきたSCの質を担保するシステムも充実してきた。

そして、社会の変化や災害、事件などの影響もある。二〇〇五（平成一七）年、発達障害者支援法が施行され、発達障害のある児童・生徒への支援が打ち出されると、それまで以上にSCも特別支援教育へのかかわりが求められ、特に発達障害児やその傾向がある児童・生徒の理解や対応にかんする助言やかかわりをSCに求められることがふえたり、特別支援教育コーディネーターとの協同も求められるようになった。また、二〇一一（平成二三）年の東日本大震災を受けて、スクールカウンセラー緊急支援派遣制度ができ、被災地の学校に全国からSCが派遣されている。二〇一三年に制定された「いじめ防止対策推進法」では「心理、福祉等に関する専門的な知識を有する者」としていじめ防止にかかわる専門職として規定されている。いまや、SCは学校になくてはならない存在に

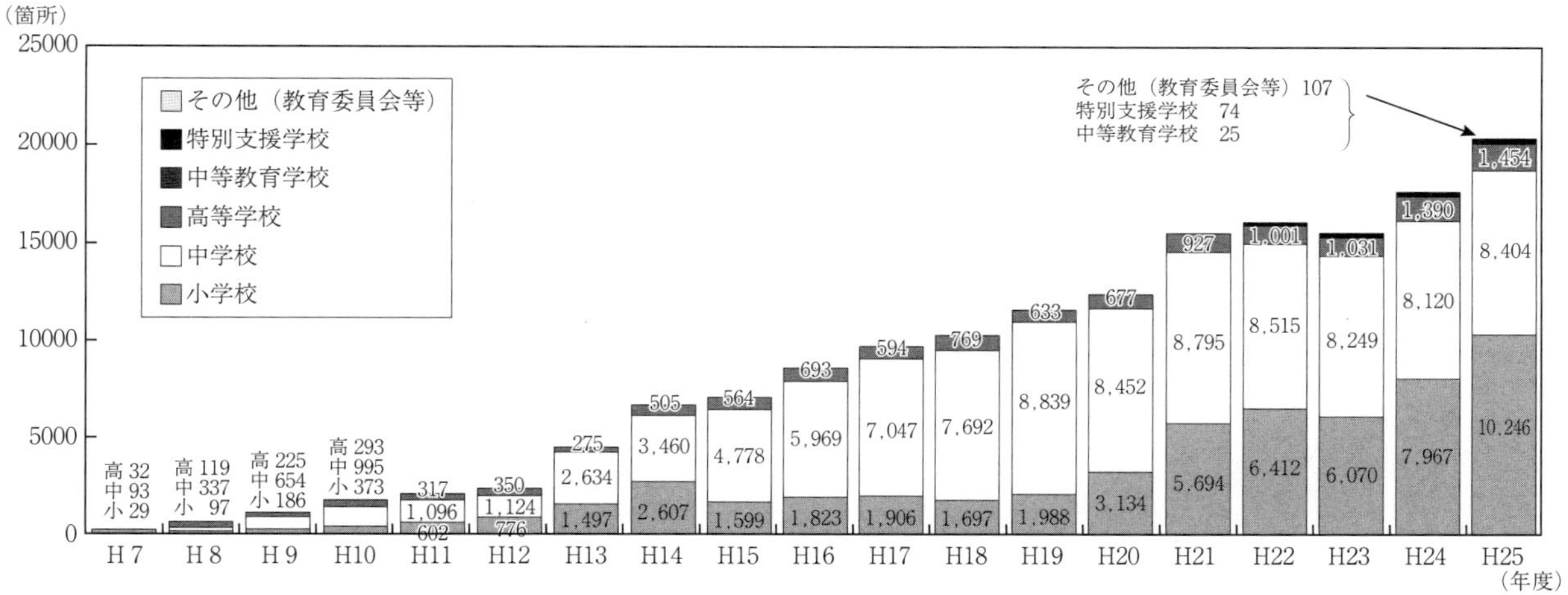

年度	H７	H８	H９	H10	H11	H12	H13	H14	H15	H16
合計	154	553	1,065	1,661	2,015	2,250	4,406	6,572	6,941	8,485
年度	H17	H18	H19	H20	H21	H22	H23	H24	H25	H26
合計	9,547	10,158	11,460	12,263	15,461	16,012	15,476	17,621	20,310	21,764

図２　スクールカウンセラーの配置状況

（平成27年３月９日初等中等教育分科会チーム学校作業部会参考資料　http://www.mext.go.jp/b_menu/shingi/chukyo/chukyo3/052/siryo/__icsFiles/afieldfile/2015/05/07/1357412_04_1.pdf（2016年６月２日閲覧））


注：H12まで調査研究事業（委託事業），H13から補助事業。

H21から，拠点校を定めず巡回して複数の学校を併せて担当する場合における巡回対象となる学校（巡回校）

必要に応じて派遣される学校（派遣校）の形態も可能としている。

H23～は緊急スクールカウンセラー等派遣事業の活用により被災３県（岩手県，宮城県，福島県）の配置を含んでいない。

H26は計画値。

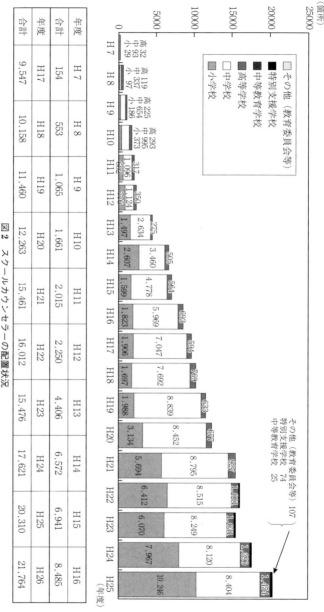

なってきている。

ただ、ＳＣの課題を考える時、文部科学省の活用事業を元にするだけでいいのかどうかを考える必要があると思う。というのは、週八時間のかかわりのなかでは、教師、児童・生徒、保護者すべてにかかわるのは無理があり、学校のニーズをみながら力点を変える必要があったからである。学校全体に深くかかわるためには、最低週二、三日全日ぐらいのかかわりが必要だろうと思う。しかし、文部科学省もＳＣの有効性を評価しており、二〇〇校で週五日体制を試みようとしたり、ＳＣによる教員の校内研修や教育プログラムの実施を推進するなど、学校でＳＣをより活用しようという方向で次々と施策をうちだしてきている。

筆者は、教育相談は生徒指導の実践論の一つと考えており、ＳＣを中心とした学校内の教育相談機能が、生徒指導全体を円滑に進めるポイントになると考えている。また、ＳＣが道徳や総合の時間などに授業に参加して教育プログラムを実施することにより、児童・生徒の自己理解、対人関係などについて考える体験をさせることは、教育相談の予防的機能を活かすことになり、学級運営、学校運営にも良い影響を与えることができるのではないだろうか。クラスの雰囲気を明るくする効果が期待できる。

最近、文部科学省は「チーム学校」という施策コンセプトをうちだしている。校長のリーダーシップの下、教職員や様々な専門スタッフがチームとして適切に役割分担し、教員は授業など子どもの指導に専念するというものである。その中で、ＳＣはスクールソーシャルワーカーとともに、専門スタッフの中心にすえられている。これからもわかるように、スクールソーシャルワーカーが配置されている学校もふえており、ＳＣとスクールソーシャルワーカーの役割分担や協働については、これからもともに活かしあう関係をうまく続けていくことが大切なことになってくる。

また、ＳＣは、当初のように、カウンセリング、コンサルテーションを中心に活動していればいい立場から、既述のように、発達障害やその教育に関すること、緊急支援のこと、いじめのことなどもより深く学んでいかなくてはならなくなっている。また、教職員と連携、協働していくためには、医療、児童相談所、警察などとの連携にお けるコーディネーターとしての役割もこなさなくてはならない。文部科学省はクラスでの教育プログラムや教員研修も期待しており、活動の幅の広がりは、今までのSCの活動が評価されてきた結果である。臨床心理士の資格を取るまでに修士課程のカリキュラムの授業を受けており、それぞれをこなせるベースはある程度はあるはずである。その上に、現場で学んでいったり、臨床心理士会、教育委員会などの主催する現任者研修で学んでいくことも必要である。そういう意味でも、臨床心理士には資格更新制度があり、常に自分で自信のないことについて学んだり、スーパーバイザーの助言を受けることで、知識と経験値をふやしながら、よりよいSCに成長できる環境は整備されており、SC個人の意識と努力により学校で役にたつSCになることができると思われる。

以上、SCの実際ということで自分の経験を中心に筆者なりに述べてきたが、SCの経験をさせていただいた学校やいろいろな体験を聞かせていただいた臨床心理士会の関係者に感謝して本章を終えることとする。

文献

安部恒久　一九九五　アメリカのスクールカウンセラー制度について　村山正治・山本和郎（編）　スクールカウンセラー　ミネルヴァ書房　九三―一〇七頁

村山正治　一九九八　臨床心理士によるスクールカウンセリング　氏原　寛・村山正治（編著）　今なぜスクールカウンセラーなのか　ミネルヴァ書房　一―二二頁

オルウェーズ、D．松井賚夫他（訳）　一九九五　いじめ：こうすれば防げる　川島書店

大野精一　一九九七　学校教育相談理論化の試み　ほんの森出版

氏原　寛・村山正治（編著）　一九九八　今なぜスクールカウンセラーなのか　ミネルヴァ書房

ヤギ、D．上林靖子（監）　一九九八　スクールカウンセリング入門　勁草書房

第5章 学校カウンセリングの効果と限界

第1節 カウンセリングという非日常性について

最初にまず、カウンセリングを受けている人（クライエントと呼ぶ）の立場にたって考えてみよう。通常、クライエントがカウンセリングを受けている時間は実際どれくらいであるかを想像してほしい。もちろん、クライエントのもつ悩みの程度やカウンセリングサポート体制などによって違うだろうが、普通は一週間で一回ないしは二回の面接で、時間に直せばせいぜい一～二時間ではないだろうか。一週間は一六八時間だから、これは一％程度に相当する。こんなふうに考えると、時間的概念からすれば、カウンセリングに費やされる時間はきわめて非日常的な状況であると考えてよいだろう。

カウンセリングはまた空間的にも非日常的であるといえる。たとえば、クライエントが中学生であったとしよう。彼らは普通、学校の教室という場のなかで朝から夕方近くまで過ごす。その後は校内でのクラブ活動や塾通い。夕食はたいがい家族と一緒に食べるとしておこう。たまには友人と遊んだりといった具合だろうか。多くの中学生の日常はこんなところであろう。そのため、この中学生のクライエントが例えば、カウンセリングルームという場で

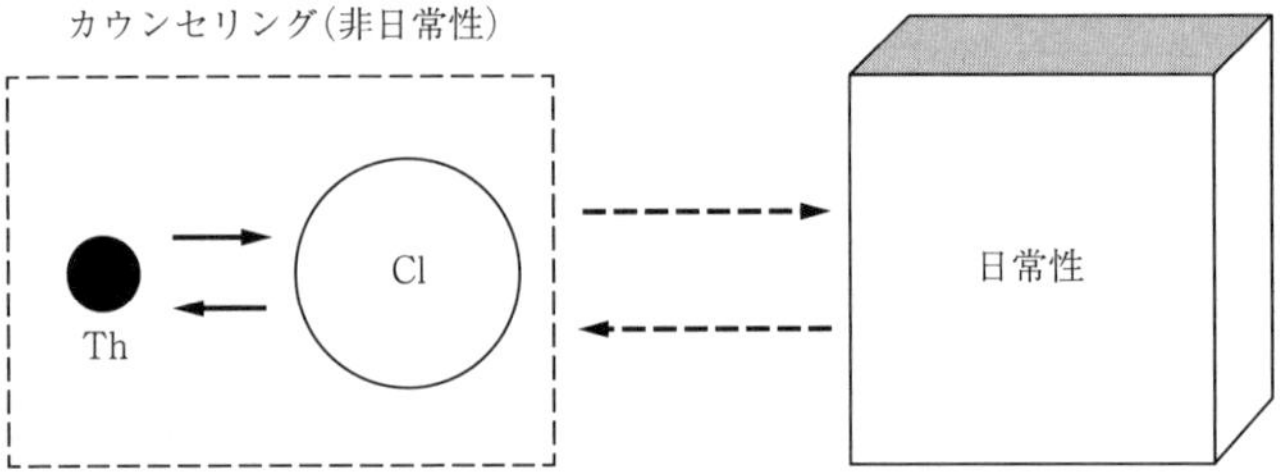

図1　カウンセリングの非日常性

カウンセラーという名のなにか見知らぬ訳知りの大人と対話することは、普段と異なって、違和感の多い、独特の色彩を帯びた空間であるといえる（図1）。

カウンセリングはクライエントとカウンセラーの共同作業の場である。クライエントはカウンセラーに言語による媒介のみならずあらゆる五感を駆使して訴えかける。クライエントが悩み、苦しみ、カウンセラーに訴えたいことは深く日常性に彩られた事象である。しかし、前述したように、カウンセリングは非日常的状況下において粛々と進められる。私がカウンセリングという場の非日常性をここで強調したのは、このカウンセリング作業と問題とすべき日常的な悩み事の対比であり、矛盾である。繰り返しになるが、クライエントが悩み、苦しむものは日常的なそれなのであり、カウンセラーは非日常的カウンセリング状況のなかでクライエントの日常的なそれを「読みとり」、解釈し、解決に導かなければならない。非日常性というフィルターを通して眺めたクライエントの姿から日常的なもの、換言すればクライエントの真の姿を認識することは容易なことではない。ちょうど、それは自然科学の実験において、ある事象の実験室内で得られた結果が実験室外で一般化されたその事象を充分に説明しきれないことに似ている。たとえば、クライエントの今ある不安はカウンセリング状況依存性なのか、あるいは悩みやストレスによって惹起されたものなのか、それとも両方なのか。カウンセラーはクライエントと対峙した時、カウンセラーはあらゆる五感を駆使して、クライエントの状況を正確に読みとらなければならない。カウンセリングにおいて最初の段階といえるこの「読みとり」という作業が非日常性というバイアスのために不充分となるならば、その後の解釈や解決法にも影響を及ぼし、カウンセリングがなんの役にも立たないものとなることは自明の理であろう。カウンセリングにおける非日常性の問題点はこのようなことにも波及されるのである。

クライエントの悩みに答えるべきカウンセリングはもともとこのような構造的欠陥をかかえているのである。カウンセラーをめざす者がこのような矛盾を見据えたうえで、クライエントにどう対処するべきかはもっとも大切なことのように思える。この矛盾を乗り越えるためにカウンセラーがなすべきことはカウンセリング理論のさらなる理解と幅広い経験に基づく真摯な努力以外にないことをここでは強調しておきたい。

第２節　カウンセリングの効果とは？

１　カウンセリングの経過

カウンセリング技法の発展や対象の拡大に伴い、カウンセリングには、多くのカウンセリングの応用ともいうべき技法が存在している。たとえば、単独あるいは少人数の治療者が多くのクライエントを扱う集団的カウンセリングや、絵画、音楽など非言語的手段を主に用いる非言語的カウンセリング、あるいはカウンセリングの目的をより心の発達という観点からとらえて遂行する教育的カウンセリングなどなどである。

基本的なカウンセリングの姿は一対一の交流の立場をとっている。カウンセリングはなんらかの悩みやストレスをもつクライエントに対してセラピスト（カウンセラー）が彼との対人交流を通じて、クライエントの心になんらかの影響を及ぼし、クライエントの悩み等が解決するように援助する技法といってよいだろう（図２）。

心理的な安定性という観点から眺めると、カウンセリング前のクライエントの状況は、悩みあるいはストレス状

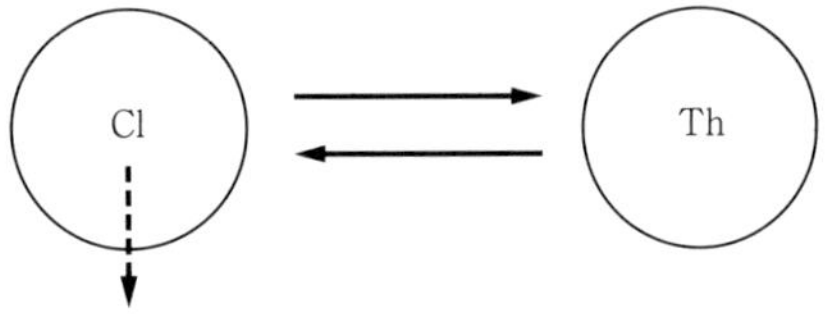

図2　カウンセリングの定義

図3　カウンセリングの経過

態にあり、問題が解決できない状態にあるはずである。この状態はある意味で心理的に安定した状態であると考えることもできる。悪しき安定である。しかし、当然ながらクライエントは良き安定を希求している。悪しき安定から良き安定に単純に移行できれば話は簡単であるが、実際にはそんなことはまずありえない。カウンセリング過程においてクライエントは心理的に不安定状態にまず移行した後に、目的となる良き安定状態を経るのが常なのである。それはちょうど、安定したAという物質と安定したBという物質が化学反応を起こし安定したCという物質に変化する時、かならず不安定な均衡状態を通るという物理化学の法理に似ているといってよいだろう。したがって、カウンセリングの過程は二段階からなり、第一段階は現状の破壊であり、第二段階は安定化なのである（図3）。

　最終的なカウンセリングの効果は安定化した状況に対する判断による。カウンセリングの結果、クライエントにもたらされる効果には二種類ある。一つはクライエントに利益をもたらすような陽性の効果であり、もう一つは、逆に不利益を生じさせる陰性の効果である。むろん、カウンセリングは前者を目的として行われるはずなのであるが、現実的には陰性の効果をもたらす可能性は意外なほど多いものである。なぜなら、安定化したものがクライエントにとって真に良きものか否かの判断は実際のところ困難なことが多いからである。良好な効果を得るためには、クライエントにとって良き状態、問題のない状態とはなにかという理解とそのための方向づけという道案内が必要となることはいうまでもないだろう。また、現状の破壊という最初の段階のカウンセリング効果は最終的なカウンセリング効果までの単なる通過儀礼ではない。破壊の状況は最終効果に影響を及ぼす。極端なまでの破壊状況は安定という場へ変化することを拒み続け、破壊の状況のままとなりうる危険性を常に孕《はら》んでいる。よしんば、安定化しても、それはいびつな形態となりうる。よいカウンセリングの効果を得るためには破壊に対する適切な対処が欠かせないのである。

2　カウンセリングの効果の要因

では、カウンセリングあるいは心理療法の効果はどのような要因によって発揮されるのだろうか？　先述したようにカウンセリングあるいは心理療法のモデルないし、技法の数は多く、現在二〇〇以上に上るのではないかと推定されている。一般的に、各々の心理療法モデルは、そのモデルの有用性を訴えるために他のモデルとの相違を強調しがちなのだが、丹念にみると各々の心理療法には驚くほど共通する点が多いことに気付く。その共通項を考慮しながら、ほとんどすべての心理療法、カウンセリングをまとめて、その効果の要因を分析した報告があるので、ここで紹介しておこう。

その報告によると、カウンセリング（心理療法）の効果に最も寄与する要因は治療外要因と呼ばれるもので、四〇％。次に高いものが治療関係要因で三〇％。そして、モデルや技法の要因が一五％。さらに、期待、希望、プラシーボ効果が一五％であったという。ここでいう治療外要因とは、クライエントがカウンセリング以外の時間、すなわち日常生活の中で生じる出来事、たとえば、それは、懐かしい友人との出会いといったようなものかもしれないが、そのような出来事によってクライエントに変化が生じること、つまり、その出来事に対してクライエント自らがもつ力によって変化し改善していくことをいうのである。先に筆者はカウンセリングの非日常性について言及したが、このことは、カウンセラーにとって、クライエントの日常に生じるさまざまな出来事に目を配り、その変化に対して促進的な援助を与えることが極めて重要な仕事であることを再確認させるものであるといえるだろう。

治療関係要因とはまさにクライエントとセラピストの間に良い治療関係性を結ぶことに依存している。この研究では、クライエントの動機付けの水準に合わせること、治療目標に対するクライエントの考えに合わせること、そして、ロジャースのいう共感、尊敬、純粋性といったものがここでは重要な要素として取り上げられている。また、希望や期待についての要因とは、クライエントは治療の場に、よくなりたいという希望や期待を抱いている。そのことを治療促進的に利用するためには、セラピストはクライエントのよい未来を提供し、信じさせることに努力を払わなければならないのである。なお、モデルや技法の要因は、正に個々のモデルや技法に関する問題であるので、ここでは言及しないことにする。

以上のようなカウンセリングの効果の要因の分析から、何々技法に習熟することではなく、クライエントの考え、希望あるいは感情に沿って展開していくというパーソンセンタードアプローチの大切さが改めて認識されたといえるだろう。

第3節　カウンセリングに影響を及ぼす要因

基本的なカウンセリング状況をここではセラピスト（Th）とクライエント（Cl）の間という一対一の関係で考えてみよう。この場合、カウンセリング状況を形成するものは治療者としてのTh、相談者としてのCl、そしてThとClの間に介在する場（ここではカウンセリング空間と呼ぶ）の三つである。カウンセリング空間は簡単にいえばその場の雰囲気といったものではあるが、実は奥が深く、物理的な空間、心理的空間、社会的空間の三層構造となっている。

この点については後に説明するが，ここではカウンセリング状況がTh，Clおよびカウンセリング空間の三つの要因から形成されていることを強調しておこう。この三要因がカウンセリングの効果あるいは逆に限界を規定するものと考えてよい。では一体どのようなことで，規定されるのであろうか，ここで順に述べていくことにする。

1　セラピストの要因

簡略化していえば，Thがなすべき仕事は相談者であるClの悩みや心配事といった訴えに耳を傾け，問題の所在を明らかとしたうえで，適切な解決方法を直接的なやり方か間接的なやり方かという手段は別にして，なんらかの形でClに表明することにある。

Thの役割は船乗りの仕事に似ているように思える。だとすると，Clは波に浮かぶ船である。船乗りが乗り込む船は何万トン級の客船の場合もあるだろうし，わずか数人が定員である小さな船の時もあるだろう。また，老朽化し今にも壊れそうな船，逆に最新鋭の機器を完備した船など，乗り込む船はさまざまである。経験豊かなThはこの仕事を続けている限り，Clという名の船舶に数多く乗り込むことになる。船はなにかを運搬することが仕事である。この船には人生の悩みという名の荷物がぎっしりと詰まっている。多種多様の荷物を運びつつ，大海原に出帆する。航海することが使命なのである，どんな船でも。

この船に乗り込む船乗りの第一の役割はなんであろうか？

前述したThのなすべき仕事の文脈でいうならば，この船をスムーズに目的地に運ぶことが使命となるはずである。しかし，ここでは乗組員全員の安全性の確保をあえて第一の役割として挙げてみたい。なぜなら，乗組員の安全確保は船を目的地まで運ぶという使命遂行のための重要な前提条件であるからである。案内人のいない船は存在しないし，傷つき，本来の働きを失った船乗りの案内では船を目的地まで航海することはむずかしくなる。この船員の安全は母港を出発した時点から始まり寄港するまでの間、確保され続けなければならない、すなわち、カウンセリングが継続している限りThは、自己の心の安定に目を配り、動揺を最小限に抑える努力をしなければならない。なぜなら、そのことは結局、船を安全に正しく走行させることにつながるからである。

乗組員全員の安全性は航海中の、たとえば、嵐やしけなど海の猛威の度合いや、それに対応する船の機能の良否によって脅かされる。このことは、カウンセリングにおいてClをとりまくストレスフルな環境やそれに呼応して示されるClの不安や抑うつといったさまざまな心理的症状（この症状の解決を求めて、一般的にカウンセリングを受けにくるのだが）が、実はThへの脅威となり、時として、それに巻き込まれたり、あるいは巻き込まれざるをえなくなることがしばしば経験されることのアナロジーといえるだろう。

このようなThの混乱はカウンセリングを継続する限り、大なり小なり生じるものである。いや、常に生じるといった方が正確であろう。この事態は、Thの側からみたカウンセリング効果の良否に大きな影響を及ぼすことは明らかであろう。換言すれば、Thに要求される第一の能力はこのようなClの脅威から自己の安全を確保するための能力なのである。

ここでいうThの安全の確保とは混乱を回避することではなく、混乱が生じた時に自己を失わないようにすることを意味している。人は生きている限り、常に刺激を受ける。その結果、自己の在り所は絶え間なく変化し、常に同じ位置に固定されることはない。このことは生きる自然の摂理といっても過言ではない。自己を失わない能力とは自己の所在確認が常に可能であることにほかならない。羅針盤は船の位置確認のための道具であり、ひいては乗組員の所在確認の手段である。羅針盤の機能に障害が生じれば、大海に漂うTh自身、そして船（Cl）がどこにいるのか、そしてどこにあるべきかという命題は永遠に解くことができない。この自己の在り所を確認する羅針盤機能がThに要求される能力であることをここではまず強調しておきたい（図4）。

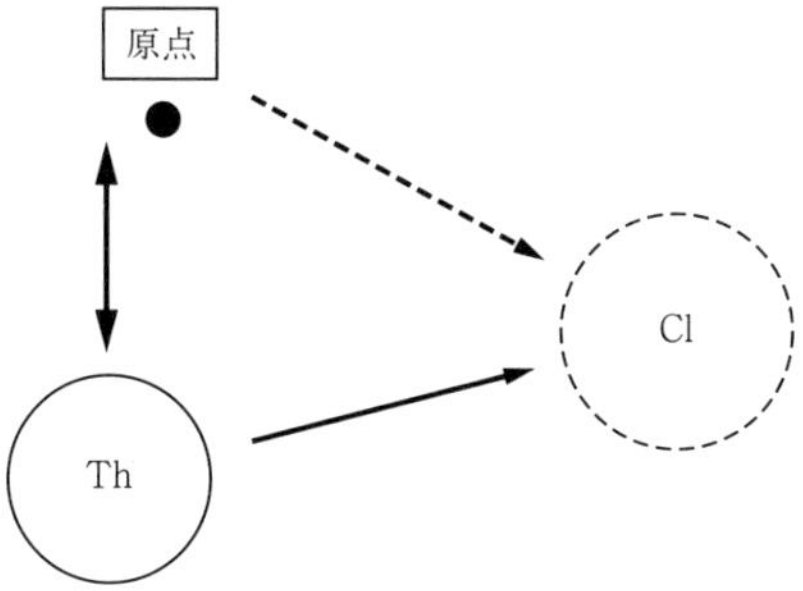

図４　カウンセラーの羅針盤機能

Thの羅針盤機能が充分に働き、位置が正しく確認できることは優れたカウンセリング効果を生み出すためのTh側の前提条件であるといえるが、実際のカウンセリング場面において、Thに要求されるもっとも重要な能力は「読みと返し」の能力である。「読み」の能力とはClが示すさまざまな訴えに聞き入るなかで、その背景にあるClの欲求、葛藤を感じとることである。「返し」とは、その感じとったことをTh自身のなかで消化し、ちょうどよいタイミングの時期に、程良いレベルでClに戻すことができる能力を意味する。暴風雨にさらされた船とそれに同乗した船乗りの暗喩でいえば、船と運命を共にし、この悪天候の厳しさを体験し、船の傷み具合や故障箇所を点検したり、積み荷の破損状況を調査することが「読み」に、その故障箇所を適切に修理することが「返し」にそれぞれ該当するといえるだろう。これらのことも船乗りたるThの重要な役割であるはずである。船の破損や動作不良が激しかったり、修理が不適切であれば、目的地の変更を余儀なくされる事態に至る場合もありうるであろう。Thの「読み返し」の能力の欠如はカウンセリング遂行にあたって、本来の目標と異なり、Clを誤った方向に導いてしまうような重大な過誤を生じさせる危険性をはらんでいることはいうまでもないことであろう。

２　クライエントの要因

カウンセリングは他の心理療法に比べてイメージが良好のためか、他に比較して敷居は低く、相談に訪れやすいようである。その結果、カウンセリングを受けに訪れる人びとは実に多様である。なかには、カウンセリングに不適当と考えられる人びとも正直にいって含まれることがしばしば経験される。ここでは、カウンセリングに影響を及ぼすCl側の要因について、カウンセリングに訪れる人びとがカウンセリングに適した状況であるか否かについて論じることで考えてみたい。

カウンセリング相談に訪れる人びとの多くはなんらかの危機的状況にあり、悩みやストレスをかかえている。ただ、これら自体で来談することはなく、この結果として、不安や抑うつといった症状や問題行動があることが、カウンセリングの直接の動因となる。Clは常になんらかの精神的症状をかかえるか、あるいは問題行動を示しているのである。カウンセリング適応の是非は症状や問題行動の特性や成り立ちによって決定される。

幻聴体験や妄想症状を訴えたりする相談者も決して稀なこととはいえない。前者は現実には存在しない幻の声を聴くという体験で、多くは自己を非難したり、自己の命令を与えるといった内容であることが多い。後者は理屈に合わない、不合理な考えであり、妄想内容は「近所の人が私の悪口を言う」といった被害的なことが通例である。これらの症状は、一般的に統合失調症と呼ばれる精神障害に特徴的なものとされている。くわしくは成書に譲るが、このような疾病をもつ人はカウンセリングの適応とはならない。また、著しい興奮状態にある人、パニック発作（動悸、呼吸困難などが発作的に生じる状態）が頻回に生じるような人、希死念慮があり、自殺企図のある人、まったく無言状態で、反応が乏しい人などもカウンセリングの適応とはいえない。なぜなら、これらの症状や問題行動を呈する人たちの背後にはなんらかの精神的疾病が隠されている確率が高いと考えられるからである。基本的に精神的疾病が認められる場合はカウンセリングの適応ではないと考えた方が良い。疾病であるか否かの判断はThの役割ではない。しかし、残念なことに、一部のベテランのThのなかには、これを踏み越える人が存在するのも事実である。ThがClの見立てを行うことは必要なことではあるが、それは診断することではない。過大な役割感情は厳に慎

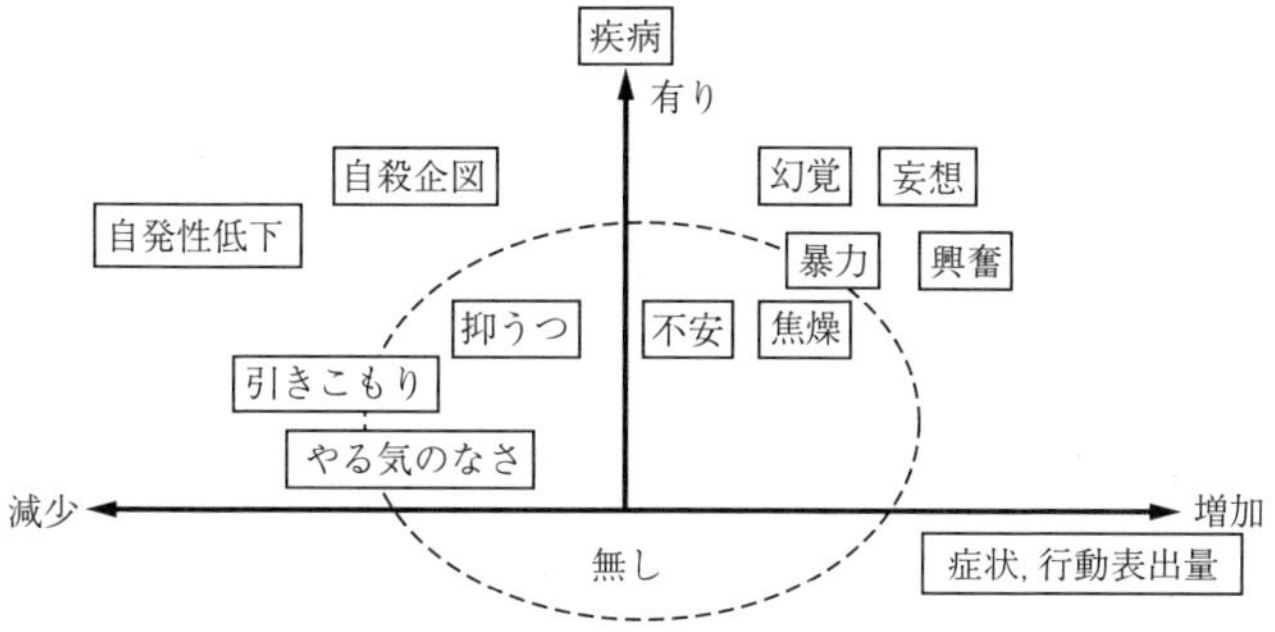

図5　カウンセリングの適応範囲

まなければならないことを付記しておきたい。

不安や抑うつといった症状はもっともポピュラーな症状である。C1のすべてにこれらの症状が大なり小なり存在するといっても過言ではない。しかし、このような症状においても、慎重であらねばならない。これらの背後にも、やはり疾病が潜んでいる場合もあるからである。病的な不安（抑うつ）と正常な不安（抑うつ）の区別は重要であろう。不安や抑うつなども症状の成り立ちの違いによって、カウンセリング適応の有無が決定されるのである（図5）。

また、学校現場で問題となっている不登校はその児童・生徒の症状というよりは、その子どもの行動の結果を表現しているが、不登校児のなかにも疾病が隠されていることを忘れてはならない。

さらに、相談者の示した症状が仮に、精神的疾患でないとしても、その症状や行動が激しく、混乱した状態であれば、今すぐのカウンセリング適応とはやはりならないことを最後に指摘しておきたい。

図5にカウンセリングの適応範囲と症状や問題行動の関連について示した。ここでは、症状や問題行動は医学的（精神的）疾病の有無という軸と症状や問題行動の表出量の多寡《たか》によって分類される軸によっておのおのの症状や行動は位置づけられる。これによれば、カウンセリングの適応範囲は精神的疾病のない比較的軽い病態や神経症レベルの人が該当することになる。

3　カウンセリング空間の要因

仮に、Thが充分なトレーニングを積み、優れた技術を修得していた者であり、そして、相手となるClもカウンセリングの適応となるようなレベルの悩み事、ストレス状況や症状を示したり、あるいは軽い神経症レベルの人であったとしよう。しかし、それでもなお、カウンセリングの良否を左右する要因が存在する。それが、ThとClのあいだに生じるカウンセリング空間の要因である。カウンセリング空間というThとClによって作り出されるその場の雰囲気はさまざまなレベルからの制約を受ける。それは、先に述べたように物理的空間、心理的空間、社会的レベルからの制約と考えられる。

物理的空間とは、目で見ることができる、実際に感じることができるような空間であり、具体的にはカウンセリングルームのような場を意味している。カウンセリングルームは閉塞感を感じるほど狭くもなく、身の置き所に困るほど広くもない空間がちょうど良い。そして、騒音のない静かな場所。耳障りでなければＢＧＭもよいだろう。小綺麗に片づけられたテーブル。椅子もリラックスできるよう親切な構造のもの。対峙するThも嫌みのないさっぱりとした服装で穏やかな笑顔を示してくれる。また、カウンセリングルームに入室したClは不安でいっぱいだろうから、視線をまともに合わせるという強い緊張をしいることのないように、ThはClと真正面に座るのではなく、やや斜めに座るように配慮されている。視線休めのその場所にはセンスのよい絵がさりげなく飾ってある。そのような物理的空間はカウンセリングを促進することができる。Clが現在いる場はClにとって充分に配慮された環境であることが望ましい。

カウンセリングに及ぼす心理的空間の良否はThとClの心の交流の様式に依存している。ロジャースはThのあるべき心の姿として重要なものの一つに、共感的理解を挙げている。共感という概念はClの心の姿をThがあたかもその人のように感じ、考え、見るといった感情体験の共有性を意味し、同時にClの言動を別の視点から冷静に振り返ることができるような客観性も帯びなければならないが、実際には、この体験の共有性はThとClの心的交流を糸口にして、徐々に熟成される。したがって、Thに課せられたこの共感性の問題はカウンセリングの心理的空間でのThとClのやりとりの問題でもあると考えることができる。

ThとClの関係は基本的に人と人とのつきあい方と同じである。相手との相性が良ければ、うちとけることができ、自分の内面をさらけ出すことができるが、逆に、相性が悪ければ、あまり多くは語ろうとしないのは当然のなりゆきである。また、初対面の時は、人はみな緊張し、自分の内面的なことをただちに安心して語るということはしないものである。相性の良し悪しは会話での長い沈黙、肝心な話題に関して話を逸らすこと、あるいは決められたカウンセリング時間に遅れたり、キャンセルすることなどで推し量ることができる。

相性はこれまでに経験した人間関係のなかで形成される。ある人と出会い、その人との人間関係が成立した時、満足感が得られれば、相手には良いイメージが与えられる。逆に、脅威や不満が残れば、悪いイメージとなる。このような経験のなかで、人は特定の人を好む、良く思うといった相性が形成される。ThとClはカウンセリング過程を通して、相性の良否を無意識のうちにお互いに確認しているのである。繰り返しになるが、互いの相性が悪ければ、充分なカウンセリング作業が行えないことをもう一度強調しておきたい。

カウンセリング空間の社会的側面は、たとえば、以下のようなことで示される。

学校におけるカウンセリングでもっとも頻度の多いケースは不登校である。通常は学校から依頼されたThが不登校の生徒Clと面接することが多いだろう。カウンセリングの目的を単純にいえば、不登校生徒の登校再開である。もちろん、これには多くの異論があることは百も承知である。しかし、学校側や親側にある素朴な願いに登校再開があることは決して否定できない。このような無形の社会的圧力や制約はThにとって大きな足かせとなり、適切なカウンセリングの妨げとなることは間違いないことであろう。また、Clも、同時に登校再開という社会的圧力を、カウンセリングを受ける行為そのものによって、そして、カウンセリングの雰囲気のなかで敏感に嗅ぎとり、結果として、カウンセリングの進行が妨げられることになる。

学校という場あるいは他の社会から受ける有形無形のカウンセリングへの圧力は意外なほど多いものである。それぞれに、社会的存在であるThとClにとって、ある意味では、そのことはやむをえない側面でもあるといえるかもしれない。

第４節　上手なカウンセリングとは

この節では、前節で述べたカウンセリングに影響を与える要因をとりあげながら、適切なカウンセリングの条件を探ってみたい。

１　自己を理解するということ──カウンセラーとしての準備

優れたThであることの要件として、一般には穏やかな人柄で、客観的かつ中立的な態度であることを求められることが多い。極論すれば、Thは理想的なパーソナリティであることを求められる傾向にある。しかし、現実にはこのような理想的なパーソナリティをもつThはきわめて少数である（むしろ、これは価値概念に基づいた理想的パーソナリティ論であり、希求目標であって、実存しえないと考えた方がよい）。Thの圧倒的多数はおのおの欠点を多少なりとももった個性的なパーソナリティである。この現実を踏まえ、さらに前述した船と船乗りの暗喩で述べるならば、優れた羅針盤機能をもったThであるならば、厳しいThであっても良いし、怒るThが幅をきかせても差し支えない。羅

表1　問題のカウンセラー

1. いばる，横柄な，権威的であろうとする傾向
2. 受け身的，追従的傾向
3. 超然として，関係をつくるのを避ける傾向
4. 抑圧，抑制された衝動の満足にクライエントを利用する傾向
5. 衝動的満足に対する耐久力のなさ
6. クライエントに対する様々な破壊的傾向

（Wolberg，1988より抜粋）

表2　カウンセラーが準備すべきもの

1. 教育的準備
   心理療法の技法，行動科学，集団精神療法，精神医学，心理発達，文化とパーソナリティ，心理テスト，臨床セミナー
2. パーソナリティ上の準備
   感受性，客観性，柔軟性，共感
3. 実践上の準備
   スーパービジョン

針盤機能はパーソナリティの問題点を補ってくれる頼もしい武器なのである。要は、自身のパーソナリティを正しく理解できているか否かが上手なカウンセリングを遂行するうえでの決め手となる。Thにスーパービジョンや教育分析が必須とされている理由はここに論拠を置いていると考えて良いだろう。ただ、個性的なパーソナリティを容認したとしても、それは程度問題である。Thが極端に偏ったパーソナリティ構造をもっている場合や厳しい情緒的問題をかかえている場合はThとしての資質があるかどうかは考えなければならない。表1に、ウォルバーグ（Wolberg, L. R.）が示した心理療法家として必要なパーソナリティ上の準備のうち、避けなければならない重篤な情緒上の問題点、また、表2にカウンセラーとして準備すべきものを示したので、参考にしてほしい。

さらに、暗喩の続きとしていえば、Clの暴風雨体験を同一の体験としてThが感じとること（正確にいえば、ThとClは明らかに別個な存在であるから、「あたかも」同一の体験といった方がより適切であるが）をいかにうまく行えるかが、上手下手の分水嶺となる。かけだしのThはその体験を共有したいがために、Clを質問責めにする傾向がある。これはClの体験野を感じとろうとする行為ではなく、Thの体験野にClを引きずり込もうとする行動である。これは「読み」の能力とはいえない。また、かけだしのThはマニュアル本に頼りがちである。マニュアル本は常識論であり、一般論である。ここにはすべての対処法が懇切ていねいに記載されているわけではない。きわめて個人的色彩の濃いことがカウンセリングの特徴なのである

から、この場合は、「読み」とるべきClの体験野が生気のない人工的なものになってしまう危険性を常にはらんでいることに注意すべきである。なんの気負いもなく、丹念に、Clの訴えに聴き入ることこそがThのなすべき「読み」の行為であり、カウンセリングの王道であると考えられる。

「読み」だされた体験をThが消化し、それを「返す」ことを具体的にいえば、Clに助言、説明や解釈を与える行為として表現される。この行為も一見簡単のように思えるが、かけだしのThにとってそれをいつ与えるのか、どの程度述べるのか迷うことが多い。誤ったことを言うのではないかという恐れや自信のなさなどが原因である。「返す」時期は、Clとの「間」の問題である。一つの話題の終了時点、その合間に述べると間違いはない。

また、「返す」事柄はその内容によってClに与える刺激の強さは異なるから、Clの心の安定度を計って投げかけると良いだろう。解釈といった強い刺激は、Clの心が安定している時期、心の容量が大きい時に投げかけることが適切である。

また、可能な限り、相手のすべての価値観を受け入れることはカウンセリング成功の鍵となる。たとえば、不登校事例におけるThとClの価値観の相違に基づく交流はカウンセリング継続そのものを台無しにする恐れがある。Thは己の価値観とClの価値観を統合できるような価値観を新たに設定することでその継続を保つことが要求される。

2　依頼するということ——学校カウンセリングにおける他との緩やかな連携（図6）

学校という場における不登校のケースを例にとるならば、Thにとってさまざまな機関との連携は欠かせない。不登校はCl個人のレベルでは解決できないケースも少なからず存在する。家族の病理、学校の病理と複雑に絡み合っていることが多い。そのため、他の機関との連携は必要なのである。

不登校にあるCl個人の要因に関する連携はClが示す不登校状態に精神的疾病が関与しているかどうかに関する事

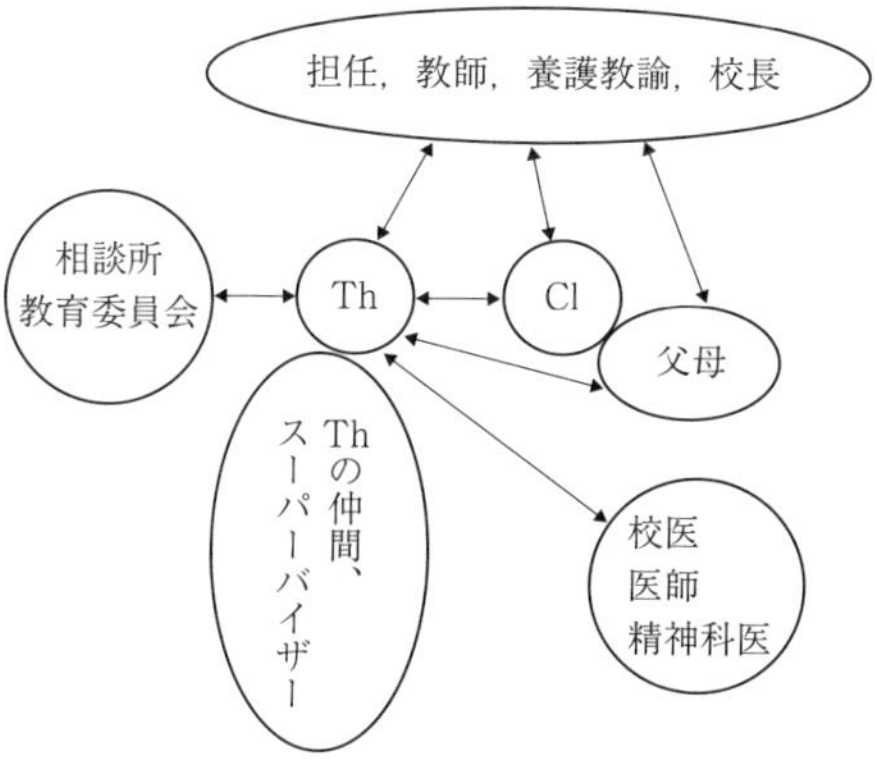

図６　学校カウンセリングの連携システム

柄である。この判断は、精神科医あるいは不登校問題に造詣の深い専門の医師に依頼するべきである。つまり、なんらかの形で、医療機関との連携をはかっておく必要がある。学校には校医と呼ばれる非常勤の医師がいる。彼らは不登校の専門家とはいえないかもしれないが、少なくともそれを専門にする医師を紹介することは可能である。同じ職業同士の結びつきは意外なほど深いものである。

　不登校が文字どおり、学校という場の病理であるとすれば、学校システムとの連携は欠かせない。ここで想定されるThはカウンセリング経験のある教師であったり、またいわゆるスクールカウンセラーであるが、いずれにしても、当該学校との間で、互いに尊重し、理解し合える和やかな連携を構築することはぜひ必要なことであろう。

　また、Clの親との連携関係も忘れてはならない。Clの不登校現象が親との葛藤に基づく場合や、そうでなくても不登校状態を継続するような強化因子が潜んでいることが多い。親との連携を進めるなかで、親の志向性やClとのかかわり方を理解することは、カウンセリングを遂行するにあたって、有益な情報となりうるはずである。また、場合によってはカウンセリングに親も参加してもらう必要性が生じた場合、抵抗の比較的少ない素地を作ってくれることにもなるだろう。

　個々のThにはそれぞれ、能力の限界がある。ましてや、かけだしのTh

であれば、なおさらであろう。またベテランのThでも、専門分化し、そのケースを得意としない人もいる。そのため、困難なケースなどの場合、他のThへ相談することやスーパーバイズを受けることが必要となるだろう。また、このケースを他のThや不登校専門の相談所、センターにまかせることになるかもしれない。しかし、他にまかせることを恐れてはいけない。このような人的結びつきや組織との連携をうまく結ぶことは必要なことなのだから。

理想的な連携が結べるかどうかは別にして、今ある社会的資源を生かしつつ、可能な限りClのために心配りをすることはThの力量を測る良い試金石になるはずである。

文献

國分康孝　一九七九　カウンセリング技法　誠信書房
ミラー、S. D.ら　曽我昌祺（監訳）　二〇〇〇　心理療法・その基礎なるもの　金剛出版
オグデン、T. H.　和田秀樹（訳）　一九九六　「あいだ」の空間：精神分析の第三主体　新評論
竹川郁雄　一九九三　いじめと不登校の社会学：集団状況と同一化意識　法律文化社
氏原　寛・谷口正己・東山弘子（編）　一九九一　学校カウンセリング　ミネルヴァ書房
Wolberg, L. R. 1988 *The Technique of Psychotherapy*. (4th. Ed.) Grune & Stratton.

III

学校不適応の理論と実際

第6章　不登校

我が国における近代学校制度としての学制が明治五（一八七二）年に制定されて以来、国民が子弟に学校教育を受けさせようという熱意は徐々に高まってきたが、特に第二次世界大戦後の新憲法第二六条において親はわが子に普通教育を受けさせる義務があると明記されたことにより、国民の学校教育に対する期待が一層高まったといえる。そして義務教育だけでなく高校さらに大学への進学者も増加してきた。

一方このような状況と並行するようにして、何らかの理由で学校生活を嫌がるようになったり、そのために登校できなくなる児童・生徒の出現が注目されるようになってきた。

本章では、この半世紀以上にわたって学校不適応の代表的な問題であり、学校カウンセリングの主要な対象である不登校について論じる。

第1節　不登校という名称（概念）の変遷

一般に何らかの心理的な原因のために登校できなくなる状態については、欧米において二〇世紀になってからしばしば症例報告がなされてきたが、特に注目されるようになったのは、一九四〇年代中ごろに精神科医によってローゼ）として報告されてからといえる。

したがって、我が国で学校に行けなくなる子どもが注目され始めた一九五〇年代から一九六〇年代にかけては、この学校恐怖症という名称が使われていた。

その後、学校に行けなくなっている子どもは、必ずしも学校場面に対して恐怖心を抱いているのではなく、何らかの原因による情緒的混乱が登校を困難にさせていると見なされるようになり、このような場合を「神経症的登校拒否」もしくは単に「登校拒否」と呼んで、さまざまな理由で学校に行けなくなっている子どもたちのなかで最も注目される存在として取り扱われるようになった。

さらに一九九〇年代になると、それ以前から登校拒否について原因や状態（症状）などについて検討が重ねられてきたためであるといえるが、いわゆる神経症的な問題を抱える子どもだけでなく、交友関係、非行、無気力、怠学、進路変更希望（進学した学校への不適応や就職希望）などさまざまな理由によって登校しなくなったり、できなくなったりしている子どもたち全体に目を向けることの重要性が認識されるようになり、経済的な理由や病気・怪我の治療のために一定期間学校を休まざるを得ない場合を除いて、文部科学省の規定（毎年の全国統計）では年間五〇日間（一九九一年度から三〇日間に変更）以上欠席している場合を一般に「不登校」というようになっている。因みに、その欠席日数は連続した欠席の場合もあれば、飛び飛びの欠席の場合もある。この統計によればここ二〇年以上にわたり全国の小・中学生の不登校児童・生徒は一〇万人以上にのぼっており、二〇一七年度には一四万人を超えている（文部科学省、二〇一八）。

それゆえ不登校問題は、我が国における教育問題のみならず社会的問題として長年にわたってクローズアップされていることは周知のとおりである。

第2節　不登校とは

文部科学省（「児童生徒の問題行動等生徒指導上の諸問題に関する調査―用語の解説」）によれば、不登校とは、「何らかの心理的、情緒的、身体的、あるいは社会的要因・背景により、児童生徒が登校しないあるいはしたくともできない状況にある（ただし、「病気」や「経済的な理由」によるものを除く。）こと」をいう。ここで心理的とは、学校生活のすべてもしくは一部の面において、子どもが対応できなくなり、心の働きが不調になるという状態である。たとえば、テストで予想外の悪い得点だったことで挫折感を抱くというように子ども自身の心の問題である。社会的とは、いじめられているとか、転校により学校状況が大きく変化したなどのように、子どもをとりまく環境条件に主たる原因があるということである。しかし、両要因は絶対的に違うというものでなく、むしろ子ども本人の立場では、いずれの場合も精神的な圧迫や混乱が生じているという点からすれば、違いがないといえるかもしれない。

ところでこの定義における一番の特徴は、病気や怪我が癒えればすぐに登校できる子どもや、親の経済的状態が好転すればすぐに登校がかなうであろう子ども以外の、さまざまな原因や理由により欠席を続けたり、繰り返したりする状態を「不登校」といっているのであり、きわめて広義の見方である。つまり、従来使われてきた「学校恐怖症」や「（神経症的）登校拒否」などのように、学校生活や家庭生活での強い不安や葛藤による情緒的混乱および主として学校生活に対する無気力による消極性による欠席だけでなく、非行や遊びによる学校逃避の欠席や進路変更をめざしての意図的・目的的な欠席なども含まれることになる。

したがって、従来からの登校拒否の概念も広狭のものがあるうえに、不登校の概念としてはこれ以上広がらないであろうほどに広義なものになっており、学校現場において混乱が生じないとも限らない。この懸念については、後述のごとく文部科学省は、さまざまな不登校の態様を区分し、それぞれに対応した指導のあり方を提示しているので心配する必要はないかとも思われる。

むしろ従来のように登校拒否による不登校とそうでない不登校を区分する明確な理由もないこと、また一九九〇年頃以降、学校に行けない、また行かない子どもたちの態様がますます多岐多様になってきており、大きく「不登校」という枠でとらえることが、このような子どもたちへの対応のみならず、すべての子どもに対する不登校予防のための積極的・総合的な対策を考えていくために望ましいことといえる。

第3節　不登校の原因

不登校の克服や予防のための指導のあり方を考えるに当たり、まず不登校の原因はなにかについて知らねばならない。つまり原因論であるが、まず、もともと不登校になりやすい子どもがいるかどうかという点から考えていくことにする。

以前は、不登校になった子どもは特別な性格をもっているとか、なにか特別な生活的背景をもっているなどという見方が強かったが、一九九二年に文部省（現・文部科学省）は、いろいろな要因が重なれば、どの子どもも不登校になりうるという見解をとるようになった。これは、見解の変更というよりも、不登校を引き起こす要因が時代とともに多様化してきたために、それに見合った見解が採用されたということだといえる。すなわち、わが国で不登校児童・生徒が報告されるようになった初期の頃は、親離れができていないで、学校において不安や緊張が高まる小学生の不登校（いわゆる分離不安型）が中心だったが、次第に友人や教師との軋轢《あつれき》、学業困難、生活意欲低下、さらには非行とのからみなど種々の要因や背景による不登校の方が多くなってきた（特に思春期・青年期突然型）。そのために今日では、種々の要因が重なればすべての子どもが、どの学年でも不登校になりうるといえるのである。この見解は、原因論からみればややあいまいさをもっているともいえる。たとえば、前述のごとき種々のマイナス要因が働いても不登校に陥らない子どももいるであろうから。

しかしながらこの見解は、不登校の原因の多様性と、そのために生ずるいろいろな不登校のタイプや経過などについて視野や理解を広げるというメリットの方が大きいと思われる。さらにまた、従来不登校の子どもの個人的な面に主たる関心や指導が向けられてきた風潮を転回是正し、家庭・学校・社会のそれぞれの場において幅広い積極的な対策を講ずることの重要さを関係者に認識してもらうためにも役立っているといえる。

さて不登校の原因については、一見して単一の要因によるもののようであっても、複数の要因が作用している場合がほとんどであり、また言及してきたように、昨今の不登校のほとんどが、長期間にわたり種々の要因が絡み合った複合的状況が原因になっている。このように複雑な原因を模式的に述べるならば、一般的要因（社会文化的状況）、個別的要因、解発的要因（きっかけ）の三相に分けることができる。以下それぞれについて簡単に述べることにする。

1．一般的要因とは、冒頭でも触れたごとく現代の日本社会の状況、ひいては子どもたちの成育・生活環境の問題である。学歴社会のもとで、子どもたちは小学校時代から学業競争が始まること、それとともに少子化により、親による子ども一人ひとりの学業や進学に対する関心や期待が高まったこと、生活の便利さのために子どもたちは勉強や習い事以外のことでの苦労をしないで成長すること（車での移動、家事労働の減少等々）、さらに少子化や学業競争などのため、きょうだい同士や仲間同士での多様な人間関係を経験することが少なくなったこと（つまり社会的技能の習得困難）などが挙げられる。これらすべては相互に関連しながら全国の子どもたちの生活を規定しており、それゆえに不登校が年々増加している現象を理解するための社会的背景としての一般的要因であり、しかと見据える必要があるといえよう。

2．二つ目の個別的要因とは、文字どおり不登校の原因として、その子ども自身や環境におけるなんらかの特別な事情のことである。具体的には種々の場合があるが、まず上記の一般的要因の作用を強く受けることによるケースが認められる。学校という集団生活になじめない子、仲間と学ぶことが楽しめない子、成績にのみ過度の関心を抱く子、学ぶことを嫌う子、勉学に息切れするようになった子、学業不振の子などの不登校である。

さらにより個別的な要因として、家庭環境の問題や学校での人間関係のトラブルなどがある。家庭環境の問題では、親の教育方針や育て方の問題（過大な期待、過保護、放任など）をはじめ両親の不和や祖父母と親の対立など家族内の諸々の状況がある。学校における人間関係のトラブルとしては、学級やクラブ活動の仲間との軋轢やいじめ、および教師との関係の問題などがある。また他校生徒や卒業生とのかかわりが問題になることもある。

さらに近年、思春期になり身体の急激な発育に伴って生ずる起立性調節障害（ＯＤ）といわれる自律神経失調症が原因となる場合も少なくないと言われている。これは、朝起床したり、立ち上がったりした際にだれでも一時的に血圧が低下するが、低下したままで正常な血圧に回復しない状態が一定時間つづく症状である。そのために朝起きられなくなって、不登校になる。全不登校生の二〇～三〇％が、このような原因によるという報告もある。

いずれにしても、不登校の子どもに対する指導・援助のあり方は、一般的要因を踏まえながら、この個別的要因の解決や克服が中心課題になるといえる。

3．三つ目の解発的要因とは、不登校つまり学校を休み始めるきっかけになる出来事である。特に明瞭なきっかけもなく、時々ポツンと休むようになるケースもあるが、病気やけがによる欠席とか仲間や教師との一過性のトラブルとかテスト得点の一時的低下などのように、なんらかの出来事の直後から不登校が始まるケースがかなり多い。

しかしながら、仲間とのトラブルや学業上の失敗などが相当期間にわたって繰り返されてから不登校が始まった場合は、解発的要因というより個別的要因とみなすべきであろう。一方一回限りの出来事であっても、相当強いショックを受けた場合もまた個別的要因とみなすことができる。たとえば人間関係のトラブルや、転校による学校生活の違いなどの場合である。

したがって、解発的要因を不登校の単なるきっかけとみるのではなく、それに連なって背後に存在している個別的要因を的確にとらえるために、きっかけとなった出来事の状況や経過をしっかり把握し、理解することが大切である。

第4節　不登校のタイプと指導のあり方

先にみてきたように、子どもにかかわる多種多様な要因が輻輳することにより不登校が引き起こされ、しかもどの子も不登校になりうるということから、不登校の子どもの心理や行動にはさまざまな違いがみられる。したがって不登校の子どもの指導は、それぞれの子どもの状態や環境条件（家庭、学校、友人等）に対応した方法を考えることが基本である。つまり対象の子ども一人ひとりに対して、事例性として対応することである。

このような立場からの指導実践が積み重ねられたことにより、不登校がいくつかのタイプに分けられ、それぞれにおいて特徴的かつ有効な指導方法が明らかになってきている。以下このような視点から論を進めることにする。

不登校の原因や状態や経過などがさまざまであることから、その共通特徴をまとめて分類し、指導のあり方も整理しようという試みは、不登校問題のかなり早い時期からみられる。いろいろなタイプ分けが発表されているが、ここではその全貌を顧みる余裕はないので、代表的なものを三つとりあげることにする。

まず小泉英二氏を中心とする東京都立教育研究所では、心理的困難もしくは意図的理由により登校できない・しない状態をすべて包括して広義の登校拒否として、①神経症的登校拒否、②精神障害によるもの、③怠学傾向、④積極的、意図的登校拒否、⑤一過性の登校拒否の五つのタイプに分けている。このとらえ方は、前述の「不登校」の概念とほぼ一致している。このうち①神経症的登校拒否が近年もっとも多くみられるもので、狭義の登校拒否であり、このタイプはさらにAタイプ（優等生の息切れ型）とBタイプ（甘やかされた社会性未熟型）に下位分類されている。また③怠学傾向も、無気力傾向型と非行傾向型に分類されている。

別の研究者たちは、前記の神経症的登校拒否とその周辺群をいっしょにして、㋐葛藤型、㋑無気力型、㋒不定型の三つのタイプに分けている。このうち㋐葛藤型は、先のAタイプにほぼ対応し、急性の不登校で、本人は登校したくても登校できない状態に陥り、心理的葛藤や不安が高まり、各種の身体症状や攻撃行動などを伴うことが多い。㋑無気力型は、慢性の不登校で、ほぼ前記のBタイプと無気力傾向型をいっしょにしたもので、学校の集団生活や学習の意欲が低く、登校しないことにあまり悩んだりしないで、家庭でおとなしくしている場合が多い。㋒不定型は、㋐と㋑のどちらとも判然としない複合したタイプである。

ところで、より最近の傾向として、従来出現率が多く不登校の中心的存在だった神経症的登校拒否以外のタイプつまり集団生活嫌い、学習嫌い、学業不振、遊び・非行傾向などの要因が強く作用している不登校も増加している。したがって、従来のように神経症的登校拒否のみを重視するのではなく、さまざまなタイプの不登校に同等の関心を抱き、それぞれに最適な指導・援助ができるようなタイプ分けが望ましい。近年文部科学省が不登校のタイプ別統計をとるために採用しているタイプ分けは、このような主旨を踏まえたものといえる。以下文部科学省（生徒指導資料第二二集）による分類とそれぞれのタイプにおける指導・援助のあり方のポイントについて、筆者の見解も含めながら簡単に説明しよう。

①学校生活に起因する型

学校生活になじめない、授業がよくわからない、仲間・教師とのトラブル、いじめ、転校した学校に適応できないなど、学校生活場面での問題にもとづく不登校である。指導のポイントは、仲間や教師との関係改善や学習面の援助などにより、不登校の原因をとり除きかつ学校生活にやる気をもたせるような指導をすることにある。

②遊び・非行型

登校しようと思えば登校するが、学校外での遊びなどのために欠席するタイプである。同級生や教師との関係づくりをすすめ、学校における本人の居場所づくりをすすめることが指導のポイントになる。また親子関係などの問題がある場合には、その調整をする。さらに非行を伴う場合は、関係機関との連携指導も必要になる。

③無気力型

仲間関係や学習の意欲が低く、ダラダラと断続的に、もしくは連続して欠席するタイプである。登校するよう激励したり、教師や仲間が朝迎えにいくなどの働きかけをつづけることと、学校生活におけるやりがいや自己表現の機会をもたせるようにする。

④不安など情緒的混乱の型

従来から神経症的登校拒否といわれているタイプで、登校の意思は強いが不安・緊張のため登校できなくなっている。そのために心理的葛藤が生じ、心気症的症状（頭痛、腹痛、下痢、頻尿、身体硬直等）、攻撃行動、退行現象、内閉性（とじこもり）、昼夜逆転生活などのうち一つもしくは複数を伴うことが少なくない。このタイプの子どもには、はじめのうちは登校をすすめたりしないで、本人の苦悩に寄り添うかかわりをすることにより心理的安定を図ることが大切である。情緒的混乱がつづいたり、身体症状（心気症的症状）が激しかったり、不登校が長期化したりなどしている場合には、専門の相談機関等との連携も必要になる。

⑤意図的な拒否の型

主として高校生以上の生徒において、進路変更などを理由に意図的に欠席するタイプである。本人の意思がどの程度しっかりしたものか確かめながら、進路変更も含めて柔軟に対応するのがよい。そのために、時には休学措置をとったり、その期間中アルバイトをするとか新しい進路のための準備をするように働きかけるのがよい。

⑥複合型

これは、前記の五つの型のうち二つもしくはそれ以上が重複しているタイプである。不登校の開始時から重複しているケースと、途中から重複するようになるケースがある。既述のごとく、種々の要因が重なって不登校が生ずるとすれば、タイプ分けが常にすっきりしたものになるわけではなく、むしろいろいろな組み合わせによる複合型の出現が当然のことともいえる。複合型の指導においては、含まれているそれぞれのタイプに即した指導を進めるとともに、緊急に必要な措置や援助を優先させることも大切である。

⑦その他の型

前記の六つの型以外のもので、たとえば精神障害による不登校とか、保護者が自分の考えにより子どもを登校させないケースなどが考えられるが、実際の出現頻度はごくわずかである。

ところで、各タイプの出現率は文部科学省の全国統計の平均をみると、⑤意図的な拒否の型および⑦その他の型を除いて、各タイプは一〇～二〇％台になっている。しかしながら、各都道府県ごとの統計をみると、各タイプの出現率のちらばりがかなり異なっている。その原因の一つとして、前記七つのタイプの分類基準がかならずしも明確ではないということが考えられる。特に①学校生活に起因する型、③無気力型および④不安など情緒的混乱の型の三つは、相互に入り組んでいる場合も少なくないので、分類に戸惑いが生じやすいと思われる。将来分類基準を改善し、タイプの数を増やすことなどが検討されるべきであろう。

そうはいっても、不登校の子どもに対する指導の効果を高めるために、このようなタイプ分けによって、個々の子どもに即したより有効な対応ができるようになったことのメリットの方が評価されるべきだといえる。

第5節　不登校の前駆症状と早期対応

一般に不登校に限らず各種の不適応状態は、目に見える形で顕現化するまでに一定期間の心理的経過が存在するものである。たとえば中学二年生で不登校が始まったある生徒は、「登校できなくなった原因について、なにか具体的なことは思い当たらないが、小学校に入学して以来ずっと、学校にいる間は緊張感が高まり、肩こりがつづいてきた」と語ってくれた。またそれほどの長期間の経過でなくても、授業中に指名されて答えた内容が同級生たちに笑われたことから、学校に行きたくないという感情を抱くようになっていた子どもが、二～三カ月後に友人とのけんかがきっかけとなって不登校が始まったといったケースもある。一方、転校により学校環境が大きく変わったために一時的に登校できなくなる場合のように、不登校が始まるまでに、その心理的下地がほとんど存在しないこともあるが、大部分のケースにおいてはなんらかの心理的不快状態が経過しており、さらにそれに起因して生ずるところの身体面や行動面における変化（徴候）も認められることが少なくない。このように外から見える変化が、不登校の前駆症状である。

したがって、子どもの主観的な心理的経過は把握できないとしても、なんらかの前駆症状を敏感にとらえることにより、不登校の早期発見（正確には、不登校になりかけている状態の早期発見）につなげたいものである。なぜなら早期に発見し適切な対応をとることにより、子どもが本格的な不登校に陥らないですむこともあるし、そうでなくても不登校を克服するまでの期間が短縮されることが充分考えられるからである。不登校を経験した人のなかに、成長してから過去を振り返り、当時早めに適切な指導を受けたことにより、不登校を早く克服できたと思うと述懐する人もしばしばみられる。

それでは、不登校の前駆症状として実際に身体面や行動面にどのような変化がみられるのであろうか。これについても、すでにみてきたように不登校のタイプにより、さまざまな違いがあると思われる。しかし、これまでのところまとまったデータは報告されていないので、千葉県総合教育センターがタイプの区別なしに、不登校の児童・生徒を担任したことのある県下の小・中・高校の教師を対象に実施した調査結果（一九九二年）を紹介しよう。

それによれば、不登校小学生の前駆症状としては、①頭痛・腹痛などの身体症状の訴え　②表情が暗くなった　③「学校に行きたくない」という訴え　④遅刻、早退が増えた　⑤学業成績の低下　⑥何事にも意欲が低下したなどが主なものである。

中学生になると、前記小学生の諸症状のほかに、⑦同級生とかかわらなくなった（孤立化）　⑧保健室に行くことが増えた　⑨夜間外出　の三項目が追加される。

高校生においては、さらに⑩友人関係の変化　が付け加わる。

このように校種別にみると、小学生から中学生さらに高校生へ進むにつれて、前駆症状が多様化してくる。このことは、学年が進むにしたがって不登校の原因が多岐にわたるようになり、その結果不登校の状態像やタイプも多様になってくることを示唆していると思われる。また前駆症状の内容に注目すると、小学生段階では身体症状や表情や意欲などにかかわっての、いわば個人的な症状が中心であるのに対して、中学生以上では交友関係や夜間外出などにも広がってきている。このことは、低学年の不登校では親子関係・家族関係が主要な要因になるケースが多く、思春期・青年期になると友人関係の問題が重要になってくるという従来からの指摘とも対応している。

ところで、前駆症状が種々多様であることは、いましがた言及したごとく不登校の種々のタイプを反映しているようである。たとえば、諸々の身体症状の訴えは、不安など情緒的混乱の型に多くみられる症状であるし、友人関係の変化や夜間外出などは、遊び・非行型において多くみられ、意欲の低下は、種々のタイプに広く認められるが、特に無気力型の主要な症状である。不登校に対する早期からのより有効な指導・援助を進めるために、このようなタイプごとの前駆症状についての知見を確かなものにしていく必要がある。

さらに付言すれば、これら種々の前駆症状は、本格的な不登校状態の特徴としてつづいていくものも多く、またしばしば一人の子どもに複数の症状が出現するので、不登校のタイプに応じた適切な対応が望まれる。

また、この千葉県総合教育センターの調査では、不登校ではない児童生徒を対象に、学校に行きたくないと思ったことがあるかどうか、またその理由はなにかなども調べている。学校に行くのがいやになったことのある子どもの割合は、その程度や頻度を問わないでみると小学生（五、六学年）が五三％、中学生五七％、高校生六九％と学年とともに上昇している。このような傾向は、ほかにもいくつかの調査報告においてみられるし、学校現場にあっては教師たちが実感していることだと思われる。

そして子どもたちが学校に行くのがいやになった理由については、体調がすぐれない、授業がわからない・つまらない、友人関係のトラブル、学級や部活動など集団生活が合わない、教師との関係がよくない、など多岐にわたっている。しかもそのほとんどが、すでに述べてきたような不登校のきっかけや前駆症状とつながりがあるといえる。したがって、子どもが日常の学校生活において、学校に行くのがいやになるような感情を募らせたり、そのような経験を繰り返したりなどしないようにすることが、不登校の予防につながるといえよう。そのために教師は、子どもたちの経験やそれによる心情を把握し、マイナスの要素を速やかに軽減させるべく指導やかかわりをするよう努めることが大切である。

ところで、学校に行くのがいやになる理由（経験）について、子どもの感じ方と担任教師の認識の間にズレが存在するということもまた、この調査において明らかになっている。すなわち、小学生とその担任の両者に、学校に行くのがいやになった主な理由一一項目について、いやになった程度（教師への質問は、子どもがいやになったであろう程度）を問うて、その違いが比較されている。その結果は、かなり多くの項目（一一項目中七項目）について、担任教師が思っている以上に、子どもの方は学校に行くのがいやになる程度が強いということである。その項目は、①席替えで苦手な同級生と何度も並ぶようになった時、②先生に注意されることが続いた時、③テストで悪い点をとることが続いた時、④リーダーとしてがんばらなければならないことが続いた時、⑤毎日のように忘れ物をしてしまった時、⑥授業中、間違った発表をよくしてしまった時、⑦給食が食べられないことが何回もあった時、である。

逆に教師が思う程度よりも、子どもが学校に行くのがいやになる程度が相対的に低い項目は、①友達から仲間はずれにされることが続いた時、②休み時間に遊ぶ友達がいないことが続いた時、③勉強がわからないことが続いた時、の三つである。

こうみてくると、学級内の対人関係は、子どもが学校をいやになる要因として重要であることはいうまでもないが、子どもがなんらかの失敗をしてプライドが傷ついたり、なんらかの緊張を強いられたりなどした場合にも、教師が予想する以上に、学校に行くのがいやになる要因であることに、教師はもっと留意する必要があるといえよう。こうして教師が適切に対応することにより、先述のごとく子どもが学校生活場面でのマイナス感情をため込むことが阻止され、不登校の予防的効果が期待される。

第6節　指導・援助に対する子どもの受けとめ方

これまでは、不登校の原因、指導・援助、前駆症状、登校したくなる要因などについてみてきた。これらはいずれも、子どもの外から、いわば大人の側からのとらえ方であるが、子ども自身はどのように感じたり、思ったりしているのであろうか。登校できない・しないことについての子ども自身の不安や緊張などはほかり知れないほどの中身や程度だと思われるが、ここでは不登校の子ども自身が教師、親、友人、相談員などとのかかわりや対応をどのように受けとめたり、感じたりしているかなどについて、調査データをもとに述べることにしよう。

一九九六年から二年間筆者のもとで、不登校児童・生徒の教師や親に対する支援についての研究を行った春日井敏之氏は、かつて小・中学生時代に不登校を経験した青年三三名（高校生、専門学校生、大学生、就職・アルバイト者）を対象に、不登校だった時期の経験や感じたことなどを質問紙法により調べた。その青年たちは、京都府A市内の中学校卒業生および一二都府県の「不登校親の会」に参加している（または、かつて参加していた）人びとである。なお、この調査ではさまざまな人によるかかわりや支援について、子どもがよかったと思っていることといやだったこととの両面の回答が求められている。以下その概要を記す。

1　教師・学校によるかかわりや指導

よかったこと（回答二八名、のべ回答30）

①自宅に来て話をよく聴いてくれたり、手紙もよくくれた（のべ回答5、以下同じ）

②心配し見守り支えてくれた（4）

③いい先生に出会えた（4）
④学校が自分を受け入れてくれた（担任の交代、行事への自由参加等）（4）
⑤勉強を教えてくれた（2）
⑥特になし（11）

いやだったこと（回答三〇名、のべ回答31）

①会いたくないのに先生がよく来たり、よく電話してきたり、よく手紙をくれた（10）
②自分の気持ちをわかってもらえなかったり、心を傷つけられた（5）
③登校を強制された（5）
④怒られたり、差別的なことを言われた（3）
⑤登校した時のかかわりや学級への指導がよくなかった（2）
⑥特になし（6）

2　家族・地域によるかかわりや援助

よかったこと（回答二九名、のべ回答29）

①見守っていてくれた（ほうっておいてくれた）（6）
②家族とよく話すようになり、絆が強まった（6）
③自分の気持ちをわかってくれた（6）
④社会とのかかわりが経験できた（2）
⑤特になし（9）

いやだったこと（回答二〇名、のべ回答39）

①近所の人びとの偏見やわかってもらえないこと（自分の負い目を含む）（12）
②親に登校を強制されたり、怒られたり、いやみを言われた（9）
③祖父母に自分の気持ちがわかってもらえなかった（6）
④誰にもわかってもらえなかった（4）
⑤母親が落ち込んだり、暗くなったりした（3）
⑥家事をさせられた（2）
⑦特になし（3）

3　友人によるかかわりや援助

よかったこと（回答二三名、のべ回答25）

①自宅に遊びに来てくれたり、心配してくれたりした（13）
②見守ってくれて、普通に接してくれた（3）
③特になし（9）

いやだったこと（回答三一名、のべ回答35）

①登校するように言われたり、登校しない理由を聞かれたりした（12）
②友人との間が疎遠になった（7）
③欠席したことでいじめられたり、変なうわさを流されたりした（6）
④友人と会うのが気まずかった（2）

⑤特になし（8）

このように不登校の子どもは、そのことゆえにいろいろな人とさまざまなかかわりを経験することになるが、他者とだけでなく自分自身とのかかわり（自己と向き合うこと）においても、特有の経験をすることが考えられる。この調査では、この点についての質問も含まれている。

4　不登校期間中の自分自身のこと

よかったこと（回答二八名、のべ回答31）

①自分自身のことなど、いろいろなことをよく考えるようになった（8）
②ゆっくり休めて、自由な時間がもてた（6）
③自分のしたいことが見つかったり、したいことができた（6）
④わかり合える友人ができた（3）
⑤家族みんながわかり合えるようになった（1）
⑥特になし（7）

いやだったこと（回答三〇名、のべ回答37）

①劣等感や罪悪感や自己嫌悪などに陥ったり、将来の見通しがもてなくなったりした（16）
②勉強が遅れたり、高校進学ができなくなったりすることで悩んだ（10）
③まわりの人々を避けたり、暴力を振るったり、学校などに自分の居場所があるかどうか不安になったりした（6）

④身体面の悩み（肥満、姿勢の悪さ等）（3）
⑤特になし（2）

以上、不登校の子どもは自他とのかかわりのなかで、よかったことやいやだったことの両面において、さまざまな気持ちや感情を経験していることがわかる。その内容を分析してみると、同じようなことがらの経験であっても、子どもによりプラスの受けとめ方がなされたり、逆にマイナスの受けとめ方であったりしていることが少なくない。たとえば、教師や友人が子どもの家を訪ねることについて、好意的に受け入れる子どももおれば、逆にいやがる子どももいる。どちらになるかは、教師（友人）とその子どもの今までの関係性、その時の子どもの心情、不登校のタイプ等々いろいろな要因によって決まるといえる。また、同じ子どもであっても、不登校の経過期間によって受けとめ方が変わることもあるだろう。したがって再三みてきたように、不登校の子どもへのかかわりや指導・援助の基本は、あくまで当該の子どもの状態や経過などに即するということである。

最後に、いま述べてきた内容と密接に関連するが、かつて不登校だった青年の、不登校になっていた時に教師や親がどうあってほしかったかという質問に対する回答をとりあげることにする。

5　不登校になった時に教師に望む対応の仕方（回答二八名、のべ回答30）

①よく相談にのってくれて、わかってほしい（9）
②無理強いをしないで、共に歩んでほしい（7）
③かまいすぎないで見守り、こちらから求めた時に援助をしてほしい（6）
④明るく接し、教師自身のことも話してほしい（4）

⑤いつまでも、自分を学級の一員として取り扱ってほしい（2）
⑥自分の不登校と教師は関係ない（2）

6　不登校になった時に親に望む対応の仕方（回答二八名、のべ回答34）

①見守りながら、思うようにさせてほしい（11）
②無理強いをしないで、自分のしんどい気持ちを受けとめて、信頼して待っていてほしい（11）
③不登校は親のせいではないから、親は自分の思うような生活をしてほしい（6）
④子どものことで落ち込まないで、明るく楽しくしていてほしい（5）
⑤特になし（1）

このような子どもの側の願いは、すべてがそのまま教師や親の願いと一致するものではないかもしれないが、子どもの心情を理解し、受けとめることを土台として、具体的な指導や援助をしていくことが対応の基本である。そのためにはまた、これまで述べてきた子どもたちの経験や思いや願いなどについて、不登校のタイプ別に分類し、各タイプの特徴をより綿密に把握することも今後の課題の一つであろう。

第7節　不登校の周辺状況——ニート、スチューデント・アパシー、引きこもり

不登校は文字通りにいえば、学校に在籍している者が登校できないか、登校しない状態であるが、高校や専門学校を中退して学校に在籍しないだけでなく職にも就かないという、いわゆるニートという状態になってしまう場合

もある。この状態も不登校状態もしくはその延長状態といえるので、時期をみて有効な支援をしていくことは家族や教育関係者のみならず社会全体の責任といえる。そのために就業の準備のための教育・訓練を受けるように支援したり、高校教育を再び受けるように導いたりする取り組みが、行政や民間によってつづけられている。その効果は年々高まっていると思われるが、まだまだ行き届かない面が少なくないといえる。

次に、高校卒業までは順調に登校していても、大学に入学してから学業意欲を失い授業に出席しなくなって留年したり（留年を繰り返したり）する学生も、歴史的に不登校と同じく欧米や我が国において問題になってきた。この状態はスチューデント・アパシー（学生の無気力）ともいわれるが、いわば不登校の大学生版ともいえるので、保護者や大学側からの適切な支援が必要になる。

三つ目に、若者が就職しても一年も経たないうちに離職・転職してしまう者が少なくないという状態も社会問題化されるようになって久しい。このような若者のなかには退職後に仕事に就く意欲を失って自宅に引きこもってしまう場合もある。つまり「引きこもり」といわれる状態であるが、仕事のうえの失敗が引き金になったり、うつ状態などの精神的問題を抱えていることもあり、何年間もの長期にわたることもある。学校時代の不登校と同様に豊かな社会的支援が必要である。

因みに不登校のために高校を退学し、そのまま「引きこもり」状態を続けるケースもある。

以上見てきた不登校、ニート、スチューデント・アパシー、引きこもりは、児童期、青年期、成人という異なる年齢層における不適応状態もしくは社会的退却状態として括って考えることもできるかもしれない。高校時代までに不登校を経験した若者が就職したり、大学に進学したりして社会的適応を回復している場合も少なくないので、ある期間そのような状態に陥った若者や成人において、それを克服して再び社会的に活動できる可能性は誰にでも存在するといえよう。

まとめ

冒頭でも触れたように、現代の不登校は子どもの世界における社会・文化的な現象であるから、不登校をどのように考え、その子をどのように指導したらよいかについては、さまざまな見解や立場がある。それゆえ指導・援助やカウンセリングの方法においても、いろいろなやり方が実践されており、どの方法がもっとも有効であるというようなことはいえないであろう。したがって本章では、できるだけ特定の考えや方法に偏ることのないように、一般化して述べてきたつもりである。

この視点にて、もう少し論をすすめるならば、不登校の予防や有効な対処のためには、学業成績や学歴や学校歴（出身校）に関する社会の価値観をもっと柔軟なものにしていくこととともに、親子の精神的結びつきを中心とする子どもの精神的安定、豊かな仲間関係、学業・スポーツの達成感の三つが満たされていくように、家庭や学校のみならず社会や国全体がとりくむことをしない限り、わが国の不登校問題は解決しないと思われる。不登校現象は、子どもたちの心が、その本性に即して健やかに発達していくことを保障するためには、社会や学校や家庭がどうあるべきかを鋭く問いかけているといえよう。

文献

文部科学省　児童生徒の問題行動等生徒指導上の諸問題に関する調査―用語の解説　http://www.mext.go.jp/b_menu/toukei/chousa01/shidou/yougo/1267642.htm（二〇一六年七月二〇日閲覧）

文部科学省初等中等教育局児童生徒課　二〇一八　平成二九年度児童生徒の問題行動・不登校等生徒指導上の諸課題に関する調査結果について（http://www.mext.go.jp/b_menu/houdou/30/10/1410392.htm、二〇一九年八月三〇日閲覧）

第7章 いじめ

第1節 いじめの概念

いじめに関する大きな事件が起こると、一時期、関係者や世間の関心が高まり、認知件数が増加し、その後、事態が一見沈静化すると認知件数が減少するという繰り返しがある。いじめの定義についても、大きないじめ事件に伴う調査が転機となり、修正されてきている。

以下、文部科学省による「いじめの定義の変遷」(「児童生徒の問題行動等生徒指導上の諸問題に関する調査」における定義)にもとづいて記す。

1 昭和六一(一九八六)年度からの定義

学級担任も加担していた葬式ごっこによるいじめで男子中学生が「このままじゃ生き地獄になっちゃうよ」という遺書を残して自殺した事件が大きな社会的問題となり、わが国で本格的ないじめ調査が行われるようになった。

このときの調査においては、「いじめ」とは、「①自分より弱い者に対して一方的に、②身体的・心理的な攻撃を

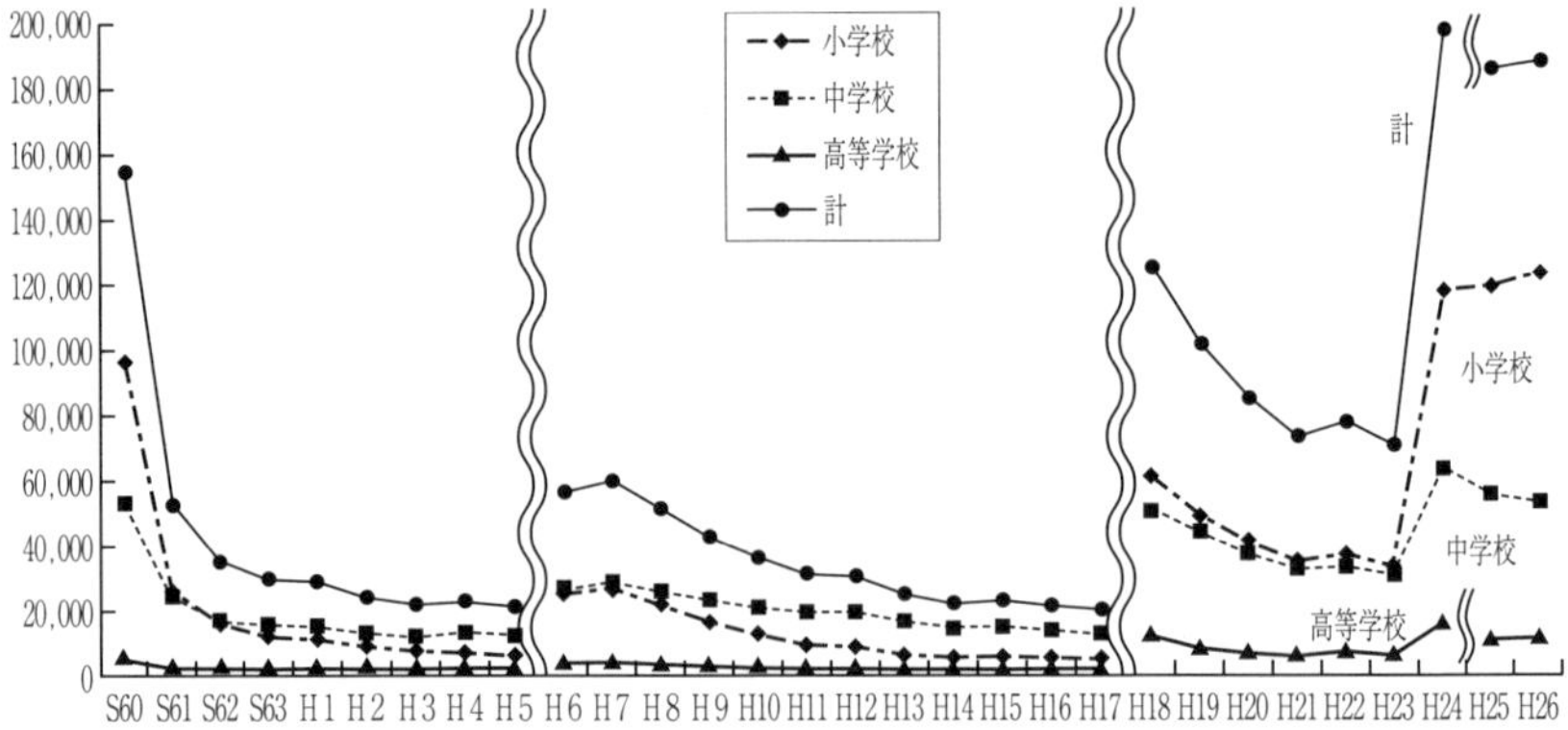

図１　いじめの認知（発生）件数の推移

（文部科学省初等中等教育局児童生徒課，2015）

注１：平成５年度までは公立小・中・高等学校を調査。平成６年度からは特殊教育諸学校，平成18年度からは国私立学校，中等教育学校を含める。
２：平成６年度及び平成18年度に調査方法等を改めている。
３：平成17年度までは発生件数，平成18年度からは認知件数。
４：平成25年度からは高等学校に通信制課程を含める。

継続的に加え、③相手が深刻な苦痛を感じているものであって、学校としてその事実（関係児童生徒、いじめの内容等）を確認しているもの。なお、起こった場所は学校の内外を問わないもの」とされた。この時点では、まだ、いじめか否かは、被害者ではなく学校が判断するものとされた。

2　平成六（一九九四）年度からの定義

常態化された暴力、多額の現金や性的行為の要求などのいじめにより自殺した男子中学生は、「まだ、やりたいことがたくさんあったけど…、本当にすみません」と、断ち切られた将来への思いや家族への謝罪と感謝の気持ちを苦しいほどに綴っていた。

このときの調査では、「いじめ」とは、「①自分より弱い者に対して一方的に、②身体的・心理的な攻撃を継続的に加え、③相手が深刻な苦痛を感じているもの。「なお、起こった場所は学校の内外を問わない。」とされた。「なお、個々の行為がいじめに当たるか否かの判断を表面的・形式的に行うことなく、いじめられた児童生徒の立場に立って行うこと」が強調された。

「学校としてその事実（関係児童生徒、いじめの内容等）を確認しているもの」という部分が削除され、「いじめに当たるか否かの判断を表面的・形式的に行うことなく、いじめられた児童生徒の立場に立って行うこと」という一文が追加されている。いじめ調査開始から八年経ち、ようやくもっとも尊重されるべき対象が明文化された。

3　平成一八（二〇〇六）年度からの定義

学級担任の不適切な言動が発端となったいじめにより自殺した男子中学生は、「いじめられて、もう生きていけない。お母さん、お父さん、こんなだめ息子でごめん。今までありがとう」と記し、いじめがなければもちろんのこと生き続け、みんなと幸せに暮らしていきたかったという一人の人間としての当然の権利と希望を懸命に訴えている。

このときの調査においても、「個々の行為が「いじめ」に当たるか否かの判断は、表面的・形式的に行うことなく、いじめられた児童生徒の立場に立って行うもの」とされている。「いじめ」とは、「当該児童生徒が、一定の人間関係のある者から、心理的、物理的な攻撃を受けたことにより、精神的な苦痛を感じているもの」とされた。なお、ここでも、「起こった場所は学校の内外を問わない」という注がついている。

「一方的」「継続的」「深刻」といった文言を削除し、「いじめられた児童生徒の立場に立って」「一定の人間関係のある者」「攻撃」等について、注釈を加筆している。加害者側は悪ふざけのつもりでも、被害者が精神的な苦痛を感じていれば、それはいじめであるとされた。いじめをより広義にとらえ、調査対象を発生件数から認知件数へ移行することで、被害者が精神的な苦痛を感じていれば、それはいじめであるということが定義づけられたのである。

表1　基本的施策・いじめの防止等に関する措置（いじめ防止対策推進法概要）

1　学校の設置者及び学校が講ずべき基本的施策として　⑴道徳教育等の充実，⑵早期発見のための措置，⑶相談体制の整備，⑷インターネットを通じて行われるいじめに対する対策の推進を定めるとともに，国及び地方公共団体が講ずべき基本的施策として　⑸いじめの防止等の対策に従事する人材の確保等，⑹調査研究の推進，⑺啓発活動について定めること。
2　学校は，いじめの防止等に関する措置を実効的に行うため，複数の教職員，心理，福祉等の専門家その他の関係者により構成される組織を置くこと。
3　個別のいじめに対して学校が講ずべき措置として　⑴いじめの事実確認，⑵いじめを受けた児童生徒又はその保護者に対する支援，⑶いじめを行った児童生徒に対する指導又はその保護者に対する助言について定めるとともに，いじめが犯罪行為として取り扱われるべきものであると認めるときの所轄警察署との連携について定めること。
4　懲戒，出席停止制度の適切な運用等その他いじめの防止等に関する措置を定めること。

4　平成二五（二〇一三）年度からの定義

いじめを苦に自宅で自殺をした男子中学生の事件では、学校や教育委員会の隠蔽体質が問題となった。翌年にはいじめ防止対策推進法が国会で可決され、いじめの対応と防止について、学校や行政などの責務が明文化されている。

いじめ防止対策推進法の施行に伴い、平成二五（二〇一三）年度から表1のとおりに基本的施策・いじめの防止等に関する措置について定義されている。「いじめ」は、「児童生徒に対して、当該児童生徒が在籍する学校に在籍している等当該児童生徒と一定の人的関係にある他の児童生徒が行う心理的又は物理的な影響を与える行為（インターネットを通じて行われるものを含む。）であって、当該行為の対象となった児童生徒が心身の苦痛を感じているもの」とされる。なお、これまでの定義と同様に、起こった場所は学校の内外を問わない。さらに、「『いじめ』の中には、犯罪行為として取り扱われるべきと認められ、早期に警察に相談することが重要なものや、児童生徒の生命、身体又は財産に重大な被害が生じるような、直ちに警察に通報することが必要なものが含まれる。これらについては、教育的な配慮や被害者の意向への配慮のうえで、早期に警察に相談・通報の上、警察と連携した対応を取ることが必要である」とされる（表1）。

第2節　いじめの特徴

文部科学省初等中等教育局児童生徒課（二〇一五）による、平成二六（二〇一四）年度「児童生徒の問題行動等生徒指導上の諸問題に関する調査」における「いじめ」に関する調査結果について以下に記す。

1　調査結果の要旨

小・中・高等学校および特別支援学校における、いじめの認知件数は一八万八〇五七件であり、児童生徒一千人当たりの認知件数は一三・七件である。

①いじめの認知件数は、小学校一二万二七二一件（前年度一一万八七四八件）、中学校五万二九六九件（前年度五万五二四八件）、高等学校一万一四〇四件（前年度一万一〇三九件）、特別支援学校九六三件（前年度七六八件）の合計一八万八〇五七件（前年度一八万五八〇三件）である。

図2が示すように、学年別に見ると、中一が二万六九八九件ともっとも多く、次に小四が二万一六七一件、小二の二万一三七八件と続く。中学一年生は、小学校から学習環境も変化し、校区の複数の小学校から入学してくるため、集団内での位置取りを巡ってもいざこざが起きやすい。

②いじめを認知した学校数は二万一六四一校（前年度二万四校）、全学校数に占める割合は五六・五％（前年度五一・八％）である。半数以上の学校でいじめが認知されており、いじめは、いつ、どこで起こっても不思議ではなく、その対応と予防に向けて取り組んでいく必要があることが再確認された。

③いじめの現在の状況で「解消しているもの」の件数の割合は八八・七％（前年度八八・一％）である。「解消」

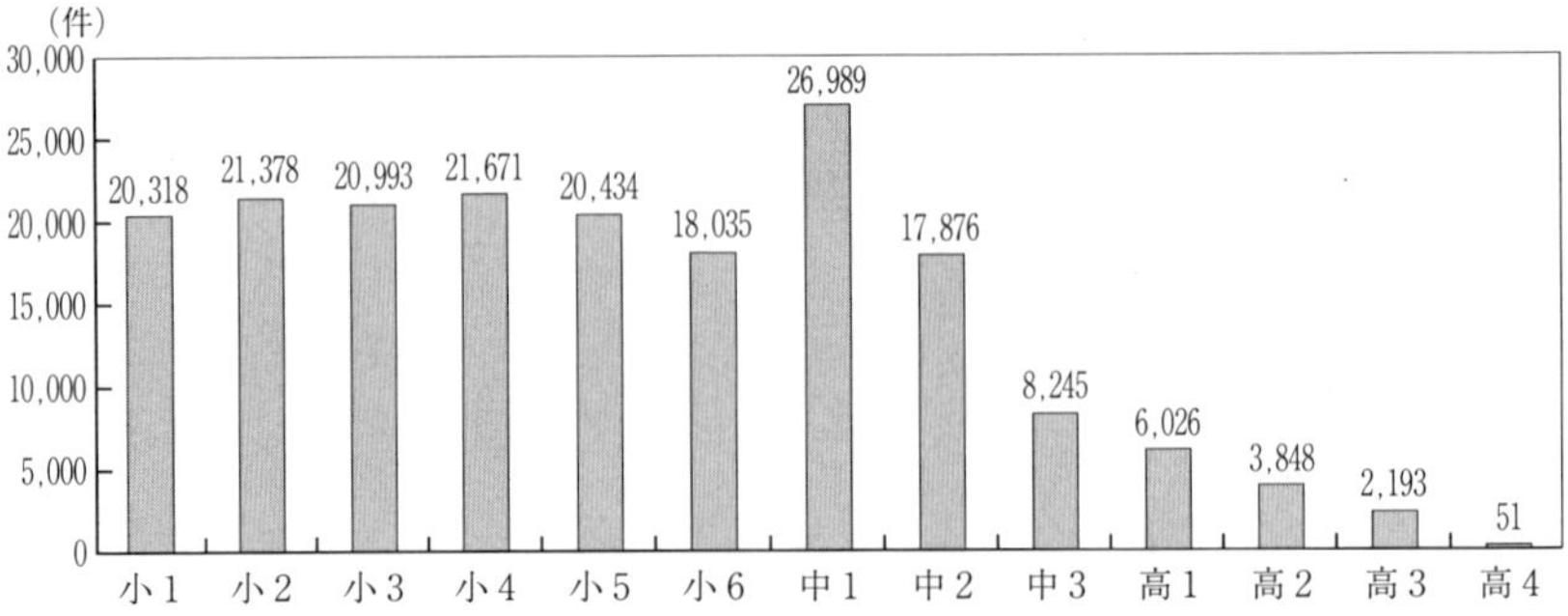

図2　学年別いじめの認知件数（国公私立）

（文部科学省初等中等教育局児童生徒課，2015）

という意味合いが各都道府県により少しずつ異なっており、個々のケースに照らし合わせると、「継続的に対応、支援を行っている」「改善が見られる」状況であることも考えられるのではないだろうか。

④いじめの発見のきっかけは、「アンケート調査など学校の取組により発見」が五〇・九％（前年度五二・三％）でもっとも多い。「本人からの訴え」は一七・三％（前年度一六・八％）、「学級担任が発見」は一一・一％（前年度一二・八％）である。

⑤いじめられた児童生徒の相談の状況は「学級担任に相談」が七三・六％（前年度七二・八％）でもっとも多い。いじめ事件が大きく報道されると、教員や学校に対する異常なまでのバッシングに発展するが、子どもたちが心のどこかで諦めながらも、それでもなお、教員や学校に対する信頼や期待を抱き続けていることがうかがえる。

⑥いじめの態様のうちパソコンや携帯電話等を使ったいじめは七八九八件（前年度八七八八件）で、いじめの認知件数に占める割合は四・二％（前年度四・七％）であった。

⑦いじめの日常的な実態把握のために、学校が直接児童生徒に対し行った具体的な方法については、以下の通りである。

• 「アンケート調査の実施」は、いじめを認知した学校で九八・八％（前年度九七・九％）、いじめを認知していない学校で九四・三％（前年度

九二・八％）の合計九六・九％（前年度九五・五％）。

•「個別面談の実施」は、いじめを認知した学校で八七・七％（前年度八五・四％）、いじめを認知していない学校で八五・三％（前年度八一・二％）の合計八六・七％（前年度八三・四％）。

•「個人ノート等」では、いじめを認知した学校で五五・六％（前年度五四・九％）、いじめを認知していない学校で五一・四％（前年度五一・八％）の合計五三・八％（前年度五三・四％）。

子どもの小さくかすかなＳＯＳをより確実にキャッチするためには、全体調査、個別の聞き取り、文書でのやりとりなど多様な手法が必要であるとともに、子どもの特性に応じた具体的な方法の選択肢をより増やしていくことが求められる。

⑧いじめ防止対策推進法（以下、「法」という）第二八条第一項に規定する重大事態の発生件数は一五六件（前年度一七九件）であった。自殺未遂や精神疾患、長期間にわたる暴力行為など、いじめにより子どもの命や健康、財産に重大な被害が生じ、学校内外の専門家との連携が必要な場合もある。学校復帰だけではなく、子どもの人権と自尊感情を最優先にした支援を考えていくことが求められる。

2　いじめの態様

前述の文部科学省の問題行動調査によると、もっとも多いものは「冷やかしやからかい、悪口や脅し文句、嫌なことを言われる」（六四・五％）。次に、軽くぶつかられたり、遊ぶふりをして叩かれたり、蹴られたりする（二二・二％）、仲間はずれ、集団による無視をされる（一九・一％）、と続く。学校で「いじめ」と呼ばれているものには、犯罪になるものもある。言葉によるいじめは名誉棄損、侮辱罪、暴力によるいじめは暴行罪、傷害罪、恐喝罪、死に至るものは傷害致死罪、性的いじめは強制わいせつ罪や強姦罪である。加害者にも被害者にもなってほしくない。

それが、われわれ大人みんなの願いである。いじめを受けている人が、「いじめられている」と思ったら、それはいじめである。

A　言葉によるいじめ

言う側は「ちょっとからかっただけ」とあまり罪の意識がないが、六割以上の子どもが経験している。言われる側はコンプレックスとしている身体や外見、性格などの特徴や、「くさい」「キモイ」など根拠のない悪口やからかい、言葉じりを捉えた言葉や、脅しと捉えられる言葉もある。近年、保護者の所得格差も深刻であるが、子ども本人の力ではどうしようもないことを言葉で攻撃してくることもあり、心に受けるダメージは計り知れないものがある。また、当事者たちのみがわかる言葉もあり、一見して悪口やからかいとはわからないため、支援や介入のタイミングを逸する場合も少なくない。さらに、教室やトイレ、通学路など不特定多数の人が目にする場所に加え、靴やかばん、運動着など個人の所有物にも悪口やからかいの落書きを書かれることや、他校の子どもも通う塾や習い事の場所で悪口を言いふらされることもある。

B　暴力によるいじめ

双方が手を出すけんかと異なり、一方的に殴る蹴るなどの暴力を受ける。衣服で隠れている部分を狙われると、一見して被害が見つけにくい。水や火など危険物を使った暴力で大けがや命にかかわるような場合もある。いじめられたことを隠すために、「転んだ」「誤って滑った」などと自分の落ち度のように説明する。また、所有物や大切にしているものを壊されたり、とられたりすることで、二重に自分自身も傷つけられたり、存在を軽んじられる体験をする。身に覚えのない器物損壊の責任を負わされたり、命令されて教員にも暴力をふるったり、恐喝の手伝いをさせられたり、本人の意思に反して強要され非行につながっていく危険性も孕んでいる。

C　性的いじめ

人前でスカートをめくられたり、ズボンを下ろされたりすることから始まり、自慰行為や性的加害行為を強要されたり、わいせつ行為や強姦にまでエスカレートする非常に深刻なケースもある。思春期における性的被害に関しては特に頑なに口を閉ざすことが多いため、現実にはかなりの数の被害があると考えられる。また、近年、男女を問わず、性的いじめは増加しており、とりわけ男性被害者への無理解と偏見が二次被害、三次被害を生み出しているケースも少なくない。さらに、これら性の被害は、その後の人生におけるパートナーとの関係づくり、ジェンダー、家庭や家族に対する認知などにも重大な影響を及ぼすため、中長期的な支援や相談窓口が必要となる。

スクールカウンセリングでも極めてデリケートな問題の一つであり、年単位の時間が過ぎ他者にはじめて語ることができる場合も珍しくない。「話すのも、話さないのもあなたの自由。でも、話したいと思ったらいつでも話してください」というメッセージを発信し続けることが大切である。

D　無　視

存在をないものとされているため、声もかけられず、目も合わせられず、教室移動はもちろん昼休みに「一緒に食べよう」と誘われることもない。必要事項の伝達もされないため、学校生活での失態が増加し、まわりからは不注意、生活態度の乱れと見られがちである。無視する側が「あの子は無視されるだけのことをしたから仕方がない」と自分たちの行動を正当化しエスカレートしていく場合もあるが、一方で、「なんとなくムカつく」「やっちゃえ」と雰囲気で始まってしまうこともある。暴力や言葉によるいじめは、少なくとも相手の存在を認めた上で行われるが、いわゆるシカトと呼ばれる陰湿な無視によるいじめは、とりわけ感受性の強い子どもにとっては厳しい心理的かつ現実的ダメージがある。クラスや班、部活のメンバー全員に示し合わされシカトされている孤独な空間で一日の半分を過ごすことが、どれほどつらく悲しく苦しいことか想像に難くない。

E　インターネットによるいじめ

平成二七年版「子ども・若者白書」によると、「小学校四〜六年生の四六・一％、中学生の六〇・四％、高校生の九五・二％が携帯電話もしくはスマートフォンを利用している」とある。ほとんどの保護者は「緊急時に連絡が取れるようにしたい」という安全上の理由から子どもに携帯電話端末を持たせているものの、安全に対する過信、利用状況によっては思わぬ事件・事故に巻き込まれている。

近年、携帯電話端末やパソコンを通してインターネット上のウェブサイトの掲示版（ＳＮＳ）で悪口や誹謗・中傷を書き込んだり、ラインで送ったりするなどの方法により、いじめがさらに多様化、巧妙化されて行われている。差出人不詳やなりすましのＳＮＳにより、人間関係が破たんしたり、個人情報を無断で掲載されたり、犯罪行為に加担させられていたりする。書き込み内容の削除依頼のために、警察や法務局・地方法務局などとの連携が必要になるケースも増加している。ちょっとした愚痴を書いたつもりが「〇〇さんの悪口を言っている」とネット上で拡散され、仲間外れへと発展することは珍しくない。さらに、本人の意志に反して性的写真や動画をネット上に流出、拡散させるリベンジポルノも大きな社会的問題となっている。

3　いじめの構造

森田（二〇一〇）が指摘する「いじめの四層構造論」によれば、いじめは被害者と加害者だけではなく、それを周囲からはやし立てる「観衆」と、見てみぬふりをする「傍観者」の四層から成り立っている。いじめられている側（被害者）、いじめている側（加害者）、観察者、傍観者の四つの役割はもつれあい、いつ、どんなことがきっかけとなり、役割が変わっていくかわからない。「傍観者」を装っている加害者、集団のパワーバランスを用心深く確認し行動している観察者、ある日突然、立場が逆転する被害者と加害者など、四つの役割を担うものは極めて流動的である。いわゆる、いじめられている側（被害者）、いじめている側（加害者）という、いじめの当事者だけへの指導では、いじめ問題は解決しない。

A　いじめられている側、いじめている側

単純な被害者―加害者という図式ではなく、いじめられている側もいじめている側も、いつそのポジションが入れ替わるかわからない流動的で危うい関係性が存在している。いじめられている側は、友だち関係や学級、部活などの集団内における序列制度（スクールカースト）の中、周囲が強要するコミュニケーションタイプになりきる（キャラ）ことを求められる。また、いじめる理由としては、遊び感覚で「これくらい」という安易な気持ちから始まる場合、相手への嫉妬や支配、嫌悪が根本にある場合、「イライラする、ムカつく」という欲求不満が根本にある場合などがある。さらに、過去に自身がいじめられた壮絶な体験からくるものもあり、いじめられている側といじめている側の双方の生育歴や背景を理解することが重要である。

B　観察者

いじめをはやし立てたり、面白がって見ており、直接的に加担していなくとも、結果としていじめを助長することにつながっている。集団の中で力を持つものに追従し、大多数の方に帰属していたいという自己防衛の欲求が見られる。

いじめている側の指示や脅しを受けて行動したり、次のターゲットを探す手伝いをすることもあり、結果として直接的にもいじめの誘発者となっている。しかし、彼らの中には、「いじめられっ子」のポジションから観察者へと変わったものもおり、今のポジションを守りたいがための必死の行動である場合も考えられる。

C　傍観者

手を出さず、言葉もはさまず、一見、関係のない立場で見ていたり、知らないふりをする。「自分には関係ない」

と無関係を装っているものもいるが、「本当は止めさせたいけど、怖くてできない」「先生にチクって、今度、自分がいじめられたらイヤだ」と立場の逆転について恐怖心を抱いているものもいる。また、その後、「どうして、自分はいじめを止められなかったのか？　勇気がないダメな人間だ」と良心の呵責に苛まれるものもいる。

子どもがそのような思いを抱えること自体、安心感を抱きながら自己表現できる環境を私たち大人が提供できていない、守りきれていないということである。単純に「傍観者がいけない」とか「仲裁者に育てていく」という子どもサイドへの評価や要求だけですむことではない。

4　いじめのサイン

いじめ事件が大きく報道される度に、「『小さなサイン』に気づくこと」という指摘がなされる。しかし、「心配をかけてはいけない」と、命を絶つ前日まで普段と変わらず元気で気丈に振舞っていた子どももいる。小さなサインとは、一体、どのようなものだろうか。そして、それは、いつ、どんなときに、どこで、私たちにそのわずかな光を与えてくれるのだろうか。

以下に示すものはほんの一例であり、ケースによっては異なるサインを見せたり、まったく変化を見せない子どももいる。小さな変化を見つけるのは容易いことではないが、心に留めた上でさまざまなアプローチを考えたい。

A　表情、態度

なんとなく元気がなく、「どうしたの？　大丈夫？」と声をかけても、沈んだ表情で話したがらなかったり、「大丈夫」と空元気だったりする。または、いつもと逆にわざと騒いだり、ぼんやりしている。視線も合いづらく、よそよそしい態度である。イライラして、感情表現が激しくなる。何かを気にしているように、ソワソワしている。急に甘えたり、怒りっぽくなったりする。学校の話をしなくなる。宿題を出さなかったり、成績が落ちる。

いじめられたときのことが頭に残り、「あの子たちが言うように、自分はダメな人間なんだ」と思い込んでしまい、普段ならできているはずの勉強や楽しいはずの遊びや部活ができない。また、いついじめられるかと心配になり、周囲を見回して「落ち着かない子」というレッテルを張られてしまう。さらに、そのような、つらい経験を想起させる学校や集団の話をしたがらなくなる。

そのような状況にあると、心身を消耗し、抑うつ感や気分の落ち込みが起こるのは自然なことである。また、いじめる側の生徒に教員が注意した後、言葉によるいじめが一旦は止んだとしても、緊張や不安の高い生徒であれば、「やっぱり、また、『○○』って言ってる」と、幻聴などに悩まされるケースもある。

B　服　装

シャツやズボン、運動着などが破れていたり、濡れていたり、ボタンがとれている。服や靴にわざと汚したような跡が目立つ。普段はきちんと着こなしているのに、急にスカートや上着の丈が短くなったり、改造されている。きちんと風呂にも入り、洗濯もしているのに、匂いや清潔さを過剰に気にする。

危害を加えられ、衣服が乱れるということもあるが、いじめで疲弊し、衣服を整えることにまで注意力や集中力がいかないということも考えられる。学校では、制服や頭髪の乱れは生徒指導の対象となり、さらに被害者が被害を深めていってしまうことにもなりかねない。自身の衣服や所有物は、「第二の自分」として自身を投影しやすく、自己イメージの悪化を招いてしまうこともある。

C　身　体

顔や体に傷やあざができていたり、見えない部分にもけがや落書きがされている。髪の毛がボサボサだったり、不揃いに切られたようになっている。「お腹が空いてなかったから」とお弁当を残してくる。朝、起きてくるのが遅かったり、睡眠や食欲の変化が見られる。登校時に体の不調を訴える。顔色が悪かったり、むくんでいたり、アトピーやじんましんがひかない。冷や汗や、暑くもないのに汗が出る。めまいやふらつきがある。吐き気がある。自傷行為の跡が見られる。チック、過呼吸、急激な痩せや肥満などが見られる。夜中に飛び起きたり、怖い夢を見る。

以上のような症状まで出ているということは、いじめられた子どもが必死に耐えてきた結果、心と体のバランスが崩れ、限界にまで達しているというサインである。担任や養護教諭、スクールカウンセラー、話しやすい先生などの他に、かかりつけの医師や校医などの専門家につなげ、早急に適切な対応および治療方針を立てる必要がある。

D　行　動

一人ぼっちでいることが多く、通学路も変えたりする。忘れ物が多くなり、成績も下降気味。普段付き合っていないグループと行動したり、使い走りをさせられたり、プロレスの技を仕掛けられる。いつも喜んで参加している行事などに、強い拒否感を表す。よく遊びに来ていた子どもたちが来なくなったり、誕生日会を開いても誰も来ない。きょうだい喧嘩で容赦しなくなる。早朝に登校したり、遅くに帰宅する。

いじめている側が参加し、さらにいじめられる危険性のある行事などに参加しないことが多くなる。学校行事や進路に関することでも欠席することもあり、必要な情報や当然享受できるはずの楽しい思い出が共有できない。また、息抜きできるはずの昼休みは、一人でお昼を食べる行為そのものより、一人でお昼を食べるその姿が他者からどう見られているかを気にするあまり、お昼ご飯を持ってウロウロしたり、お昼を食べなかったり、トイレの個室でご飯を食べたりすることもある。

E　持ち物

持ち物がしばしば隠されたり、落書きされたり、壊されたりする。大切にしていたゲームソフトや玩具など、「もういらなくなったからあげた、売った。貸してあげた」と言う。新しく買ったものをすぐに「失くした」と言う。逆に、買い与えていないものや必要以上のお金を持っていたり、おこづかいを要求するようになる（万引き、金銭抜き取りを指示されている可能性がある)。掲示物が破られたり落書きなどのいたずらがされている。

子どもの持ち物は、その子が好きなもの、その子の意志によって選んだものであったり、保護者が「大切に使いなさい」と買ってくれたものがほとんどであろう。つまり、その子の「私はこれが好き」というアイデンティティそのものや家族との関係性の投影であり、それを傷つけられたり、取り上げられたりするということは自尊感情や人権を踏みにじられることと同じである。

F　周囲の様子

からかったり、無視したりする。おかしくもないのに、発言したことに嘲笑が起きる。いきなり名指しし、発言を要求する。本人が望まない、人権を無視したあだ名を付ける。「やめて」と言っても聞かない。その子の担当でもないことを強要する。体育や家庭科、実験などの際、誰も組まない。

脆弱で幼稚な自分たちを守るために、集団でこのような反応を続け、「刃向かってこない。だから、あいつのことはいじめてもいい」という自己中心的な合意状態に陥る。その後、事実とはまったくかけ離れたありもしない噂話を作りだし、他のクラスや部活などに流布し、被害者がさらに孤立を深めていくこともある。

被害者は自分を守り、いじめを止めさせてくれる他者を強く求めてはいるものの、実際には衆人環視とも言える学校内では声をあげていくことはかなり難しく、「どうせ、わかってもらえない」と無力感を深めていく。笑顔で教室にいる子どもにこそ、「もしかして」という気持ちで接したい。

第3節　いじめの原因と背景

昔からいじめは存在したが、いじめられる側やいじめる側が比較的固定し、明確ないじめの理由や攻撃対象が存在する傾向にあった。

あるベテラン教員は「昔のいじめっ子には仁義があった。先生を困らせるようなこともするし，真剣勝負を挑んでくることもあった。しかし，それは彼らにとって理不尽な決まり事に対する抗議であったり，彼らなりの理屈の上に立った喧嘩だったりしたものだった。諍いも，ここまでという限度を知っていたし，手打ちのタイミングや雰囲気に乗ってくることが，子どもも保護者もできていた。しかし，一昔二昔前頃からか，注意してもキョトンとした表情でこちらを見つめ返すだけの子どもが増えたような気がする。『退屈だから』『なんとなくウザいから』『別に理由はない』『俺が痛いわけじゃないから』という自分たちの理屈や気分でやって何が悪いんだという感じ。それは保護者も同様で，学校を困らせようというのとは違うが，『学校の言い分はわかりました。でも，これがうちのやり方なんです』と，こちらの指導や仲立ちが入らなくなった」と話す。そして，「そういう保護者を育てたのも，自分たちなんですけどね」と振り返る。

携帯やパソコンを使った連絡手段の高速化，多様化により，子どもたちを取り巻く社会の急速な情報化が進んでいるが，一方で実体験の減少によるコミュニケーション力の低下や対人関係における質の変化も招いている。社会におけるスピード，効率，成果の追求は，子どもの発達という領域においても求められ，子どもが安定感や安全感をしっかりと味わうことなく，せきたてられて大人になっていっているように思われる。

そのような状況の中で，子どもたちは情緒的に人とつながったり，他者への共感を経験することも少なく成長しているのではないだろうか。表面的で当たり障りのないコミュニケーションによる対人関係では，葛藤場面での対処や向社会的行動，達成感を体験する機会も少ないだろう。子どもたちの「一緒にいるだけ。友だちじゃない」という言葉を聞くと，悩みや将来の目標を語り合う友だちがいる子どもは一体どれくらい存在するのだろうかという問いが浮かんでくる。

また、少子化や核家族化が進み、学校のみならず、家庭においても対人関係スキルは未熟なままである。さらに、保護者の過保護や過干渉によるかかわりでは、本当に必要な欲求不満耐性や問題解決能力を修得していくことは困難である。前述の保護者の事例にもあるが、ここまで保護者の価値観が多様化すると、協調性や思いやり、規範意識を身につけていくことは並大抵のことではない。もちろん大多数の保護者は、パートを終え学校にかけつけたり、ふとした拍子に自身のつらい子ども時代を振り返り、子どもの成長を危惧したり、教員への厳しい物言いを後悔したり、子どもへのより良いかかわりを学校とともに考えていきたいと願っている。

以上のような子どもの環境の急激な変化に加え、昨今の教員の世代交代による生徒指導のノウハウや引き継ぎ問題も拍車をかけ、教員のいじめに対する認識も追いつくことは難しくなっているのではないだろうか。子どもも教員も互いに多忙でコミュニケーション不足となり、知識偏重や生徒指導の厳格化、学校が担う社会的役割の複雑化など価値観が偏ってくると、差別の構造につながりやすい。生徒指導や管理的な締め付けが強くなるほど、その反動で集団として異質なものを排除しようとスケープゴートを見つけようとする恐れもある。

第4節　いじめの予防と対応

1　予　防

小さなサインを見つけることは容易くない。しかし、考え方によってはそれほど特別なスキルを要することでもないのかもしれない。すべての子どもの普段の様子を思い起こしてほしい。嬉しいときの「いただきます」を言う声、楽しんでいるときの笑顔、疲れたときの歩き方、怒ったときのドアの閉め方はどうだったか。また、子どもの特性に応じて、個人ノートや日記帳、描画など、子どもの好きな表現方法を活用し、意識的にその状況を理解し介入することも必要な場合がある。

そのためにも、養護教諭やスクールカウンセラー、事務職員、管理作業員、介助員、ボランティア、ＰＴＡ、地域住民など学校経営に携わる校内外の多様な人々の視点を生かすことである。普段かかわっている大人や専門家が見えにくくなっているものや新しい視点が明らかになることもある。そして、そのわずかなサインを、問題行動や指導の際などに教職員間で情報共有し、声かけしていく。また、その際、あらためて「集団守秘」の意味について共通理解し留意したい。「退屈だったから」「ちょっとからかっているだけ」「ジョーク」などの表現には注意が必要である。すでにいじめが常態化している恐れもあり、その後、重篤な事件へと発展していく可能性もある。

スクールカウンセラーによる啓発のおたよりや心理教育は、心理学的知識や対人スキル、教育相談やスクールカウンセリング、文部科学省「二四時間子供ＳＯＳダイヤル」（〇一二〇‐〇‐七八三一〇）などの相談窓口に関する情報の伝達以外に、カウンセリングを潜在的に必要としている人への橋渡しとなる。大きな事案が起こった際の啓発はその後の予防の観点からも重要であるが、そのテーマがあまりに継続してしまうと、子どもたちの中に閉塞感や不全感が鬱積し事態が思わぬ方向に展開してしまうことも否めない。

２　対　応

初期対応は、本人やまわりの大人も意識していないところでの人間関係の変化が背景にあることも考えられるため、十分に配慮して行う。さらに、把握している状況の背景に、まったく異なるストーリーが展開されている場合もあるため、対応を進めるにあたり早々に一定方向の見方だけに収束していくことは危険である。被害の子どもだけではなく、加害の子どもにとっても行動化からの回復のきっかけを逸することにもなる。そのため、いじめの記録や証拠をとっておくことは後々のプロセスでも重要なことである。ただ、その際、被害の子どもにとっては、その確認作業一つ一つがいじめの追体験となり、加害の子どもにとっては孤立化や攻撃性を一層深めていくことになるかもしれないことに留意したい。

「いじめられている自分を認めたくない」「チクったら、もっと（自分も）いじめられる」など被害の子どもや観察・傍観の子どもが感じる思いは、それぞれの立場における精一杯の自己防衛の表れでもある。また、「イヤなことはイヤと言おう」「謝っているから許してあげよう」「仲直りしよう」などという安易な言葉かけが、さらに被害者を攻撃し自責感を抱かせることもある。「イヤなことはイヤとはっきり言う」ことができている大人がどれほどいるだろうか。発達途上にあり、対人スキルやストレスマネジメントの引き出しも少ない子どもであればなおさらである。

いかに被害者を守り、加害者が「いじめ」以外の方法で自己表現できるようになるか。加害者にも被害者としての過去があることが珍しくなく、その成長にともに歩んでくれる大人が必要なことは言うまでもない。しかし、被害者の状況によっては、「命をかけてまで、我慢したり、あなたの意に沿わないことをする必要はどこにもない」ことを明言し、転校という選択肢も視野に入れておくことである。転校先での適応の問題や、ＳＮＳなどによる噂の流布などの危険性も否めないが、最優先されるべきことは「命や身の安全の保障」であり、次に、学ぶ機会や将来の夢につながるような進路選択や社会的モデルを提示することである。

保護者会では事実確認と今後の対応などが話し合われるが、大人でも状況を聞くだけで間接的にいじめを受けたような精神状態になったり、思春期の追体験をすることがある。保護者も、つらいときは、まわりの信頼できる人やスクールカウンセラーなどの専門家に話してみたり、気分転換を図ってみることである。そして、被害者と加害者の保護者間の調停には、スクールカウンセラーやスクールローヤー、スクールソーシャルワーカーなどの専門家もぜひ活用することを考える。

3　その後の対応

「いじめ」の傷つきからの回復には想像を絶するほどの長い時間が必要である。その子どもが親になってから葛藤が再燃する場合も珍しくない。本人の特性に合い，本人が希望する心理療法も一つの選択肢であるが，日々の生活の一つずつの積み重ね，それを見守り支える声かけこそが，被害者が「自尊感情」「達成感」「自信」を取り戻す一歩ではないかと日々の臨床を通して感じる。

しかし，将来的に，うつや強迫神経症，統合失調症，ひきこもりなど「いじめ」の傷つきがメンタルヘルスに影響を及ぼす子どももいるため，まずは養護教諭やスクールカウンセラーなど地域医療に詳しい教職員らと情報を共有することが大切である。近年，精神疾患が急増しているため，新患受付を中止していたり，予約から初診までに日数がかかることが一般的であり，未成年は対象外の医療機関もある。医師の専門分野や性別，入院施設やデイケアの有無，福祉との連携なども併せて確認しておきたい。また，今後，医療との連携は増加していくことが予想されるため，対応・連携事例として教職員研修などで理解統一を図っていくことが重要である。

「いじめられた」「いじめてしまった」「いじめを止められなかった，見て見ぬ振りをしてしまった」という傷を抱えたまま大人になり，自殺未遂を繰り返したり，「いつか仕返ししてやる。見返してやる」という復讐心を継続して持ち，過剰に頑張る大学生も見られる。実習やインターンシップ，就職活動など自分と向き合う時期に葛藤が再燃しやすく，自傷行為などの行動化の恐れもあるため，細やかな見守りや「語りたくなったときに語ることができる」方法や場所を提示することが重要である。不登校や非行においても，成長途中にある子ども一人だけで回復の道のりを歩むことは困難かつ危険であるように，とりわけ加害者が「いじめ」ではなく，他の方法で自分の気持ちや考えを表現できるように大人がともに寄り添い，フィードバックしていくことが求められる。

最後に、「いじめられた児童生徒の七割が学級担任に相談」していることから、教員が子どもの話をじっくりと聞く時間を確保できるような勤務体系（タスクフォース）にしていくことが急務である。小さなサインに気づくためには、まず教員自身が健康と心のゆとりを取り戻し、日々、子どもたちと接する時間を確保していくことである。

4　あなたを守る——大人のいじめ・ハラスメント

「子どもは社会を映す鏡」とよく言われています。いじめによる子どもの自殺が報道されていますが、日本の自殺率は先進諸国で突出して多く、毎年二〜三万人前後を推移しています。その背景には、心の病を含む健康問題、経済・生活問題などが密接に関係しています。メンタルヘルス、経済格差、パワーハラスメント（パワハラ）、セクシュアルハラスメント（セクハラ）など、大人社会のストレスは多様化、複雑化し、「いじめ・嫌がらせ」の相談件数も毎年増加しています（図3）。いじめ事件などの緊急支援でスクールカウンセラーとして学校を訪問するとき、職員室で感じることのある風の通りにくさのようなものもそういったストレスと無関係ではないのかもしれません。

また、総合労働相談コーナーに寄せられる「いじめ・嫌がらせ」に関する相談は年々増加し、平成二四（二〇一二）年度には相談内容の中でトップとなり、引き続き増加傾向にあります。調査実施時（平成二四年）の過去三年間にパワーハラスメントを受けたことがあると回答した者は回答者全体の二五・三％、パワーハラスメントを見たり、相談を受けたことがあると回答した者は回答者全体の二八・二％、一方、パワーハラスメントをしたと感じたり、したと指摘されたことがあると回答した者はわずか七・三％でした（あかるい職場応援団「データで見るパワハラ」）。

パワハラを受けたり見たりした人は三〜四人に一人ですが、「パワハラをした」という認識のある人はわずか一四人に一人でした。まさしく、子どもの「あれくらい」「ちょっとやっただけ」という気持ちと同様のものが根底に流れている結果となっています。支援の手が差し伸べられることの多い子どもと異なり、組織における立場や経

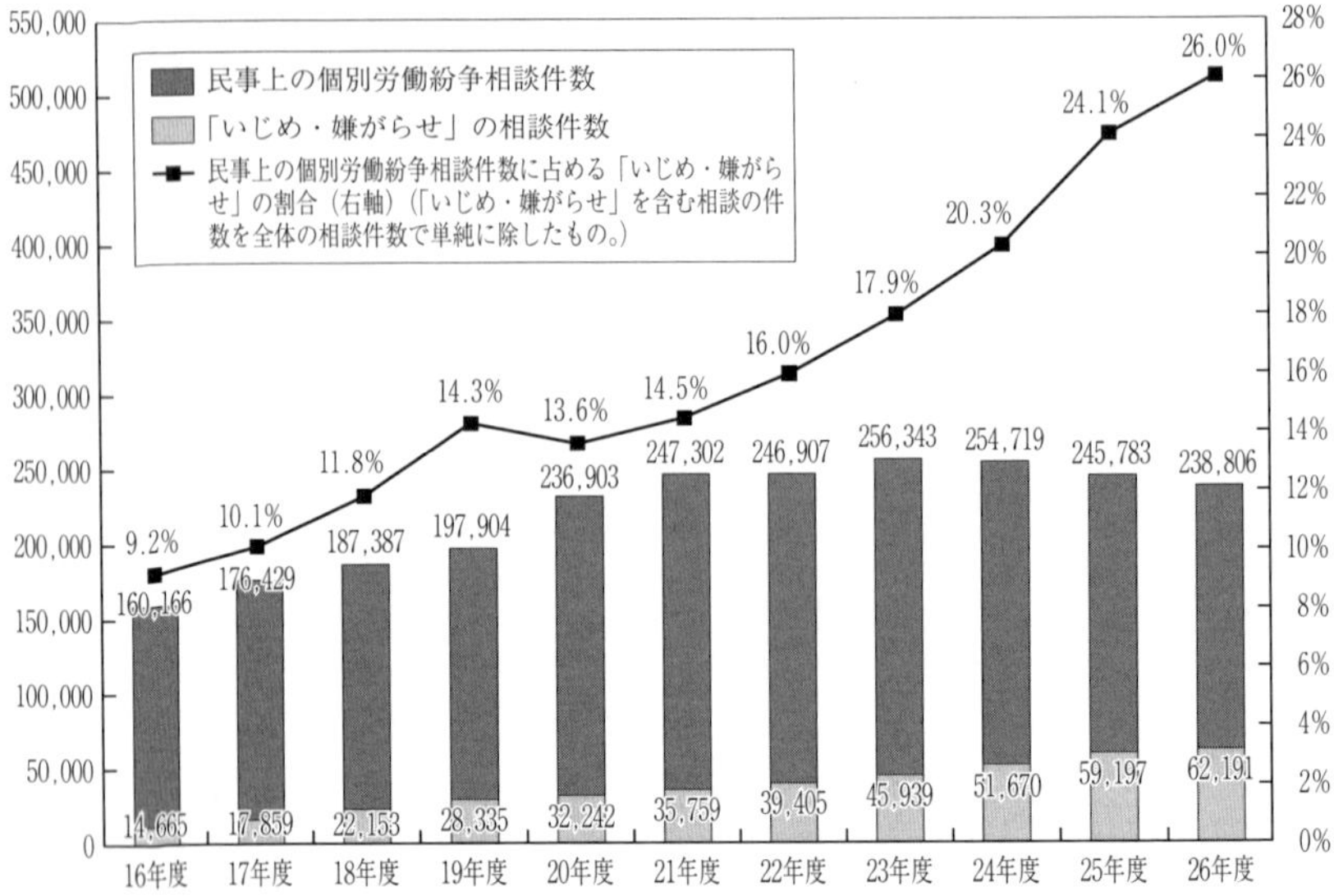

図3　都道府県労働局等への相談件数

（あかるい職場応援団「データで見るパワハラ」）

済的な理由から何重にも縛りがかかった大人は相手に言い返したくともぐっと言葉を飲み込み、笑顔で一歩引いたり、意に沿わない行為を承諾せねばならぬようなことがずっと多く、事態は深刻だと思います。

さらに、今、この本を読んでくださっている方の中には、ご本人や大切なご家族がいじめの渦中で苦しんでいるという方もおられると思います。また、見方を変えると、私たちは生きていく中で、意識的に、あるいは無意識的に、いじめられる側、いじめる側のどちらにも立ったことがあるのかもしれません。

しかし、あなたのまわりには、普段はそうとわからなくとも、あなたの震える手をそっと握りながら話を聞いてくれる人、あたたかい飲み物を入れてリラックスできる雰囲気を作ってくれる人、自分では気づかなかった知恵を授けてくれる人、「よく頑張ったね。つらかったね」とねぎらいの言葉をかけてくれる人、一緒に腹を立ててくれる人など、あなたの心と考えを尊重し寄り添ってくれる、カウンセラーなど足元にも及ばない聴き手の方たちが必ずいます。

じっくり内省を深めていくことも一つの方法ですが，信頼できるまわりの人や専門家に相談することも選択肢の一つに入れてもらえればと思います。

最後に，私が臨床心理士になったばかりの頃，恩師が言ってくれた言葉を記します。

「一番大切なのはあなた。次に相手です。」

文　献

あかるい職場応援団　データで見るパワハラ　https://no-pawahara.mhlw.go.jp/foundation/statistics/（二〇一六年四月二〇日閲覧）

本間友巳（編著）二〇一二　学校臨床　金子書房

一般社団法人セーファーインターネット協会　二〇一五　リベンジポルノの被害にあわれたら　http://www.saferinternet.or.jp/（二〇一六年六月三日閲覧）

岩宮恵子　二〇〇九　フツーの子の思春期：心理療法の現場から　岩波書店

文部科学省　二〇一一　いじめの定義の変遷　http://www.mext.go.jp/component/a_menu/education/detail/__icsFiles/afieldfile/2015/06/17/1302904_001.pdf（二〇一六年七月二一日閲覧）

文部科学省　二〇一二　生徒指導提要

文部科学省初等中等教育局児童生徒課　二〇一五　平成二六年度「児童生徒の問題行動等生徒指導上の諸問題に関する調査」における「いじめ」に関する調査結果について　http://www.mext.go.jp/b_menu/houdou/27/10/__icsFiles/afieldfile/2015/11/06/1363297_01_1.pdf（二〇一六年六月三日閲覧）

森田洋司　二〇一〇　いじめとは何か：教室の問題，社会の問題　中央公論新社

内閣府　平成二七年版「子ども・若者白書（全体版）第一部　子ども・若者の状況　第六章　生活行動・意識　第一節　生活行動」http://www8.cao.go.jp/youth/whitepaper/h27honpen/b1_06_01.html（二〇一六年六月三日閲覧）

第8章 非行

第1節 非行の背景

1 はじめに

まず、非行という言葉について考えると「行いに非ず」ということであり、「法律や社会規範に反した行為」ということであり、それを行っている青少年を非行少年と呼んでいる。しかし、学校教育においては、その社会規範を学ばせていくというのが一つの目標であり、子どもたちはその発達途上にあるので、それができていないからといって、「行いに非ず」としてなにか枠の外にあるものとして簡単に割り切ったり、排除するわけにはいかない。それゆえか、学校現場では非行という言葉はほとんど使われておらず、「やんちゃな子」という表現がよく使われているようだ。私はこの表現が非常に好きである、というのは、かなりひどい法律や社会規範に反した行為を行ったとしても、同じ学校のなかにいる一人の生徒であり、少し粗暴でやんちゃであるが、一人の生徒、さらには一人の人間として学校でかかえていこうという姿勢が感じ取れるからである。

つまり、学校においては、非行という行為そのものではなく、常にそれを行っている子どもの方に目を向けようとしていると思われる。それはカウンセリングにも共通し、なぜその子がそのような行動をしてしまうのか、その背景としてどのような気持ちや環境があるのか、そのような視点を通して、行為それだけではなく「非行を行っている少年」を対象としてアプローチしようとしていると思われる。

したがって、学校という枠のなかで非行の問題を考える場合は、その非をとがめ罰を与えるという発想ではなく、家庭や関係機関と連携しながら、なんとか学校という場の中でかかえ、なんとか成長を促していこうという姿勢が大きいのではないかと思われる。高校生の場合は義務教育ではないということで、また大人としての感覚を身につけているという前提で、非行に対しては、即出席停止や停学といった罰則が与えられ、最終的には退学という形で学校という枠から外れることが多い。これに対し、中学生はいくら非行を繰り返し、学校に来てなくても中学生という枠から外れることはなく、また法律上も未成年ということで、家庭や学校での再教育に期待されるところがあり、かなり深刻な事態に陥ってもなんとか学校という枠のなかでかかえていこうという対応がとられている。そのぶん学校での対応もむずかしくなる。そこで本章では非行といった場合、年少非行を主に指し、一四歳・一五歳の中学生を中心に考えていくことにする。

2　崩壊家族の子どもたち

はじめにで述べたように、非行少年たちをなんとか学校のなかでかかえて、立ち直らせようという教師のとりくみにもかかわらず、子どもたちの暴力行為、凶悪な犯罪はますますエスカレートしていくようである。そこには子どもたちをとりまく環境が大きく変わってきていることも大きな要因の一つと考えられる。それは家族の崩壊である。家族の崩壊とは、象徴的な意味で家庭の団欒がなくなったり、親子の会話がないとか、親が放任しているというレベルを超えて、まさに物理的に家族そのものが崩壊しているということである。

教師が家に行ってもいつも親がいない、まったく連絡が取れない。子どもすらも親がどこにいるのがわからない。また、育児や家事を放棄した母親は夜の仕事に行って、朝になっても帰ってこず、小さなきょうだいをかかえた中学生の長女が、みんなの食事を作り、弁当を作り、オムツを換え、洗濯、掃除をしているという場合もある。また親の離婚・再婚というなかで、子どもの存在はまったく考慮されず、むしろ再度の結婚では子どもの存在は邪魔ですらあり、よそに預けられたり、ほとんど親と顔を合わすことなく子どもだけで生活していたりする。まさに家族の形態や役割がまったく機能しておらず、崩壊しているのである。このように非行少年たちへのかかわりを考える際は、その子のおかれている状況、特に家庭環境を充分に考慮しながらかかわる必要があり、学校でのかかわりにおいてもそれは例外ではない。

第2節　非行への誘因、経過

1　集団・友人への傾倒

非行の問題は、前節で述べたように家族機能の崩壊の影響が大きいが、実際に非行へと誘われていくきっかけはまわりの友人の影響力が大きい。家のなかに居場所がなかったり、自分の気持ちを理解し、受けとめてもらえない子どもたちは、その思いを友人関係のなかで満たそうとする。特に思春期、中学生ぐらいは友達との関係がもっとも重要であり、中学校生活で一番楽しいことはという問いに多くの子どもが「友人と過ごす時間」と答えている。

友人とおしゃべりしたり、ふざけ合ったりするなかで、その子なりの居場所を見つけ、さまざまな不安やストレスにさらされていても，なんとか学校生活を送っていけるのである。特に女子にとっては，学校での自分の所属するグループのもつ意味が大きいようである。そのようなグループや友人関係のなかに自分の居場所を見つけられず，なんとなくイライラを募らせている者がいると，彼らが集まって一つの集団を作り上げる。似たもの同士が集まる集団のなかで，特に先輩が喫煙，万引き，バイク窃盗など非行行為をやっていると，容易にその影響を受け，自分もその行動をまねて実行するようになる。そして，一度そういういわゆる非行グループに入ると，なかなかそこから抜け出せないようになっていく。まさに生島（一九九三）が指摘するように年少の非行の問題は，「すべてが友だちしだいである」ということもできるのである。

これは非行少年の親との面接でもよく出てくることで，「悪い子とつきあって」「うちの子は誘われて」非行に走っていると思われやすく，その友人と離れさえすれば，もとにもどるのではという親の訴えをよく聞く。この訴え・思いは，自分の子どもを信じたいという親の願いでもあるが，その一方でこの親の思い込みや無理解が，子どもを非行へと駆り立てている原動力にもなっていると思われる。これについては，後にくわしく述べる。

学校内での喫煙や校則違反などで，教師に目を付けられ，教師に反発したり，学校内での居場所を失った子どもたちが，学年内に二，三人いるとすぐに学校から飛び出し，他中学の生徒や地域の同じような境遇の子どもたちが出会うことになり，集団化していく。そのプロセスは，想像を絶する凝集性と早さであり，生島（一九九三）は「嗅覚としかいいようのない，早さと凝集性である」と表現している。

彼らの主な活動時間は夜であり，単親家庭で夜親がいない家や，親の目の届かない出入り自由な部屋をもっている少年の家が彼らのたまり場となり，またコンビニの前などで一晩中たむろして，たわいのない話をし，バイクを乗り回したりし，遊びに出かける。そこに彼らなりの楽しさ，格好良さを感じているようである。このように，夜中でもコンビニの前は明かりがついており，食べるものは金さえあればいつでも食べられ，携帯電話で友達との連絡はすぐ取れるし、また学校や社会から疎外され、仲間を求めている若者がかなりいるという社会環境的な誘因も大きく影響し、非行少年たちは、瞬く間に集団化し、そのグループに自分たちの居場所を見出していく。

2　親の対応と子どもたちの苦悩

このように見てくると、非行グループと呼ばれる仲間と出会い、グループに入ってしまったのが非行に陥った原因であるかのようであるが、それはあくまで一つの誘因にすぎない。その誘因に乗っていくかどうかは、その子のおかれている家庭環境などとのつながりが大きいようである。つまり夜中家を抜け出し、外泊を繰り返すことに対し、本人がどのような意識をもつか。そこにはこれまでの親との関係や、まわりの人との関係が大きく影響しており、さまざまな誘因の前で立ち止まって、踏みとどまれるかは本人の気持ちやまわりとの心のつながりしだいによっているのである。親のなかには、子どもが非行に走ったのは友達の影響であり、自分の子どもにはそんな気はまったくないのだと訴えたりすることが多いが、その親の思いのなかに、実は誘われている子どものなかに、なにか不満や苛立ち、怒りなどがうっ積しているのかもしれないという発想はまったく欠落していると思われる。そのことがまた、子どもたちをいっそう苛立たせ、反抗的にしていくようである。したがって、非行の問題にしても、他の不登校やいじめの問題と同じように、さまざまな不安や葛藤・寂しさ・怒りをかかえ、精神的にも、また現実の家庭環境的にも不安定ななかで、自分の居場所・存在感を感じられずにいると思われる（思春期の子どもたちの居場所・存在感の意味については、第2章を参照）。したがって表面上学校での問題行動は、反社会的な問題行動と非社会的な問題行動として分けられるが、基本的に流れている子どもたちの思いはほとんど同じであり、その気持ちに触れることをもっとも恐れ、避けているのが非行少年のように思われる。

第3節　非行少年への対応

1　権威と反省・謝罪

学校現場において、喫煙・暴力・万引き等の反社会的問題行動が明らかになると、まずその生徒に対し指導を行う。たとえばその現場に誰がいたか、一人でか集団でか、その場での細かな事実関係を何人かの生徒の話を付き合わせて確認していく。事実関係が明らかになった後は、保護者に連絡し、暴力であれば相手の生徒に、万引きであればそのお店に謝罪に行くということが考えられる。その過程において、保護者への連絡などを通し、自分がやったことの罪の重さ、責任というものを感じ、学校においてもそのような自覚、反省を促していくような指導が行われる。当然、中学生の非行ははじめてのケースということが多く、そこで学校や親、まわりの大人がどのように対応するかは大変重要であり、自分の行ったことの罪の重さやまわりに与えた悲しみなどを十分に自覚できると、非行も一過性で終わることが考えられる。

しかし、問題となるのは、いくら注意し、指導を行っても非行が繰り返される場合である。すでに述べたように、家や学校に居場所を見出せない生徒は、いわゆる非行グループに所属し、学校でいくら話を聞き、反省をさせても、その場限りのことでありすぐにまた繰り返されるということになる。

いくら話をし、指導を行っても非行を繰り返す生徒に対しては、ただ単にその罪を認めさせ、反省をさせるだけではなかなかその行為を止めさせるのはむずかしいと思われる。学校での生徒とのかかわりをみていると、何回も非行を繰り返している生徒に対しても、やはり同じように、まずその行いの非を認めさせ、反省・謝罪を求めるということが行われているようだが、これはこのような非行生徒とのかかわりにおいて、少し考えないといけない点であると思われる。つまり、自分の非を認め、反省するということは、それが本人の自然な感情として出てくるなら大切であろうが、それにもかかわらず同じことが繰り返されるということは、反省が表面的・形式的になっていると考えられる。「自分のやったことが間違いでした、すみませんでした」という発言を本人から聞くと、なにか学校としての、教師としての指導が完了し、相手への反省・謝罪がなされると、それでこの問題は終わったという錯覚に陥りそうになる。しかし、多くの教師がこれは錯覚であり、表面上の解決でしかないというのは感じているのではないか。問題は、その非行を繰り返す生徒の心の世界であり、非行を行っている時や、その後の指導の時の気持ちのありようである。

ある生徒のエピソードが思い出される。その生徒はこれまでも対教師暴力や、深夜徘徊、万引き等で何回も指導されていた。ある時授業妨害をし、教師に注意されたその生徒は教室を出ていこうとし、それを制止しようとした教師と揉み合いになり、教師を殴るという出来事が起きた。駆けつけた他の教師にとり押さえられ、別室で話を聞き、しばらくして興奮は収まった。そこでの指導は、本人の気持ちを充分にくんだものであり、本人も授業を妨害したのは悪かったと思っているようであった。そこで、暴力を振るった教師に、「自分が悪かった、すみませんでした」と言えるかという話になった。しかし本人は頑として、それは言えないと拒否した。よくよくその理由を聞いてみると、そんなことを言うと「相手が調子に乗る」というのが気に入らないということであった。そんなことはないからとしばらく説得し、ようやく本人も謝罪する気になった。放課後、その生徒と殴られた教師が対面し、はじめはうつむき、ふてくされていたが、まわりの先生に促され「さっきはすみませんでした」とやっと聞き取れるぐらいの小声で謝った。するとその教師はそれを待っていたといわんばかりににこやかな顔になり「そうか、それなら俺は全然気にしてないからな」と今までのことがなかったかのように笑って彼の肩に手をかけた。その生徒は再び湧き上がった（と筆者には思えた）怒りを必死で抑え、その手を振りきるように部屋を飛び出した。その教師はもう少し話がしたかったようだが、声をかけるまもなくその生徒は走り去り、帰ってしまった。彼の言った「調子に乗る」というのがなんとなくわかるような気がした。

非行を繰り返す生徒たちは、これまで何度となく力で押さえつけられ、力（権威）の前に屈服させられてきたのである。なんらかの非行を行った時、彼らはかならず「非を認めさせられ」「反省させられ」てきたのである。力によって自分の非を認めさせられ、教師という権力の前で反省させられてきたのである。教師の権力というのはあまり感じられないかもしれないが、「謝罪をさせる」という権力はかなりの力である。たとえば、会社や隣近所で対立が生じ、多少一方が悪いと思っていても、双方が自分は悪くないと思っている状態で、どちらか一方に無理やり自分の非を認めさせ、相手に謝罪するように押さえつけていくには相当の力が必要であり、また無理やり謝罪させられた人はかなりの屈辱を感じるのではないか。非行の生徒はこの力や権力に対し、かなり敏感なようであり、それゆえに力で押さえつけてくる規則や法律、さらには警察にまで反発していくのではと思われる。それだけ非行を繰り返す子どもたちは、力によって不当に押さえつけられ、屈辱を味わってきたのである。そのような彼らが、無理やり反省させられ、謝罪させられるというのは、一方では耐え難い屈辱であり、はげしい怒りすらも感じているのではないかと思われる（他方では、それがエネルギーとなり、救われているところもあるのだが）。

非行の生徒にかかわる場合、力や権力をもたずにというのは現実的にむずかしいが、彼らがそれに非常に敏感であるということを頭に置き、生島（一九九三）がいうように、ワンダウンポジションの姿勢で臨み、相手を力づくで従わせようとしたり、見下したりする発言（石川、一九八五）は控えるべきであると思われる。教師がワンダウンポジションでというのは、なかなかむずかしいのかもしれないが、非行の生徒に長年かかわってこられた生徒指導担当の教師をみていると、決してこちらの権力を振りかざしたり、上から指導しようという感じではなく、どこかフランクな感じで、ユーモアのセンスがあり、どんな問題を繰り返す生徒でも一人の人間として、なんとなく親しみを感じて接しておられるようである。

2　希薄な人間関係

非行生徒の人間関係をみてみると、多くの場合に共通するのはその人間関係の希薄さ、薄っぺらさである。これまで述べたように非行少年は、家庭や学校でしっかりしたつながりをもつことができず、その一方で人とのつながりを求めているようである。家庭や学校の枠から外れてしまった子どもたちは、独特の嗅覚で仲間を作り、集団化する。同じような境遇の者が集まり、同じような行動、態度をとることで、かすかな一体感、連帯感を感じているのではないか。したがって、誘因・経過のところで述べたように、非行というのは友人の影響というのがかなり大きく、そこから引き離せばなんとかなるのではという考えも浮かぶが、彼らにとってその非行の仲間というのは非常に大切な存在であり、少しでも批判しようものなら、すぐにこちらが敵となり、こちらとのつながりは切れてしまう。そこではまず、非行グループでの仲間関係、一体感、つながりを尊重し、彼らの居場所を認めてやることも必要になる。

しかし、彼らの仲間意識といっても、実際は相手についてはほとんどなにも知らない、その場だけの、表面的なつきあいでしかないことが多い。集団で万引きしたり、夜中バイクで走り回ったりする瞬間の一体感によって、その集団でのつながりを大切にし、仲間意識をもっているが、それはあくまで刹那的、表面的なものであり、メンバーやその集団を本当に信頼している、頼りにしているということではなさそうである。なにか困ったことや不安になった時、相談するのはその非行グループのなかの人ではなく、外にいる人に相談していることが多いと思われるし、そのグループ内で自分がいつ居場所を失うかもしれないという不安は常にもっていると考えられる。彼らにとっての非行グループでのつながりは、「大切だけど薄っぺらい人間関係」であり、非常にもろく、つながりとしては弱いものである。それにもかかわらず、その「薄っぺらいけど大切な人間関係」にしがみつき、そう簡単に切り離すことはできないなかに、彼らの存在感の脆さ、危うさがあり、これまでの生活のなかで、つながりがなかったことを示しているものと思われる。

彼らにとって、そもそも人間関係そのものが希薄なものであり、深い人間関係などもてないのであり、そこが非行少年とのつながりをつくっていく際の重要なポイントになってくる。彼らになにかを言ってわからせようとしたり、まして教訓めいたことを言って納得させようという試みはほとんどが無駄に終わる可能性が高い。そういった話し合いによって、なにかを考えさせたり、受け入れさせたりするにはまずその前に相手との関係・つながりが必要であるが、関係のとり方そのものが非常に希薄であり、家族内ですら本当の意味でのつながりを実感として感じることがなかったと思われ、ましてこれまで何回も非行を繰り返し、反省・謝罪をさせられてきている生徒にとって、教師や大人との関係はますます表面的、希薄なものになっていく可能性がある。

したがって彼らにとって、人間関係とは希薄なものであり、逆に深い関係を求めることはかえって侵入的であり、彼らを不安にし、身構えさせたり遠のかせたりすることにもなりかねない。

非行少年とのつながり・関係をつくる際は、まずは彼らは非常に「希薄な人間関係」しかつくれないということを充分理解し、相手を信頼するようになるにはかなりの時間と値踏み（試し）を必要とし、徐々にしか進まないということを頭に置きながらかかわることが大切と思われる。

第4節　家庭との連携

1　連携の必要性と困難さ

前節において「崩壊家族の子どもたち」として触れたように、非行への家庭環境の影響が大きいことは確かであり、太田（一九八九）も「今日なお家庭の問題が非行に大きく作用していることは否定しない」と述べている。その具体的背景として、単親家庭、葛藤家庭、飲酒や覚醒剤、放任と一貫性の乏しい養育等を上げている。また門脇ら（一九九八）は、非行少年と一般の高校生との比較研究より、親の懲罰的・拒否的・過干渉的養育行動や本人をひいきする養育行動が、非行少年の家庭で高いことを見出している。

このような背景がかならずしも非行に結びつくということではなく、そのような環境のなかでも問題なく過ごしていける子どもがいるのも事実であるが、かなりの割合で非行に結びついたり、あるいは非行をより深刻化させる可能性が高いと考えられる。学校現場において、非行の子どもたちの背景にこのような家庭状況があるということはしばしばみられる現実であり、それだけに家庭環境がなんとかならないと問題の解決はむずかしいのではと感じられることも多いのではないだろうか。

非行という問題は、家庭との連携・協力ということが重要な意味をもってくるが、太田が指摘するようにさまざまな背景を背負った家庭環境が多いだけに、逆に親の協力が得にくいというのも非行少年の家庭のもつ特徴でもある。家庭訪問しても、まったく相手にされず冷たく追い返されたり、あるいはいつ行っても留守であり、なかなか会うことすらできないということもある。このような親の非協力的な態度に接すると、なんとか子どもを非行から立ち直らせたいという教師の意欲すら薄れさせてしまう。また、逆に親の力では非行から子どもを立ち直らせるのはまったく無理であり、学校に過度に協力を依頼し、夜中家を出て行って帰ってこないので、学校に連絡し所在を確かめてほしいと頼んできたり、夜中家で暴れて手がつけられないので学校や担任に助けを求めてきたりというようなケースもある。子どもへの対応がお手上げ状態であり、親ではどうしようもないので、教師にしつけから日常生活の指導まですべてを求めてきて、過度に依存的になる家庭である。

このように非行少年の家庭では、拒否的な態度で冷たく接せられたり、あるいは逆にまったくのお手上げ状態で、過度に依存的になって全面的に頼ってこられたりして、いずれにしても家庭との適切な連携が非常に困難な場合が多い。

しかし、その家庭との連携・協力なしには非行少年とのつながりを形成し、非行グループから引き離すことは不可能であり、家庭との連携のむずかしさが、非行少年への対応をさらにむずかしくしている要因でもあると考えられる。

2　日頃からの連携の重要性

そこで、この困難な作業を行っていくうえで、まず考えなければいけないことは、「家庭環境の問題（たとえば、単親家庭、親の飲酒・酒乱、家庭内別居等）がなんとかならないとむずかしいのでは」という教師の思いに対し、家庭環境というものがそうそう短期間でなんとかなるものでもないという事実である。ただし長期の継続的治療教育（たとえば断酒のための治療プログラムや家族の構造を変える家族面接、夫婦面接等）を受けることで家庭環境そのものが変わっていくことも考えられるが、それにはかなりの時間と高度の専門的知識や技術が必要であり、学校現場においてそこまで実践していくことは不可能である。特に離婚率の上昇や結婚の形態の多様化のなかで、単親家庭というのは一つの生き方の問題であり、第三者が口を出すべき問題ではない。
このように考えると、劣悪な家庭環境に直面し、その影響力の大きさを実感しつつも、それを短期間で変えようということは不可能であり、むしろその環境のなかでいかに子どもたちが親や友達とのつながりを形成し生きていくか、さらに親自身がその劣悪な環境のなかでなんとかしようという意欲を捨てることなく子どもにかかわっていけるかを模索していくことが重要になる。

その第一歩として、とにかく家庭訪問をして、すぐに子どもの非行や親の対応を話題にするのではなく、子どものこれまでの生活や家での様子、家庭の状況などをまず聴く必要がある。なにか問題行動や非行で指導が必要な時、家庭を訪れるとどうしても親への指導、注文が全面に出ることになり、親自身もそのことは百も承知であり、教師自身が来ることに身構えることになってしまう。このような状態では、家庭との連携・協力というのはほとんど無理であり、会えば会うほど関係がぎくしゃくしてくることになる。そこで、非行少年をかかえた家庭とは常日頃から定期的な親との連絡、連携が必要であり、問題行動がある、なしにかかわりなく、家庭を訪問し親の話を聴き、少しずつ信頼関係を形成していくことが大切だと思われる。

すでに述べたようにさまざまな家庭環境の問題をかかえた親は、第三者に対し拒否的で冷たい態度を示したり、また逆に過剰に依存してきたりするが、基本的にある共通の心理として、非常に厳しいつらい立場にあるのは明白であり、心のどこかで誰かに相談し、聴いてもらいたいという欲求をもっているということである。したがって、こちらが指導し早く非行をやめさせようとしたり、家庭でのしつけや生活態度を非難したりするという姿勢ではなく、とりあえず耳を傾け、その家庭の置かれている状況やこれまでの親の生活について関心を向け聴いていくことである。そうすると、親は少しずつ本音の部分を語り始め、学校との自然な連携・協力を求めてくるのではと思われる。そのためにも、なにか問題が起こったから出かけていくが、特に非行や暴力事件などなければ落ち着いているから問題はないということではなく、なにもない時でも最近の家での様子はどうかなど、関心を向けていく、連絡を取っていく必要がある。

常日頃からの関係の形成ということは、教師の負担はかなり大きくなることが予想される。そこまでして非行少年やその家庭とかかわろうとは思わないというのも教師の本音であろう。前に述べた依存的な家庭は特にそうであるが、拒否的な家庭でも教師に相談やお願いすることが多くなり、かなりの労力と時間を割くことになる。場合によっては教師が家族の機能の一部を引き受けざるをえないということにもなりかねないし、そのなかで教師自身が疲弊してしまい、ダウンしてしまうことも予想される。その際に大切になってくるのは、教師の生活を守り、そのことが非行少年やその家族を守ることになる、枠組みの設定である。教師の家庭訪問はなにか問題があった時であり、望まれない訪問であることが多いので、非行少年の家庭との連携においては、日頃からの定期的な面談が必要であり、それはカウンセリングの決まった時間にきまった場所で会うという治療構造の考えが役に立つと思われる。カウンセリングでは、基本的に決まった場所で、決まった時間、定期的に会うことが原則であり、それを越えて会うことには限界があるということをまず明確に示しておく。非行少年とのかかわりや家庭の連携において、時には夜中に連絡がきて走っていかなければならないこともあるし、また父親と一杯飲みながら何時間も話さないといけないということもあるが、それが常にできるというものではなく、教師としての限界もあることを明確にし、できる範囲のなかで安定した関係をつくっていくことが、連携をつくっていくうえで、重要な視点になると思われる。

第5節　おわりに――「学校カウンセリング」と「非行」をめぐって

本章では、非行の問題について、特に中学生の非行少年を学校現場のなかでどのように理解し、扱っていくかという視点から述べた。非行の背景としての家族の崩壊、また非行への誘因、経過のなかでは友達からの影響やその関係の重要性について指摘した。次に実践的な非行少年への働きかけとして、まず子どもたち自身とのつながりの形成について、さらに家庭・保護者との連携・協力のあり方について述べた。

これまでの非行少年の理解やかかわりは本章でも紹介した生島・村松らをはじめ保護観察所、家庭裁判所、児童相談所、少年院などでのかかわりを中心として報告されているものである。

非行臨床ということを考えれば、常にそういう子どもたちと接している司法・矯正の領域にかかわっている臨床家の人が中心となることは当然のことであるが、学校カウンセリングという視点から考えると、司法・矯正の場でみられる子どもたちはこれまでにかなりの非行を繰り返し、多くは学校という場では対応しきれなくなった子どもたちではないかと思われる。

学校現場では、そうなる以前の、警察や司法の法的な処遇を受ける前の子どもたちへのかかわりが中心となる。学校ではこのような子どもたちに対し、生徒指導・生活指導担当の教師を中心にかかわってきており、かなりの実績を積み、実にすばらしい対応を行い、多くの非行少年とねばり強くつながりをつくりながら、無事卒業させていったという話も聞かれる。しかしこれはあくまでも経験の積み重ね、その先生ならではの実践から生まれたものであり、多くの教師一般に共通するような理論・技法といったいわゆる非行臨床というものではない。また、スクールカウンセラーが中学校を中心に配置されるようになったが、これまでの報告を見るとスクールカウンセラーの主な対象は、不登校などいわゆる非社会的問題行動といわれる生徒であり、非行などの反社会的問題行動の生徒へのかかわりは少ないようである。

つまり、これまでのカウンセリングでは「非行」の子どもたちはあまり扱ってこなかった（というよりむしろ面接という場に来ることがなかった）ので、非行少年に対応する有効なカウンセリングの理論や技法があまり発展してこなかったという現状がある。したがって、本書のタイトルである「学校カウンセリング」では、非行という問題に対してはまだ未開拓な領域が多く、筆者が本章で指摘した点もこれで絶対だというものではなく、今後検討を加えていく必要もあると考えている。

これまでカウンセリングの場にほとんど来ることのなかった非行少年が、実際は学校のなかにはかなりいるわけであり、学校の教師にしても授業妨害や対教師暴力などもっとも対応のむずかしい生徒たちである。その学校に、スクールカウンセラーとしてカウンセリングが導入されて二〇年以上が経ち、非行少年へのカウンセリングの実績が積み重ねられてきており（東、二〇〇八）、非行に対する「学校カウンセリング」の可能性が、着実に発展してきているところである。

文献

東　千冬　二〇〇八　非行生徒への学校臨床の実際　村山正治（編）臨床心理士によるスクールカウンセリングの実際（現代のエスプリ別冊）至文堂　五三―六二頁

生島　浩　一九九三　非行少年への対応と援助　金剛出版

生島　浩　一九九八　非行臨床における心理的援助の方法　生島　浩・村松　励（編）非行臨床の実践　金剛出版　二八―四二頁

石川義博　一九八五　非行の病理と治療　金剛出版

門脇真帆　一九九八　非行少年における親の養育行動認知の特徴　精神医学 **40**（**3**）二五三―二六一頁

村松　励　一九九八　非行臨床の課題　生島　浩・村松　励（編）非行臨床の実践　金剛出版　一五―二七頁

太田中庸　一九八九　現代型非行の背後にある病理　坪内宏介（編）非行　同朋舎　四三―六一頁

第9章　摂食障害

第1節　摂食障害とは

摂食障害は食べないこと（拒食）、一度に大量に食べること（過食）など食べ方に関する異常を主な症状とする心の病気と考えてよい。過去には、摂食障害の人にホルモン系（内分泌系）の異常が認められることから、摂食障害は身体的原因であるとされた時代もあったが、現在ではそれらはやせなどによる二次的なホルモン異常と考えられており、このようなホルモン異常説はほぼ否定されている。摂食障害は思春期から青年期にかけての女子に圧倒的に多いことが知られており、九六％は女性である。

摂食障害はその病態から神経性無食欲症（Anorexia Nervosa 以下、拒食症）と神経性大食症（Bulimia Nervosa 以下、過食症）に大きく分けることができる。表1と表2に摂食障害の診断基準として、わが国においてもっとも多く用いられているアメリカ精神医学会編集のＤＳＭ-５の診断基準を示した。拒食症の診断基準をみると、拒食あるいは少食といった食行動上の異常が含まれていないが、肥満することの拒否、やせ希求といった心理的問題ややせ体型であることを示すことで、拒食症状の存在を間接的に示している。一方、過食症では身体イメージの障害ととも

表 1　神経性やせ症/神経性無食欲症（Anorexia Nervosa）の診断基準

A．必要量と比べてカロリー摂取を制限し，年齢，性別，成長曲線，身体的健康状態に対する有意に低い体重に至る。**有意に低い体重**とは，正常の下限を下回る体重で，子どもまたは青年の場合は，期待される最低体重を下回ると定義される。

B．有意に低い体重であるにもかかわらず，体重増加または肥満になることに対する強い恐怖，または体重増加を妨げる持続した行動がある。

C．自分の体重または体型の体験の仕方における障害，自己評価に対する体重や体型の不相応な影響，または現在の低体重の深刻さに対する認識の持続的欠如

［病型］

摂食制限型：過去 3 カ月間，過食または排出行動（つまり，自己誘発性嘔吐，または緩下剤・利尿薬，または浣腸の乱用）の反復的なエピソードがないこと。この下位分類では，主にダイエット，断食，および／または過剰な運動によってもたらされる体重減少についての病態を記載している。

過食・排出型：過去 3 カ月間，過食または排出行動（つまり，自己誘発性嘔吐，または緩下剤・利尿薬，または浣腸の乱用）の反復的なエピソードがあること

（DSM-5 を一部改変）

表 2　神経性過食症/神経性大食症（Bulimia Nervosa）の診断基準

A．反復する過食エピソード。過食エピソードは以下の両方によって特徴づけられる。

(1)　他とはっきり区別される時間帯に（例：任意の 2 時間の間の中で），ほとんどの人が同様の状況で同様の時間内に食べる量よりも明らかに多い食物を食べる。

(2)　そのエピソードの間は，食べることを抑制できないという感覚（例：食べるのをやめることができない，または，食べる物の種類や量を抑制できないという感覚）。

B．体重の増加を防ぐための反復する不適切な代償行動。例えば，自己誘発性嘔吐；緩下剤，利尿薬，その他の医薬品の乱用；絶食；過剰な運動など

C．過食と不適切な代償行動がともに平均して 3 カ月間にわたって少なくとも週 1 回は起こっている。

D．自己評価が体型および体重の影響を過度に受けている。

E．その障害は，神経性やせ症のエピソードの期間にのみ起こるものではない。

（DSM-5 を一部改変）

に、過食エピソードとその代償行為としてのパージング行動（浄化行為）の存在を強調している。

第2節　摂食障害の頻度――特に学校における実態

結論からいうと、摂食障害の人たちがどれくらいいるのかははっきりしない。というのは、摂食障害の人たちは、拒食や過食症状そのもののために、自ら進んで病院を受診したり、カウンセリングを受けたりすることは少ないと考えられるからである。摂食障害には、隠しておきたい病気、病気と思わないといった風情がある。拒食症（過食症）の人に「あなたは拒食症（過食症）ですか」と尋ねても、「はい、私は拒食症（過食症）です」とは素直に答えてはくれないのである。といっても、拒食症の場合、急激な体重減少によるやせや食事をあまりとらないことなどが続けば、親、先生、友人など周囲の人たちに気づかれることになり、家族や友人が心配し、結果的に家族と同伴で相談に訪れることになることが多い。しかし、過食症の場合は表2のように、やせていることが診断基準とはなっていない。事実、やせた過食症の人もいるけれど、普通の体型や肥満の過食症の人も少なくない。過食症状も一人で隠れて行い、嘔吐もトイレや風呂場などでこっそりと吐くことが特徴的である。そのため、他の人に気づかれることは少ない。過食症の人が相談に訪れることが少ない理由はここにある。

といっても、摂食障害の頻度に関して、多くのデータがある。拒食症は過食症に比べて発症年齢が低く、中学生から高校生にかけて多い。最近のデータによると、拒食症の頻度は中学生の女子で〇・五％程度と報告されている。一方、過食症は病院への受診状況の調査から拒食症よりも発症年齢が高く、高校生や大学生などに多いと考えられている。比較的信頼できる過食症に関する欧米の報告では、若年女性のうち、一・三～六・三％が過食症であると指摘されている。わが国でも、その範囲内（おそらくその下限）にあると考えられる。過食症は結構多いのである。

第3節　摂食障害の成り立ち

　摂食障害の根本的原因はまだ明らかではない。これまで、多くの摂食障害に関する病因仮説がとなえられている。たとえば「成熟拒否による病態である」、「痩身願望が原因である」、「社会的なやせ風潮による要因である」、「家族の病理である」、「母子関係の問題である」など、挙げればきりがないほどである。これらの一つ一つの考え方はなるほどと首肯できる側面もあるが、いずれも完全なものとはいえそうにない。摂食障害は一元的に理解できないのである。むしろ、単一の病因ではなく、このようなものがお互いに影響し合いながら症状が形成されていくと考えるほうが自然ではないかと思える。つまり、社会文化的要因とそれと相互に影響し合う個人の心理機制、そして、その基盤にある個々の人格の脆弱性が摂食障害の発生に寄与しているものと思われる。図1に摂食障害発症モデルを示した。私たちはある集団内で生活している限り、常に文化社会的圧力を受け続ける。この社会で上手に生きていこうとすれば、この圧力を受け入れ、それに適応しなければならない。この圧力内容は、その集団の文化特性だけでなく受けとる年代によっても異なっている。摂食障害の関連でいえば、ダイエット志向や肥満性悪説が現代社会において、大きな圧力であることは誰でもが認めるところであるが、この肥満恐怖あるいはやせ願望といった社会的価値観ともいうべき圧力をもっとも強く受けてしまう年代は思春期といえる。なぜなら、思春期は二次性徴期といわれるように、体型の変化が顕著な時期であるため、彼女たちにとって、体型に関して敏感にならざるをえないからである。社会とのこのような同一化はある意味で発達課題といってもよいかもしれない。やせ願望によるダイエット経験はこの時期の彼女たちにとって、一般的なことなのである。むしろ、昨今では男性にも、そして各年齢層にも広がっていきつつあるようにみえる。この誰しも経験するであろうダイエット行動が果てしなく続くよう

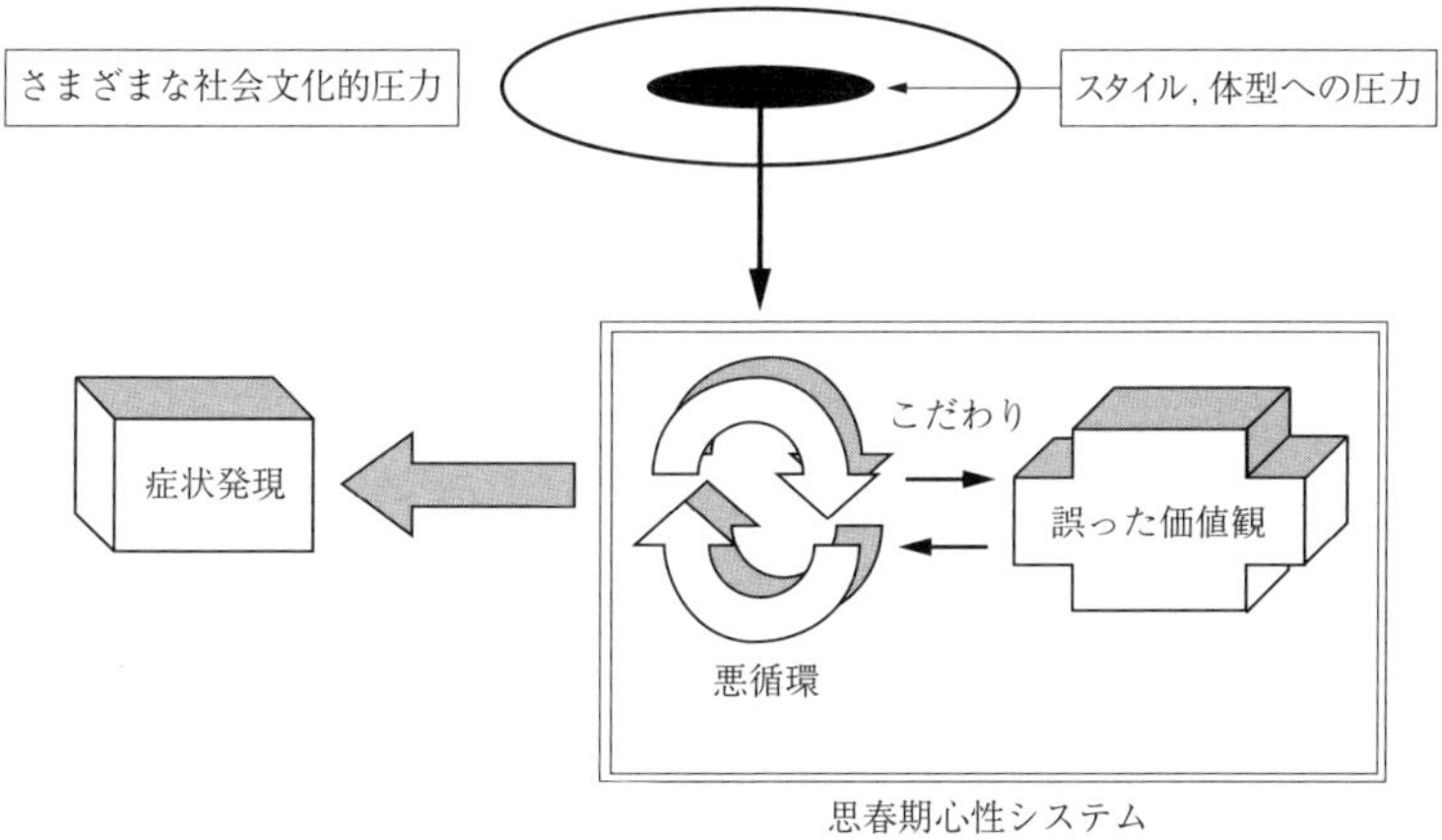

図1　摂食障害発症モデル

に思えるのが摂食障害なのである。なぜ、このような悪循環ともいうべき事態に陥るのであろうか？　たいていの人はその前にあきらめてしまうのであるが…。それをひもとく鍵となるものは個々人のもつ強迫性の問題にあるといえるだろう。平たくいえば、こだわりの強さが摂食障害の多くの人たちに見受けられるのである。なにかにこだわることは決して悪いことではない。むしろ、真面目で、一生懸命であると肯定的に評価される場合も少なくない。しかし、反面、物事に対する柔軟性がないのは確かである。一度とりいれられた「やせ＝美」という社会的圧力は適応するための価値観となるが、一方では、その価値観は強迫的であるため、たとえば、他者からのそれに関する働きかけは無効であることが多い。このようながんじがらめの価値観から抜け出せなくなった人たちが摂食障害を示すといえるのである。しかし、この心理機制は、実のところ、摂食障害者に特有な病態であるとはいえない。むしろ、長期にわたって心の問題をかかえる人々に共通したプロセスであるともいえる。ここでは、この点について強調しておきたい。

表3　拒食症と過食症の違い

項目	拒食症	過食症
体重	減少，やせ体型*	さまざまな体型
食行動	不食*，ダイエット行動*，盗食	過食エピソード*，浄化行動（パージング）*
月経	ない	ないこともある
性的行動	消極的なことが多い	積極的か拒否的の両極端，性的逸脱行為
発症年齢	中学生，高校生に多い	拒食症よりも高い年齢
心理的特徴	いい子，真面目，やや未熟な性格	感情が不安定，不安やうつ的症状，衝動性
他		自傷行為，リストカット，薬物依存

*は診断基準であることを示す。

第4節　摂食障害の症状

摂食障害は拒食や過食といった食行動異常が主な症状である。もちろん、拒食症だからといってまったく食べないわけではない。少食で、油ものを避け、スナック菓子が好きなのも特徴といえる。過食症のむちゃ喰いの量は普通の人の三〜二〇倍と報告されている。多量の下剤を使用したり、自分自ら嘔吐を繰り返すことによって、食べ物が身につかないようにするのである。

始まりは、友人などから「太っている」と指摘され、ダイエットを開始することが一般的である。拒食症の人はあまり食べないが、活動的な人が多い。真面目で、良い子の優等生タイプの人も結構いるのである。

過食症の人も活動的ではあるが、喜怒哀楽は激しく、情緒が不安定なところが目立つことが多い。友人は多かったり、逆に少なかったりであるが、あまり長続きはしない。表3に拒食症と過食症の特徴についてまとめておくことにする。

第5節　事例と治療としてのカウンセリング

ここでは，拒食症と過食症の事例を一例ずつとりあげて，摂食障害のカウンセリング法や留意すべきポイントについて，具体的に探っていくことにしたい。なお，以下の事例はプライバシーの問題から，趣旨を損なわない程度に改変している。

1　拒食を主症状とした事例

【事例1】

A子さんは高校三年になりたての女の子で，母親と一緒に訪れてきた。極端な体重減少のため，母親や担任の先生が心配し，紹介されてきたのである。五月の連休の頃であろうか，病院の内科で一通りの検査をしたのであるが，やせ以外の問題は特になかった。A子さんは母親と二人暮らしで，父親とはA子さんが小学校一年生の頃に離婚している。A子さんは制服をきちんと着こなし，さっぱりとして清潔感あふれる感じの女の子である。見るからにやせた感じで，話しぶりや態度から素直なおとなしい子といった風情である。以下に，A子さんと母親の話から拒食症の経過を要約しておくが，母親の顔色を見ながら，A子さんが語ってくれたのが印象的であった。

高校二年生の夏頃からダイエットを開始したようである。その理由はもともとふっくらとした顔立ちをしていたが，スタイルも気になり，「もう少しやせなきゃ」と思ったからであるという。食事は朝は食べずに登校，昼はお弁当であるが，油ものは極端に少なくし，量も普通の半分以下であった。夕食も母親が仕事で遅いこともあり，食べないことが続き，もともとは身長一五八cm，五〇kgであったものが，三三kgまで減少してしまった。

こうなれば、さすがに周囲の人は、極端なやせに気づくことになる。それで、A子さんは母親と共に訪れたのであった。

しばらくの間は、A子さんとの信頼関係を築くことに重点を置いた。信頼関係が築けなければ、どんな優れた治療もなんの意味もないからである。ダイエットの話も少しはしたが、それはそれほど多くはなかった。むしろ、学校のこと、将来のこと、友達のこと、母親のことが話題の中心であった。最初はこんな調子であったから、さらに体重は減り続け二八kgまで減少してしまった。もちろん生理は一年以上ない。

二週間ほど経った。せっかくカウンセリングに来たのに、娘の体重が減り続け、母親は不満そうであった。担任の先生も心配している。

〈高校を卒業したらどうするの？〉

「保母さんになりたいんです。それで、推薦で○○大学に行きたいと思ってます」

〈推薦入学だと、結構勉強しないといけないね〉

「ええ、それで学校の勉強は結構しているんですよ。ガリ勉です」［実際担任の先生にうかがうと真面目で成績は優秀ということであった］

〈推薦ていうと、もちろん勉強もできないといけないけど、身体検査とか、面接もあるよね。この体重じゃ（二八kg）、面接あぶないぞ！〉

これがA子さんの拒食症が快方に向かったきっかけであった。

それからのA子さんは、勉強と同じように一生懸命、食べ始めたのである。そして、九月の身体測定の時は四〇kgを超えること、そして一二月の面接の時には、それを維持して、できれば四五kgぐらいにしようと約束したのである。キチッとした性格のA子さんは約束もキチッと守ってくれた。体重は三五kg、四〇kgと増加していき、一二月の面接日には四三kgになっていた。

めでたく、大学も推薦で入学することができた。ただ残念なことに、生理がまだ充分ではないようである。大学一回生の夏、心も体も成長した、四三kgのA子さんが私の相談室に颯爽とあらわれたのが印象的であった。

ポイント1　拒食症状以外の問題点にアプローチせよ

拒食症状とがっぷり四つに組んで対応することは大変である。「やせるのをやめなさい」と言ったところで、どれだけの効果があるだろうか？　この事例では、不登校ではなく、登校意欲にあふれ、しかも真面目な女子高生であった。彼女の希望は推薦入学を果たすことである。

そこで、推薦入学で合格するためには、良い成績をとること以外に、面接や健康診断もクリアしなければならないこと（実際は、そう重要視されないかもしれないが）をカウンセリングの過程でA子さんに指摘した。つまり、合格するためには、面接官に良い印象をもってもらうことが必要であり、A子さんのちょっとやせすぎの体型では合格はむずかしい、普通の体型になることが必要であると伝えたのである。社会に適応するための新しい価値観の挿入をここで行ったのである。

ポイント2　行動療法

A子さんに対するカウンセリング過程は大学推薦入学という目標のために体重を増加しなければならないという点をとりあげればきわめて行動療法的治療の色彩が濃いと考えてよい。くわしくは成書に譲るが、本例では、体重増加という刺激（S）と大学入学という反応（R）の間に連合が形成され、ここではオペラント条件付けが成立したと考えて良いであろう。このような行動療法は摂食障害に有効な治療法の一つと考えられている。

ポイント3　生命的危機

極端なやせの場合、生命的な危機状態に陥る危険性が高いため、医療機関との連携や紹介は欠かせない。身長にもよるが体重がおおむね三〇kg以下の場合はかならず病院等の医療機関に紹介することが必要であろう。このような場合は身体的ケアが最優先する。カウンセリングはその後か、同時並行的に行うのが望ましい。

2　過食を主とした長期経過の事例

【事例2】

B子さんは中学校二年生の頃からダイエットを始めた。食事制限である。ところが、高校一年生の春頃からは体重が五五kgと増加し、夏には四五kg、秋には再び五五kgと体重が変動し始めた（身長は一六二・五cm）。高校入学後から、母親が仕事から帰宅するまでの午後四時から六時までの間に、パン、ご飯、カップラーメンなどを過食し、その後嘔吐を繰り返すといった様子なのである。だいたい二日に一度の割合で抑うつ的症状や過食、嘔吐を繰り返すパターンであった。そのため、母親が心配し、カウンセリングを受けに来たのである。

B子さんは現在、一七歳の私立の女子高生である。顔立ちは整っており、洋服のセンスも良く、とても一七歳には見えない。もっと大人の女性といった感じであった。対応もそうであるが、言葉数も少なく、表面的なコンタクトしかとれないといった印象であった。同席した母親は心配そうで、どうしてよいかわからないといった困惑した様子であった。B子さんは小さい頃祖母に育てられたのであるが、現在は大学生で下宿している兄を除き、父母との三人暮らしである。体重は現在四八kg。一〇月より学校を休んでいる。学校は行かないほうが楽であるとB子さんは言うものの、一一月より再び登校し始めた。過食症状以外にも、家で物を投げつけたり、机を投げるなどの行動化が出現している。

その後、少しずつB子さんは内面を語り始めた。高校に入学して、友人ともうまくいかなくなったことなどを…。確かに登校すると、過食症状も悪化するようであった。

「今どうしてよいかわからない」とB子さんはポツリと言った。

〈友人関係のこと？〉

「ええ、そうですね…」

〈家族も人間関係だよね〉

すると、いつになく饒舌に「父親は短気で急に怒ったりする。厳しい家庭だと思う。母も父も私のことをわかってくれない。もっと、やせて、小さくなって、両親や周囲の人に愛されたいと思う。症状がよくなると両親が離れていってしまう感じがします。私は母の顔色を見て育ったんです。母親と兄は仲がよいと思う」と語ってくれた。

それからのB子さんのカウンセリングはもっぱら家族を中心とした対人関係の調整に焦点が絞られた。過食症状や嘔吐症状についてはくわしく言及しないのである。何度か、家族が同席し、話し合いの場がもたれた。内容は昔の思いでやこれからのことなどであった。内容は二の次である。むしろ、家族が向かい合い、時には怒り、悲しみ、そしてちょっぴりと笑いがもれる。そんな過程が重要なのである。

現在は、まったく完治した状態とはいえないが、過食の回数は一カ月に数回ほどになっている。

ポイント　対人関係に焦点を当てよ

過食症においてもさまざまな治療技法があるが、ここでは対人関係的アプローチによる治療法を行ったのである。対人関係の問題にはさまざまなレベルがある。対象者の喪失、対人関係上の役割をめぐる葛藤、役割の変化、対人関係の欠如などである。このB子さんの場合、友人との一見対人関係欠如のレベルのように思われたが、実は、内包する課題は家族との対人関係の役割をめぐる不和と考えることができる。依存と自立性といった思春期の課題がここではあらわれたのであろう。この課題について、丹念にアプローチすることで小康を得たケースであった。

文献

American Psychiatric Association（編）　髙橋三郎・大野　裕（監訳）　二〇一四　ＤＳＭ-５　精神疾患の診断・統計マニュアル　医学書院
深町　健　一九八九　続・摂食異常症の治療　金剛出版
中井義勝　二〇〇四　中学生、高校生を対象にした身体像と食行動および摂食障害の実態調査　平成一五年度中枢性摂食異常症に関する調査研究報告書
坂野雄二　一九九五　認知行動療法　日本評論社
下坂幸三　一九九九　拒食と過食の心理：治療者のまなざし　岩波書店

あとがき

平成一一年度の公開講座が開講されるまでに、本書を上梓する予定で編集を始めたが、刊行できたのは講座が終わる頃になってからである。

あまり時間がなかったので、執筆者間でお互いの意見を充分交換することができなかった。それぞれの章は、担当していただいた先生方の原稿をそのまま記載することとなったが、今後、受講生をはじめ読者の方々の意見を参考に改訂していきたい。忌憚ないご意見をいただければ幸いである。

最後に、本書の出版にさいしご尽力いただいたミネルヴァ書房の寺内一郎氏と、校正その他直接担当いただいた編集部の安岡亜紀さん、公開講座担当の京都教育大学の小西逸司氏に感謝の意を表したい。

編著者

改訂にあたって

本書を上梓してから、はや五年になる。出版のきっかけは、当時京都教育大学で実施されていた公開講座「学校カウンセリング」のテキストを作製することであった。そして、講座に参加できない人にも、学校カウンセリングに関心を持っていただきたいという願いのもとで、それを本として出版した。

結果として、当初の予想を上まわる多くの読者を得て、遂に初版は第一〇刷に至るようになった。しかしこの間も、学校の児童生徒の問題行動には少なからず変化が生じていた。

平成一六年八月に、文部科学省から発表された学校基本調査報告によると、前年度の不登校児童生徒数（年間三〇日以上の欠席者）は、小学校二万四〇八六人（前年度二万五八六九人）、中学校一〇万二一二六人（前年度一〇万五三八三人）であった。これらは全体として一二万六二一二人（前年度一三万一二五二人）で、前年度に比べ五〇四〇人減少した。このことは、昭和五〇年度以来二七年間増加し続けていた不登校児童生徒数が二年連続して減少したことになる。これはスクールカウンセラーの配置をはじめとして、校内において学校カウンセリングが定着してきた成果と考えることができる。

しかし一方では、いじめの発生件数は、小学校六〇五一件（前年度五六五九件）、中学校一万五一五九件（前年度一万四五六二件）で全体としては二万一二一〇件となり、前年度に比べ九八九件増加した。これは八年ぶりの増加だとされる。

このように、児童生徒の問題行動は必ずしも減少しているとは限らず、またその内容も変化している。そこで、これらの問題行動に対応するため、本書の改訂を試みてはどうかという意見が出された。

検討を加えた結果、問題行動の表面的な数字や現象（内容）は変化しているが、問題の本質は必ずしも変化しているわけではない。また、子どもを真の意味で理解するための学校カウンセリングは、基本的には変わるものではない、ということが確認された。そこで今回は、全面的な改訂ではなく、マイナーな改訂に止めることになった。

結果としては、「I　カウンセリングの基礎」は、カウンセリングの本質であるので触らない。「II　学校カウンセリングの実際」は、スクールカウンセラーの最近の動向およびカウンセリング効果の要因を加える。「III　学校不適応の理論と実際」は、表現を改める程度にする。ということで意見が一致した。

このような経過から今回の改訂は行われた。

子ども達のこころが癒されることを願いつつ……

二〇〇四年　秋

編著者

第3版にあたって

本書が発刊されて既に一七年がたつ。この間、二〇〇五年に改訂したが、それはいわゆるマイナーなものであった。しかし当然のことながら、学校をとりまく環境は大きく変り、子どもの問題行動も質・量ともに変化している。そこで今回は、第3版ということで、前回よりも大幅な改訂を試みた。特にⅢの「学校不適応の理論と実際」の第6章・第7章においては、その内容がそれぞれの具体的な問題行動について触れたものであるため、最近のデータによる差し替えなど、これまでにくらべ新しい知見や考え方を導入した。

これに対してⅠの「カウンセリングの基礎」とⅡの「学校カウンセリングの実際」は、その内容が、子どものカウンセリングを理解するためには必要不可欠なことであり、また学校におけるカウンセリングの特質について述べたもので、大幅な改訂は控えた（ただし、第4章は、スクールカウンセラー制度の変遷などをふまえて加筆修正を行った）。このような意図において今回の改訂はなされたものであり、その真意を汲取り、問題行動などの対応の参考にしてほしい。

本書が、子どもの心を理解するための一助となれば幸いである。

二〇一六年　夏

編著者

《執筆者紹介》（執筆順）【執筆分担】

友久久雄（ともひさ　ひさお）【編者・第１章】
神戸大学大学院医学研究科博士課程修了
現在　京都大学医学部附属病院（小児科）医師
　　　介護老人保健施設桃山施設長
　　　京都教育大学名誉教授・龍谷大学名誉教授／客員教授
主著　『特別支援教育のための発達障害入門』（編著，2005，ミネルヴァ書房）
　　　『生きかた死にかた』（単著，2013，本願寺出版）

内田利広（うちだ　としひろ）【第２章・第８章】
九州大学大学院教育学研究科博士後期課程修了
現在　龍谷大学心理学部心理学科教授
主著　『母と娘の心理臨床―家族の世代間伝達を超えて―』（単著，2018，金子書房）
　　　『フォーカシング指向心理療法の基礎―カウンセリングの場におけるフェルトセンスの活用―』（単著，2022，創元社）

足立明久（あだち　あきひさ）【第３章】
京都大学大学院教育学研究科修士課程修了
現在　京都教育大学名誉教授
主著　『心理的風土とパーソナリティ』（単著，1982，勁草書房）
　　　『事例で学ぶ心理学』（共編著，1985，勁草書房）

小林哲郎（こばやし　てつろう）【第４章】
京都大学教育学研究科博士後期課程単位取得満期退学
現在　神戸女学院大学名誉教授
主著　『大学生がカウンセリングを求めるとき』（共編著，2000，ミネルヴァ書房）
　　　『学校臨床』（共著，2012，金子書房）

忠井俊明（ただい　としあき）【第５章・第９章】
京都府立医科大学卒業
現在　ただいメンタルクリニック院長
主著　『ようこそ精神医学へ―基礎と精神疾患13の物語―』（単著，2003，ミネルヴァ書房）
　　　『逃亡者たち―脱現実と自己愛の病理―』（単著，2005，ミネルヴァ書房）

大日方重利（おびなた　しげとし）【第６章】
東京教育大学大学院博士課程単位取得満期退学
現在　大阪教育大学名誉教授・NPO 法人コミュニティ総合カウンセリング協会副理事長
主著　『発達臨床心理学』（共著，1981，朝倉書店）
　　　『こころの発達と教育』（共著，1996，八千代出版）

藤田恵津子（ふじた　えつこ）【第７章】
京都教育大学大学院教育学研究科学校教育専修教育臨床心理学分野修了
現在　公立鳥取環境大学環境学部准教授
主著　『学校臨床―子どもをめぐる課題への視座と対応―』（共著，2012，金子書房）
　　　『子どもを育てる連携プレー』（共著，2011，学事出版）

学校カウンセリング入門〔第３版〕

1999年12月25日　初　版第１刷発行　〈検印省略〉
2004年９月５日　初　版第10刷発行
2005年３月10日　改訂版第１刷発行
2015年２月10日　改訂版第14刷発行
2016年９月10日　第３版第１刷発行
2024年１月20日　第３版第６刷発行

定価はカバーに
表示しています

編著者　友　久　久　雄
発行者　杉　田　啓　三
印刷者　坂　本　喜　杏

発行所　株式会社　ミネルヴァ書房
607-8494　京都市山科区日ノ岡堤谷町１
電話　075-581-5191／振替　01020-0-8076

　冨山房インターナショナル・新生製本

ISBN 978-4-623-07784-7

Printed in Japan